Le
PATISSIER

NATIONAL ET UNIVERSEL,

OUVRAGE

Rédigé sur un plan entièrement neuf,
d'après les inventions et découvertes modernes en substances,
ustensiles, etc.;

CONTENANT

LES PROCÉDÉS EMPLOYÉS PAR LES PLUS CÉLÈBRES PATISSIERS
FRANÇAIS ET ÉTRANGERS,

POUR LA PATISSERIE DE BOUTIQUE,
PATISSERIE DES GRANDES MAISONS, PATISSERIE PITTORESQUE,
PATISSERIE DU PETIT FOUR, ETC.

PAR M. BELON,

Chef pâtissier de monseigneur le cardinal de C...

Avec planches représentant tous les Modèles du genre.

PARIS,
IMPRIMERIE DE Mme HUZARD (née VALLAT LA CHAPELLE),
rue de l'Eperon, n° 7.
1836.

LE PATISSIER

UNIVERSEL ET NATIONAL.

Le PATISSIER

UNIVERSEL ET NATIONAL,

PARIS.

—

1836.

LE PATISSIER

UNIVERSEL ET NATIONAL.

CHAPITRE PREMIER.

DU FOUR.

Construction du four. — Chauffage du four. — Manière de glacer au four.

Construction du four.

Une vérité dont, en général, les pâtissiers ne sont pas assez pénétrés, c'est que le four est la chose la plus importante dans leur art. Il est indispensable, lorsque l'on veut opérer sans risques, d'examiner et de tenir compte de la construction du four, de son emplacement, de sa capacité. Il faut savoir, en outre, si le four sert plus ou moins souvent, cette circonstance apportant nécessairement des modifications dans le chauffage, modifications

DU FOUR.

tellement importantes, que le même four doit être chauffé pendant deux heures seulement, ou pendant six heures entières, selon que ce four aura servi plus ou moins fréquemment.

Un four bien construit doit avoir une longueur six fois plus grande que sa hauteur. La partie supérieure doit former le dôme, et la partie inférieure doit être convexe. Il est bon que le four soit garni d'éventouses, que l'on nomme *ouras*, et qui servent à faciliter la combustion ; mais ces ouras doivent être construits de telle sorte qu'il soit facultatif d'en faire usage ou de s'en dispenser, attendu que leur utilité dépend de la qualité du combustible que l'on emploie ; lorsque l'on chauffe le four avec du bois bien sec, par exemple, les éventouses, si on les laissait ouvertes, n'ameneraient d'autre résultat que celui de faire brûler une plus grande quantité de ce bois.

Quant au dessous du four, on le construit selon l'usage qu'on en veut faire ; on l'emploie assez ordinairement à la décortication des légumes : il peut aussi servir à faire sécher le bois que l'on doit employer plus tard ; mais, dans ce cas, il est à craindre que ce bois s'enflamme, ce qui peut avoir les plus graves inconvéniens.

Chauffage du four.

Le choix du combustible est fort important pour chauffer un four. Le sarment, les ronces et les bruyères mélangés forment le meilleur combustible que l'on puisse employer ; mais, comme on ne peut se procurer facilement ces sortes de choses que dans certaines localités, il faut, à leur défaut, employer du bois blanc très menu.

La chaleur du four se divise en six degrés, que l'on appelle *four chaud*, *four gai*, *four modéré*, *four doux*, *four tiède*, *four perdu*.

Lorsque l'on veut s'assurer si le four est assez chaud pour que les grosses pièces y puissent cuire, on frotte la voûte du four avec un morceau de bois, et, si le frottement fait jaillir des étincelles, le four est chaud au premier degré, qui est le plus élevé : il faut alors en retirer entièrement la braise, nettoyer l'âtre avec un écouvillon mouillé ; puis on ferme le four pendant dix, quinze ou vingt minutes, selon qu'il est plus ou moins grand ; on l'ouvre ensuite, et l'on enfourne les pâtés, babas, échaudés et autres gâteaux du même genre.

Au bout d'une heure, environ, la chaleur du four est arrivée au second degré, four gai ; c'est le moment d'enfourner les entremets fourrés, vole-au-vent, croustades, pouplins, etc.

Une seconde heure s'étant écoulée, la chaleur est au troisième degré, *four modéré*. On enfourne alors les brioches, darioles, tartelettes, biscuits, etc.

Environ trois quarts d'heure après, la chaleur du four est au quatrième degré, four doux ; c'est le moment d'enfourner les pâtes génoises et à choux ; les gâteaux de Savoie, de Compiègne, etc.

Trois autres quarts d'heure s'étant écoulés, la chaleur est arrivée à ce que l'on nomme *four tiède* ou cinquième degré ; on enfourne alors les meringues, pains d'Espagne, soufflés, etc.

De ce cinquième degré au sixième, ou *four perdu*, la différence est peu grande ; il suffit de laisser passer une demi-heure, puis on peut enfourner les nougats, les macarons et tous les objets en pâte de sucre.

Lorsqu'un pâtissier connaît bien son four, c'est à dire lorsqu'il s'en est servi souvent et depuis long-temps, il sait, au juste, combien il doit laisser chaque pièce dans le four ; mais, s'il n'a pas acquis cette expérience si nécessaire pour arriver à un résultat satisfaisant, il est indispensable qu'il

examine les pièces avant leur cuisson. Ainsi il examinera
les grosses pièces, une heure ou une heure et demie après
les avoir enfournées, et, par le point où elles seront arri-
vées, il jugera du temps qu'elles doivent encore passer dans
le four; il en usera de même pour tous les objets enfour-
nés aux divers degrés de chaleur, et par ce moyen il obtiendra des pièces cuites à point.

Le trop ou le trop peu de chaleur du four a des inconvéniens également graves. Dans un four trop chaud,
la pâtisserie devient brune et dure; si, au contraire, la chaleur n'est pas assez considérable, la pâtisserie se ternit et
devient molle.

C'est pour cela qu'il serait important que les pâtissiers
en boutiques eussent deux fours; un grand destiné aux
grosses pièces et chauffé en conséquence, et un petit qui
ne serait chauffé qu'au troisième degré, pour tous les objets appelés de *petit four* : par ce moyen, ils pourraient
préparer les diverses commandes qui leur arrivent successivement, sans être obligés d'ouvrir le four trop souvent,
ou de le laisser ouvert pendant un temps plus ou moins
long, en raison des objets divers qu'ils sont forcés de
faire cuire en même temps.

Manière de glacer au four.

Mettez à la bouche du four des morceaux de bois blanc
très menus, des copeaux de menuisier, par exemple; allu-
mez-les, et, lorsque la flamme sera belle et sans fumée,
vous présenterez sur *l'autel* (devant du four) les pièces que
vous voudrez glacer. Cette manière de glacer la pâtisserie
est à la fois la plus prompte et la plus facile.

CHAPITRE II.

—

DES USTENSILES.

—

Tour à pâte. — Rouleau. — Coupe-pâte. — moules. — Seringue à dresser. — Pince-pâte. — Cornet à perler.

Depuis quelques années, on a tellement multiplié le nombre des ustensiles pour la pâtisserie, que la collection complète de ces divers instrumens coûterait une somme beaucoup trop considérable pour que la plupart des pâtissiers de boutiques pussent en faire l'acquisition. Fort heureusement, un grand nombre de ces instrumens sont sinon inutiles, du moins faciles à suppléer, et un bon pâtissier peut se passer des plus coûteux, sans que ses productions en aient moins de grace et de délicatesse. Nous dirons donc plus haut quels sont ceux de ces ustensiles dont on peut se dispenser de faire l'acquisition.

Ce n'est pas que nous ne soyons partisans des progrès en tout genre, nous croyons à la perfectibilité; mais nous avons voulu diminuer les entraves que rencontre trop souvent le génie de l'artiste.

Tour à pâte.

Le tour à pâte est une table fort épaisse, en bois de hêtre, entourée de trois côtés par une galerie du même bois. Cette galerie est destinée à retenir la pâte. Le pâtissier se place au quatrième côté, qu'on nomme le devant, et où ne se trouve point de galerie. Tout près du tour à pâte et à la portée du pâtissier, doivent se trouver de petites tablettes destinées à recevoir les coupe-pâte, petits moules et autres objets qu'il est nécessaire d'avoir sous la main.

Le tour à pâte est d'une nécessité indispensable chez les pâtissiers à boutiques; quelques uns même ont des tours en marbre, ce qui est d'autant plus avantageux qu'un grand nombre d'objets de petit four ne peuvent se dresser convenablement que sur le marbre; mais les pâtissiers qui ont des tours en bois peuvent, au besoin, mettre une plaque de marbre dessus, et l'enlever après l'opération. Dans les maisons particulières, il n'y a très souvent aucune espèce de tour, ce qui n'empêche pas qu'il puisse s'y faire de bonne et belle pâtisserie, le tour pouvant être remplacé par une table d'une largeur convenable, que l'on pose sur la table de cuisine.

Rouleau.

On peut faire des rouleaux avec plusieurs sortes de bois; mais le buis doit être préféré. Autrefois le rouleau n'était qu'un morceau de bois de deux pieds de long et d'un pouce et demi de diamètre, de sorte que pour s'en servir le pâtissier était obligé d'étendre la main dessus en appuyant, ce qui était très fatigant. On a remédié à cet inconvénient, au moyen des rouleaux à axe mobile que l'on fabrique de la manière suivante :

On perce dans toute sa longueur un rouleau ordinaire, on garnit d'une virole chaque extrémité du trou, puis on passe au travers du rouleau une broche en fer, et à chaque bout de cette broche on rive un manche. Il est bien entendu que la broche de fer doit être d'un diamètre plus petit que celui des viroles dans lesquelles elle passe. On conçoit, d'après cela, qu'il suffit, pour se servir de ce rouleau, de tenir l'un des manches dans chaque main, et d'appuyer dessus en le passant sur la pâte. Quelques uns de ces rouleaux sont garnis de viroles en cuivre, ce qui rend le frottement plus doux ; mais le cuivre, en s'oxidant, peut donner lieu à de graves accidens, et il est toujours préférable d'employer le fer.

Nous avons dit plus haut quelle devait être la dimension du rouleau ordinaire ; il serait bon d'en avoir de plus forts pour les pâtes d'une forte consistance, et de plus petits pour les pâtes légères ; mais, dans tous les cas, ils devront être construits comme nous venons de le dire, cela étant d'un grand avantage, puisque dans le même espace de temps un pâtissier peut faire, avec un rouleau à axe mobile, le double de l'ouvrage qu'il eût fait avec un rouleau ordinaire.

Des moules.

Il nous serait impossible de donner ici la description de tous les moules dont on fait usage dans la pâtisserie ; nous parlerons donc des plus importans, laissant au goût de l'artiste le soin d'en varier les formes.

Viennent d'abord les *moules à pâtés*. Il y en a de deux espèces : avec et sans couvercle. Le moule sans couvercle s'emploie lorsqu'on ne veut mouler que le tour du pâté ; il forme, en conséquence, une espèce de couronne cannelée. Lorsque l'on veut mouler également la partie supérieure du pâté, on se sert de l'autre espèce de moule dont le couvercle est plus ou moins élevé. Ces moules, ainsi que nous venons de le dire, sont ordinairement ronds et cannelés; cependant leur forme peut se varier à l'infini : ainsi, il y en a qui se terminent en dôme, d'autres en cône tronqué; il y en a d'ovales, de carrés, etc. Ces moules sont presque toujours en cuivre, et c'est un grand tort, à cause des accidens que peut causer le vert-de-gris; il serait bon de n'employer à la confection de ces moules que le fer-blanc ou le fer battu.

Les *moules à gâteaux de Savoie* sont ordinairement fort élevés, ce qui fait que la cuisson de ces gâteaux est presque toujours inégale, la base en étant large et l'extrémité contraire formant le cône tronqué : il serait donc préférable d'adopter une autre forme; en sacrifiant un peu moins au coup d'œil, on ajouterait quelque chose à la qualité de ces gâteaux. On pourrait cependant obtenir un gâteau de Savoie également cuit, quelle que soit son élévation; il faudrait, pour cela, le diviser par fractions, et le mettre dans un certain nombre de moules fabriqués exprès, de telle sorte qu'en superposant ensuite ces fractions cela offrît l'aspect d'un seul gâteau d'une grande élévation; mais ce ne seraient toujours, en réalité, que des biscuits posés les uns sur les autres, et bien des gens s'en contenteraient difficilement.

Les *moules à sultanes, nougats*, etc., doivent être en fer-blanc; et, bien que leurs formes varient à l'infini, il est important que ces formes ne soient pas de nature à ce que quelques parties du moule se trouvent trop étroites, car alors il est très difficile d'opérer, surtout pour les nougats, que l'on doit garnir d'amandes. La forme sphérique est la préférable; mais il faut alors opérer à deux reprises. Ainsi, pour obtenir un globe terrestre, vous prenez un moule en forme de dôme, vous le garnissez de la pâte préparée, puis vous le démoulez et vous recommencerez; ensuite vous réunirez les deux parties, et vous aurez un globe parfait.

Les *moules à flans* doivent être aussi en fer-blanc. Le plus convenable de ces moules se compose de trois parties, savoir : de deux parties demi-circulaires, qui se réunissent au moyen de charnières et qui forment les parois, et d'un fond mobile qui s'emboîte dans une rainure circulaire.

Des *moules à pâte d'amande* et *pâte d'office* sont tout simplement des feuilles de fer-blanc sur lesquelles sont des dessins en relief.

Les moules à charlottes et à chartreuses sont semblables aux moules à flans dont nous avons parlé plus haut.

Les *moules à poudings* sont en fer-blanc, de forme à demi sphérique, et percés de trous comme une écumoire; on les ferme avec une rondelle de même métal, percée de la même manière.

Les *moules à gelées* doivent être également en fer-blanc; ils sont évidés au milieu, de forme circulaire et cannelés.

On comprend que, indépendamment de ces moules, les pâtissiers doivent en avoir une foule d'autres plus petits, quoiqu'à peu près de la même forme, pour toutes les pâtisseries dites de petit four; mais il serait à la fois fastidieux et inutile d'en donner ici la description.

Quant aux *moules à brioches*, ils se composent simplement de deux morceaux de carton, dont l'un, coupé en rondelle, forme le fond; l'autre, coupé en bande, dont on réunit les deux extrémités avec de la farine mouillée, forme un cylindre que l'on colle sur le fond. Si la rondelle a cinq pouces de diamètre, la bande de carton doit en avoir six de hauteur et quinze de longueur; un moule de cette grandeur peut contenir une brioche de six livres.

Coupe-pâte.

Les coupe-pâte ne sont autre chose que des emporte-pièce en fer-blanc, à l'aide desquels on taille la pâte étendue avec le rouleau; les coupe-pâte représentent des fleurs, des feuilles, des arabesques, ou bien ils sont seulement circulaires, carrés, octogones, etc. Un bon pâtissier doit avoir un grand nombre de coupe-pâte; cependant on comprend qu'avec du goût et de la pratique on peut faire de fort jolies vignettes, avec un petit nombre de ces instrumens, en groupant les fleurs, feuilles, etc., que l'on a obtenues séparément.

On appelle aussi coupe-pâte une espèce de roulette dentée qui, en tournant sur son axe, comme le rouleau, imprime les dentelures sur la pâte.

Seringue à dresser.

La *seringue à dresser* s'emploie pour coucher toutes les imitations de fleurs et de fruits en pâte de sucre, ainsi que les petits soufflés, meringues, etc.

Pince-pâte.

On appelle pince-pâte une petite pince en fer-blanc que l'on emploie pour faire des dentelures et une foule d'autres petites décorations sur les pâtés et autres pièces de pâtisserie.

Cornet à perler.

Le *cornet à perler* n'est autre chose qu'un simple cornet de papier, ou, ce qui vaut mieux, de carton peu épais, dont la pointe reste ouverte. On emplit le cornet de nonpareille, que l'on sème ensuite fort aisément sur les pièces que l'on veut perler, en observant de donner à la pointe du cornet une ouverture plus ou moins grande, selon l'importance des pièces. Ainsi, pour toutes les pâtisseries de petit four que l'on veut perler, l'ouverture doit être très petite ; mais, lorsque le cornet est destiné à dresser des biscottes à la parisienne, des biscuits à la cuiller et autres objets de même genre, l'ouverture doit être plus grande, et, dans ce cas, il est indispensable que le cornet soit en carton peu épais.

Nous pourrions encore ranger parmi les ustensiles de pâtisserie les tames, les balais à fouetter les œufs, les doroirs, les plaques ou plafonds ; mais tous ces objets sont d'une construction tellement simple et leur usage est si généralement connu, que tout ce que nous pourrions en dire serait sans aucune espèce d'utilité. Nous nous bornerons donc à recommander aux pâtissiers de boutiques et autres de ne point faire usage des plaques ou plafonds en cuivre, afin de n'avoir pas à redouter les graves accidens qui peuvent être causés par l'emploi de ce métal dangereux. Quelques pâtissiers sont persuadés que certaines préparations de petit four ne réussissent que sur des plaques de cuivre ; c'est là une erreur funeste, que l'on ne saurait trop combattre. Le fer battu et le fer-blanc poli remplaceront toujours avantageusement le cuivre, qui devrait être banni de la cuisine en général et de l'officine du pâtissier particulièrement. Que ceux des pâtissiers de boutiques, qui sont persuadés de cette vérité, fassent mettre cette inscription au frontispice de leur maison : *Ici, on ne se sert point d'ustensiles en cuivre*, et nous garantissons que cet exemple sera promptement suivi par tous leurs confrères ; et malheur à ceux qui ne le suivraient pas, car ils seraient infailliblement abandonnés par leur clientèle ordinaire, qui se pourvoirait ailleurs d'une pâtisserie d'autant plus saine, qu'elle serait pure de tout contact avec ce poison métallique contre l'emploi duquel nous nous élevons à si juste titre.

CHAPITRE III.

CHOIX ET CONSERVATION DES SUBSTANCES.

De la farine.

Le choix de la farine est la chose la plus importante pour le pâtissier : nous allons donc indiquer le moyen de reconnaître la farine de première qualité ; puis nous dirons comment cette farine supérieure peut et doit encore être améliorée par un praticien habile.

La farine très blanche n'est pas la meilleure, ainsi que le croient des personnes peu exercées dans cette partie. La meilleure farine est celle qui paraît, à l'œil, d'un jaune clair, en même temps qu'elle est sèche et pesante, et qu'elle peut se peloter dans la main. Toutefois ces indices ne sont pas suffisans : ainsi, après avoir mis de la farine dans le creux de la main, il faudra verser quelques gouttes d'eau dessus; si cette farine absorbe une quantité d'eau égale aux deux tiers de son poids, et que la pâte qui résulte de ce mélange s'alonge aisément sans se casser, la farine est, à coup sûr, de première qualité.

Il est encore une autre manière de juger de la qualité de la farine : comprimez-en une certaine quantité dans le creux de la main, puis passez le doigt dessus, et tournez-vous vers le côté d'où le jour vient, vous pourrez ainsi juger de la finesse de la farine, et vous reconnaîtrez aisément si elle est piquée ou mêlée de son. Mais il ne suffit pas au véritable pâtissier d'avoir trouvé de bonne farine, il faut encore qu'il puisse l'améliorer; ainsi, lorsqu'il se sera procuré la plus fine farine possible, s'il veut obtenir des résultats satisfaisans, il fera de nouveau tamiser cette farine, et il en obtiendra une substance supérieure de plus du double à la farine de première qualité.

Moyen d'améliorer la mauvaise farine.

Dans le cas où le pâtissier, pris au dépourvu, n'aurait pas le temps de choisir sa farine, ou de l'améliorer en la faisant tamiser, il ferait bouillir dans l'eau destinée à faire les pâtes une certaine quantité d'orties; ce procédé donne à la farine une qualité supérieure, lorsqu'on l'emploie à l'instant même, la pâte faite avec cette décoction ne pouvant pas se conserver.

Conservation de la farine.

La farine de froment, de même que celle de riz et la fécule de pommes de terre, sont d'une conservation difficile; il ne faut donc pas en faire une trop grande provision, mais seulement en avoir une quantité convenable, que l'on tiendra dans un endroit très sec.

DE LA FARINE.

Du beurre et de sa conservation.

Après la farine, le beurre est certainement la substance la plus indispensable au pâtissier. Certaines contrées de la France fournissent d'excellent beurre, telles sont les contrées d'Isigny et de Gournay. Toutefois, ce serait une erreur que de croire qu'il ne se trouve de bon beurre que dans ces contrées; car il s'en trouve de délicieux dans une grande quantité d'autres localités. Nous nous bornerons donc à dire les indices auxquels on reconnaît le bon beurre. Le beurre de première qualité doit être d'un jaune pâle, onctueux, et avoir un goût de noisette très prononcé. Mais il est très difficile de conserver ce beurre à l'état de fraîcheur, convenable dans l'été surtout, où, malgré la glace dont on l'environne, l'eau fraîche dans laquelle on le plonge, il perd en quelques instans ses qualités essentielles. Cependant il est indispensable de n'employer dans la pâtisserie que du beurre excessivememt frais : l'hiver, cela est facile, mais, pendant l'été, la difficulté est grande; il sera donc très utile d'entrer ici dans quelques développemens.

Le moyen le plus simple pour conserver du beurre frais, dans le temps des chaleurs, consiste à le laver avec soin et successivement dans plusieurs eaux, puis de le laisser dans de l'eau de puits, avec quelques morceaux de glace que l'on renouvelle à mesure qu'ils fondent ; mais cela est dispendieux, et exige un soin continuel : le moyen suivant convient donc mieux.

Réduisez en poudre une certaine quantité de sel marin raffiné, moitié moins de sucre, et autant de nitre que de sucre ; le tout étant réduit en poudre, vous le mêlerez. Lavez alors avec soin du beurre bien frais, laissez-le égoutter pendant quelques instans, puis vous le pétrirez en y mêlant la préparation dont nous venons de parler, dans la proportion d'une once par livre. Cela fait, vous mettrez le beurre ainsi préparé, dans des pots, que vous couvrirez avec un linge et un morceau de parchemin par dessus. Visitez les pots le lendemain, et remplissez les vides produits par l'affaissement du beurre. Lorsque vous aurez ainsi rempli les pots pendant trois jours, vous ferez fondre un peu de beurre, et vous l'étendrez sur la surface des pots, afin d'en combler entièrement les vides, puis sur cette couche de beurre fondu vous semerez une certaine quantité du mélange de sel, de sucre et de nitre dont nous avons parlé plus haut. Couvrez les pots avec un linge mouillé, puis avec un parchemin également mouillé, et mettez-les de côté. Le beurre ainsi préparé sera aussi frais au bout de six mois que le premier jour; mais, lorsqu'on s'en servira, il ne faudra pas que le pot reste long-temps en vidange, car le contact de l'air suffirait pour qu'il se corrompît promptement : il serait donc convenable de n'employer que des pots de moyenne grandeur. Un des grands avantages de cette préparation, c'est que le beurre ne garde aucun goût étranger, pas même celui du sel ; qui se trouve en quelque sorte neutralisé par les substances qu'on lui adjoint.

Voici une autre méthode pour conserver le beurre qui convient également aux huiles, sain-doux, graisse de volaille, etc., etc.

Le beurre étant nouvellement battu ; bien lavé et ressuyé, vous le mettrez dans des bouteilles à large goulot, comme il s'en trouve actuellement dans le commerce pour les préparations de cette nature. On pourrait également se servir de bouteilles ordinaires ; seulement l'introduction du beurre serait moins facile. Tassez bien le beurre en l'introduisant par petits morceaux, jusqu'à ce que la bouteille soit pleine jusqu'au tiers du goulot ; bouchez et ficelez ces bouteilles, mettez-les dans un bain-Marie, que vous chaufferez jusqu'à ce qu'il bouille, mais lentement et graduellement. Aussitôt que l'eau du bain-Marie sera à l'état d'ébullition, vous ôterez ce bain-Marie de dessus le feu, et vous laisserez refroidir le tout ensemble ; ôtez alors les bouteilles et serrez-les à la cave. Lorsque vous voudrez vous servir de ce beurre, vous l'extrairez de la bouteille au moyen d'une spatule longue et étroite, ou de tout autre instrument convenable ; vous le laverez à plusieurs reprises, et vous le trouverez aussi frais que le premier jour, alors même qu'il se serait écoulé une année entière.

Nous ne dirons rien du miel en particulier, tout le monde sait que le miel de Narbonne est le meilleur, et sa conservation est très facile ; mais nous dirons un mot de la manière de mélanger le miel et le beurre. Le beurre étant nouvellement battu et bien lavé, vous le pétrirez avec de bon miel bien blanc, dans la proportion d'une livre de beurre pour une once de miel ; puis vous en formerez une motte , que vous pourrez conserver quelque temps sans inconvénient. Ce beurre doit être employé dans les pâtes sucrées , auxquelles il donne un goût très agréable.

Des œufs.

Il est très important de n'employer dans la pâtisserie que des œufs très frais, le moindre mauvais goût pouvant gâter une grande quantité de pâte ; le pâtissier devra donc mirer soigneusement les œufs avant de les casser, et il n'en fera qu'une mince provision, afin de la renouveler souvent. Dès qu'il aura choisi et miré les œufs , il les mettra dans de l'eau fraîche , avec quelques morceaux de glace , qu'il renouvellera lorsqu'elle sera fondue , et il en agira de la sorte jusqu'à ce qu'il ait employé tous ces œufs. Il est néanmoins plusieurs moyens de conserver des œufs pendant plusieurs mois ; mais bien que les œufs conservés par ces procédés n'aient point de mauvais goût, le pâtissier de même que le glacier n'en doivent pas faire usage s'ils veulent que leurs productions soient irréprochables.

Des viandes et du poisson.

Nous renvoyons, pour ces substances, au *Cuisinier na-*

tional et universel, ouvrage que le pâtissier consultera toujours avec fruit. Nous dirons seulement ici que, dans le cas où la viande de boucherie, le gibier ou le poisson seraient un peu avancés, ce qui arrive souvent dans l'été, il serait facile de remédier à cet accident par le procédé suivant.

Mettez la viande ou le poisson altérés dans de l'eau fraîche, avec un peu de vinaigre et de sel; pilez une certaine quantité de charbon de bois, enveloppez ce charbon dans un linge dont vous nouerez solidement les extrémités, et mettez ce charbon ainsi enveloppé dans l'eau où est la viande altérée; faites bouillir le tout pendant quelques minutes seulement, puis ôtez la viande et faites-la égoutter; elle n'aura plus de mauvais goût, mais il faudra l'employer le plus promptement possible.

Conservation de la levûre.

Comme on est exposé, à la campagne, à manquer de levûre, il est bon d'en faire provision; mais cette provision serait bientôt hors d'état de servir, si l'on n'avait pas pris, pour la conserver, les moyens suivans.

Battez la quantité de levûre que vous voulez conserver, jusqu'à ce qu'elle soit claire, et faites-en sur un plat une couche d'environ quatre lignes d'épaisseur; laissez sécher cette première couche, puis vous en étendrez une seconde par dessus; la seconde étant sèche, vous en étendrez une troisième, et ainsi de suite, jusqu'à ce que vous ayez mis dix ou douze couches l'une sur l'autre. Mettez ensuite cette levûre dans une boîte, et conservez-la dans un endroit bien sec.

Levûre de pommes de terre.

Après avoir fait cuire à la vapeur des pommes de terre bien farineuses, vous les éplucherez et les écraserez, puis vous les délaierez avec de l'eau chaude, jusqu'à ce qu'elles aient à peu près la consistance de la levûre ordinaire. Ajoutez alors à cette préparation de la bière et de la mélasse, dans la proportion de deux onces de mélasse et un verre de bière pour une livre de pommes de terre, et laissez fermenter cette composition dans un endroit chaud pendant un jour entier. Vous pourrez ensuite employer cette levûre, et vous en obtiendrez le même résultat que de la levûre ordinaire.

Des couleurs.

La préparation des couleurs dont les pâtissiers font usage est très importante; car plusieurs de ces couleurs pourraient être préparées avec des substances délétères, qui ne manqueraient pas d'amener de graves accidens, quelque faible qu'en fût la dose : nous allons donc, à ce sujet, entrer dans les détails nécessaires.

Couleur rouge.

Pulvérisez une once de cochenille, jetez-la ensuite dans un demi-setier d'eau bouillante, et laissez-la bouillir pendant trois minutes; ajoutez-y alors une demi-once de crème de tartre et autant d'alun également pilés, deux onces de sucre, et laissez encore bouillir cette préparation pendant quelques secondes, puis vous la laisserez refroidir; vous la tirerez au clair, et la mettrez dans une bouteille, que vous boucherez soigneusement.

Le *carmin* est la couleur rouge que préfèrent les pâtissiers. La préparation du carmin demandant certaines connaissances chimiques, les pâtissiers l'achètent ordinairement tout préparé; cependant, comme il peut arriver que l'on se trouve dans la nécessité de le préparer soi-même, nous allons donner la recette la plus simple pour y parvenir.

Faites bouillir, dans deux litres et demi d'eau, une livre de bois de Brésil, et une demi-once de cochenille pulvérisée et enveloppée dans un nouet de linge. Lorsque l'eau sera réduite de moitié, vous la passerez dans un linge blanc, et vous tiendrez cette décoction bien chaude au bain-Marie. Divisez alors une demi-once d'alun de Rome en trois parties égales, et mettez l'une de ces trois parties dans la décoction, à laquelle vous ajouterez en même temps deux gros de sel ammoniac. D'autre part, vous ferez dissoudre deux onces de sel marin dans huit onces d'acide nitrique concentré; vous y ajouterez un gros de sel ammoniac, et les deux autres parties de l'alun : tout cela étant dissous, vous le mettrez dans la décoction de bois de Brésil. Faites dissoudre ensuite, au bain-Marie, deux onces d'étain de glace en ruban, et ajoutez-le à la décoction; remuez bien le tout, afin que le mélange soit complet; passez cette préparation au travers d'un linge, et laissez-la dans une terrine, pendant vingt-quatre heures. Ce temps expiré, le carmin se trouvera déposé au fond de la terrine; vous décanterez, puis vous verserez de l'eau fraîche sur le carmin, et vous le laverez ainsi à plusieurs reprises, jusqu'à ce que l'eau ne conserve plus de goût. Vous laisserez alors le carmin dans la dernière eau, et vous le mettrez dans un endroit frais pour vous en servir au besoin.

Le carmin ainsi préparé se nomme *carmin liquide*, et l'on doit renouveler l'eau dans laquelle on le conserve, tous les quatre ou cinq jours. Le *carmin en poudre* se prépare à peu près de la même manière; seulement après l'avoir lavé convenablement, on le pose sur une assiette et on le fait sécher.

Couleur bleue.

Frottez une pierre d'indigo sur une assiette et versez en même temps, au fur et à mesure, un peu d'eau chaude.

Employez cette eau lorsqu'elle vous paraîtra d'une couleur assez foncée.

Couleur jaune.

Recueillez une certaine quantité de fleurs de souci; emplissez-en un pot de grès, en les foulant fortement; bouchez ce pot hermétiquement, et déposez-le à la cave. Au bout de deux mois, vous déboucherez le pot, qui contiendra une liqueur épaisse, d'un beau jaune, que vous pourrez employer sans danger.

Toutes les autres couleurs jaunes, dont se servent certains pâtissiers, contiennent des substances vénéneuses, et leur emploi est un fait très répréhensible que la loi punit.

Couleur verte.

Mêlez ensemble, par parties à peu près égales, le bleu et le jaune dont nous venons de parler plus haut, et vous obtiendrez la couleur verte.

On se sert plus communément du *vert d'épinards*. Pour obtenir ce dernier, on pile dans un mortier une certaine quantité d'épinards, et l'on en exprime le jus en les pressant fortement dans un linge. Mettez ce jus d'épinards dans une casserole, sur un feu très ardent; lorsqu'il sera sur le point de bouillir, vous l'ôterez de dessus le feu et le laisserez reposer; puis vous le passerez au tamis; la partie colorée restera sur le tamis, et vous pourrez l'employer sur-le-champ.

Couleur aurore.

Il suffit, pour obtenir cette couleur, de mêler ensemble les couleurs rouge et jaune dont nous avons donné la recette ci-dessus.

Couleur violette.

Mélangez de la dissolution d'indigo et de carmin liquide, et vous obtiendrez la couleur violette à la nuance qui vous conviendra, en mettant un peu plus ou un peu moins de l'une ou de l'autre.

Sucre coloré.

Cassez du sucre par petits morceaux, gros comme des têtes d'épingles, passez ce sucre dans une passoire pour le séparer du sucre en poudre. Placez le sucre ainsi concassé sur un plafond ; humectez-le peu à peu et avec précaution de l'une des couleurs dont nous venons de parler. Lorsque le sucre aura atteint la nuance qui vous conviendra, vous présenterez le plafond à la bouche du four, pour le faire sécher, puis vous le mettrez dans des caisses de papier et le déposerez dans un lieu exempt d'humidité.

Des pistaches, amandes et avelines.

Pour être bonnes, les pistaches doivent avoir la peau rougeàtre, et l'amande d'un vert tendre, ce qui est un signe de fraîcheur ; les bonnes amandes sont blanches, longues et lourdes ; l'aveline doit être grosse et pleine.

Le pâtissier faisant un fréquent usage de ces fruits, nous indiquerons ici la manière de les colorer.

Après avoir coupé en morceaux de différentes formes, ou simplement haché les amandes, ou avelines, ou pistaches, vous les étendrez sur un plafond et vous verserez dessus la couleur que vous aurez préparée, comme il est dit plus haut : vous les frotterez ensuite entre vos mains, afin que la couleur pénètre bien dans l'intérieur ; puis vous les étendrez de nouveau sur un autre plafond, et vous les

arroserez une seconde fois avec la couleur. Après avoir répété cela jusqu'à ce que vos amandes soient d'une belle
couleur, vous les ferez sécher à l'étuve, et, si vous ne les
employez pas immédiatement, vous les envelopperez de
papier et les déposerez dans un lieu exempt d'humidité.

SUCRES PARFUMÉS.

Sucre vanillé.

Mettez dans un mortier une once de sucre en poudre, et
une gousse de vanille, que vous aurez préalablement hachée ; pilez le tout et passez-le ensuite au tamis.

Sucre au café.

Versez sur une livre de sucre en poudre une tasse de
café très fort ; faites bouillir ce mélange dans un poêlon, en
le remuant toujours. Après quelques bouillons, vous l'ôterez du feu, et vous ajouterez du sucre en poudre, en remuant toujours, jusqu'à ce que le tout ait acquis la consistance nécessaire.

Sucre orangé.

Frottez un morceau de sucre sur l'écorce d'une orange,
et, à mesure que le sucre se colore, râpez la partie colorée,
et recommencez ainsi jusqu'à ce que vous ayez la quantité
de sucre suffisante.

Vous opérerez de la même manière, avec des bigarades,
des citrons, etc.

CHAPITRE IV.

—

DES PATES.

—

Du feuilletage.

Le tour à pâte étant bien propre, chose que l'on ne saurait trop recommander, vous mettrez dessus une certaine quantité de farine, selon la grosseur ou la quantité de piéces que vous aurez à faire. Supposons que vous employiez deux litres de farine. Après avoir versé cette farine sur le tour, vous faites un trou au milieu, c'est ce que l'on appelle faire la fontaine; mettez dans cette fontaine trois gros de sel blanc, deux onces de beurre, quatre ou cinq jaunes d'œufs, et deux verres d'eau froide. Vous détrempez alors la farine lentement, puis vous travaillez la pâte pendant quelques instans, jusqu'à ce qu'elle soit lisse; cette opération s'appelle *rassembler la pâte*. La pâte étant donc rassemblée, vous la laissez sur le tour, après l'avoir couverte avec un linge. Vingt minutes après, vous saupoudrez de farine la partie du tour sur laquelle vous allez travailler, vous y posez la pâte, et vous en faites une *abaisse* (1), en promenant le rouleau dessus , jusqu'à ce que cette pâte n'ait pas plus de six ou sept lignes d'épaisseur dans toute son étendue. Vous beurrez alors votre feuilletage selon son espèce ; car il y a plusieurs espèces de feuilletage, comme nous allons le voir plus loin. Supposons donc que vous veuillez faire du feuilletage appelé *à douze livres*, qui est le plus estimé ; vous mettrez alors une livre et demie de beurre pour deux litres de farine. Dans l'été, il faudra que le beurre soit rafraîchi , et dans l'hiver il faudra le manier, afin qu'il s'incorpore plus facilement avec la pâte. Divisez le beurre par petits morceaux d'une once à peu près , et distribuez ces petits morceaux régulièrement sur votre abaisse ; repliez ensuite la pâte sur elle-même , et abaissez-la de nouveau à deux reprises avec le rouleau, c'est ce qui s'appelle donner *deux tours* ; le nombre de tours que l'on donne au feuilletage est en raison de la quantité de beurre qu'on y met. Ainsi, pour ce feuilletage à douze livres , qui est celui dont nous nous occupons ici , il faut donner sept tours ; mais il est indispensable de laisser reposer la pâte, après les deux premiers tours, pendant dix minutes au moins; on donne ensuite trois autres tours, et, après un autre intervalle de dix minutes, on donne les deux derniers tours. A chaque tour, il faudra saupoudrer la pâte avec de la farine , mais très légèrement. Votre feuilletage étant alors terminé , vous donnerez promptement à cette pâte la forme que vous désirerez , et vous l'enfournerez après l'avoir laissée reposer seulement pendant cinq minutes. Ce terme de cinq minutes doit être rigoureusement observé, si l'on veut obtenir de beau feuilletage ; un quart d'heure de retard , même moins , suffirait pour le faire

(1) Voir, pour tous les termes de pâtisserie, le vocabulaire du pâtissier national , placé à la fin de ce volume.

manquer, et alors avec les substances les mieux choisies on n'obtiendrait qu'une pâte grise, compacte, et de mauvais goût. Il en serait de même si l'on donnait à cette pâte un plus grand nombre de tours que nous ne l'indiquons, car alors le beurre, étant par trop incorporé à la pâte, ne la souleverait pas par feuillets, ce qui rend cette pâtisserie si légère et fait son principal mérite. Nous allons donc donner sur ce point des indications très précises. Le feuilletage dont nous venons de parler, et que l'on nomme *à douze livres*, parce que la quantité de beurre qu'il exige est de douze livres pour un boisseau de farine, ce feuilletage, disons-nous, doit être fait à sept tours ; le feuilletage à dix livres ne veut que cinq tours, et quatre tours suffisent pour le feuilletage à six livres. Ce dernier se nomme *feuilletage à demi-beurre*, et n'est pas estimé.

Dans l'été, il est indispensable, pendant les intervalles de repos, entre les tours, que l'on doit donner, de rafraîchir la pâte, que l'action de la chaleur sur le beurre rend molle : pour cela, il suffit de l'abaisser, de la couvrir d'une feuille de papier, et de mettre sur ce papier une plaque chargée de glace pilée saupoudrée de sel ; au bout de deux ou trois minutes, on retourne l'abaisse, afin d'opérer de la même manière sur la surface opposée.

Le rassemblement de la pâte est aussi une opération qui demande beaucoup de soin ; il faut détremper la farine avec lenteur, et légèrement, de manière que l'eau, la farine et les autres ingrédiens que l'on a mis dans la *fontaine* s'amalgament parfaitement. On reconnaît que la pâte est bien rassemblée en en étendant un peu avec un rouleau. Si la pâte étendue se retire lentement, elle est bonne ; mais, si elle se retire brusquement, elle est mal faite. On peut jusqu'à un certain point réparer le feuilletage ainsi manqué, en l'étendant et semant dessus de petits morceaux de beurre ; on la rassemble ensuite, et on la replie à mesure qu'elle s'alonge ; elle reprend alors quelque peu de la qualité que lui eût donnée un premier travail fait avec soin ; mais les connaisseurs ne s'y tromperaient pas.

On peut, pour le feuilletage, remplacer le beurre par de l'huile, du sain-doux, et même de la graisse de bœuf.

Feuilletage à l'huile.

Le feuilletage à l'huile se fait comme le feuilletage au beurre, mais il est moins estimé que ce dernier. On ne doit donc avoir recours à l'huile que dans le cas où l'on ne peut se procurer de bon beurre. Dans ce cas, au lieu de deux jaunes d'œufs, vous mettrez dans la farine deux œufs entiers, et vous mettrez de l'huile dans la proportion d'une demi-livre pour deux litres de farine. Il faut aussi faire les abaisses plus minces, et laisser reposer la pâte pendant une heure et demie au moins.

Feuilletage au sain-doux.

Il se fait absolument comme le précédent ; on fait tiédir le sain-doux et on l'emploie comme l'huile et à la même dose.

Feuilletage à la graisse de bœuf.

La graisse de bœuf, qui tient au rognon, est la préférable. Il faut commencer par bien l'éplucher ; lorsqu'elle est entièrement débarrassée des peaux et des nerfs qui l'environnent, on la hache bien menue, puis on la pile dans un mortier, en y ajoutant de temps en temps une cuillerée d'huile. Lorsque le tout est devenu souple comme du beurre, on l'emploie à la même dose que ce dernier.

Nota. On comprendra aisément que les différentes recettes que nous donnons peuvent subir certaines modifications; ainsi, par exemple, on pourrait faire de très bon feuilletage avec moitié graisse de bœuf et moitié sain-doux. On peut également employer la graisse de rognon de veau; et l'on fait encore d'excellent feuilletage avec moitié graisse et moitié tétine de veau : pour cela, il faut faire cuire des tétines dans de l'eau convenablement salée, puis les parer, les hacher et les piler avec la graisse. Il est bon d'observer cependant que, à l'exception de celui fait au beurre, qui peut se manger froid, tous les feuilletages ne sont bons qu'autant qu'on les sert bien chauds.

Pâte à dresser les pâtés froids.

Mettez sur le tour deux litres de farine; faites la fontaine et mettez dedans deux jaunes d'œufs, un demi-verre d'eau, une demi-once de sel et douze onces de beurre; remuez doucement ce mélange avec le bout des doigts de la main droite, de manière à mêler d'abord les ingrédiens que vous avez mis dans la fontaine, puis lentement et successivement, mêlez le tout avec la farine. Après cette opération, que l'on nomme détrempe, la pâte doit être unie; s'il s'y trouvait çà et là des parties plus molles ou plus dures, la détrempe serait mal faite. La détrempe étant terminée, vous rassemblez la pâte, puis vous la pressez entre les mains et le tour, jusqu'à ce qu'elle soit émiettée en quelque sorte comme de la mie de pain. Mouillez alors cette pâte, peu à peu, en la pressant doucement, et lorsqu'elle se sera convenablement pelotée, c'est à dire qu'elle ne sera ni trop ferme, ni trop molle, vous la fraiserez; c'est à dire que vous lui donnerez un *tour* (voir, à la fin de cet ouvrage, le *vocabulaire du pâtissier*). Dans l'été, un seul tour suffit, mais dans l'hiver il faut en donner deux, et il y a même certains pâtissiers qui en donnent trois. La pâte est alors terminée, et vous pouvez vous en servir, c'est à dire dresser le pâté (voir, plus loin, *pâtés froids*).

Il arrive quelquefois, surtout dans l'été, qu'en étendant cette pâte avec le rouleau elle se gerce aussitôt, et qu'au lieu d'être liante, quoique ferme, elle est cassante et se dresse difficilement ; c'est ce que l'on appelle de la pâte brûlée : cela est souvent produit par la chaleur des mains du pâtissier, ou bien par le défaut de mouillement. Pour réparer cet accident, on abaisse de nouveau la pâte sur le tour, et on jette dessus quelques gouttes d'eau avec les doigts. La pâte étant ainsi humectée, vous la rassemblez par parties et la pressez pendant quelques instans entre les mains et le tour; alors elle redevient souple et facile à mouler. Il faut bien se garder cependant d'y mettre trop d'eau, car la pâte trop molle s'affaisse promptement, le pâté se déforme et n'est pas présentable; si, au contraire, la pâte était trop dure, le pâté se fendrait en cuisant, et laisserait écouler dans le four une partie de son contenu.

Quelquefois la pâte est tellement échauffée, que le moyen que nous venons d'indiquer serait insuffisant : il faudrait alors la couper par tranches ; mouiller la surface de chacune de ces tranches, les poser l'une sur l'autre, et les presser fortement ; puis mettre cette pâte dans un linge mouillé, et l'y laisser pendant vingt minutes. Si, après ce temps, la pâte n'a pas repris son élasticité, il ne faut pas s'en servir.

Pâte à dresser les pâtés chauds.

Cette pâte ressemble beaucoup à la précédente, et l'on opère à peu près de la même manière pour la préparer, bien qu'elle serve à des usages différens, puisqu'on l'emploie également pour les pâtés chauds, et les flans de fruits ou de crème.

Après avoir fait la fontaine avec deux litres de farine, vous y mettez trois quarterons de beurre, quatre jaunes d'œufs, une demi-once de sel blanc et un demi-verre d'eau ; faites la détrempe comme il est dit à l'article précédent ; puis vous fraiserez cette détrempe, en lui donnant deux tours en été, et trois en hiver ; quelquefois même, dans cette dernière saison, il est nécessaire de donner quatre tours. Dans l'hiver, il faudra, en outre, avoir soin de manier le beurre, et dans l'été il faudra mouiller la pâte avec de l'eau glacée, si l'on veut obtenir un résultat satisfaisant. Du reste, le mouillement se fait comme il est dit à l'article précédent, et, dans le cas où la pâte serait échauffée, on emploierait le procédé indiqué plus haut pour y remédier.

Pâte à foncer.

On appelle *pâte à foncer* la pâte qui sert à faire le fond de certaines grosses pièces, telles que tourtes d'entrées, vole-au-vent, etc. Elle se prépare comme la précédente, avec cette seule différence qu'il la faut mouiller davantage. Ainsi, avec la quantité de farine indiquée plus haut, on mettra un verre d'eau, au lieu d'un demi-verre.

Pâte à timbales.

La pâte à timbales ne diffère de la pâte ordinaire à foncer que parce que la première doit être plus grasse. Ainsi, au lieu de trois quarterons de beurre, il faudra en mettre une livre, pour la pâte à timbales. Du reste, on opérera absolument de la même manière.

Pâte brisée.

Dans deux litres de farine bien tamisée, mettez quatre

gros de sel blanc, quatre œufs, un verre d'eau et cinq quarterons de beurre, que vous aurez soin de manier en hiver et de faire rafraîchir en été. Détrempez cette pâte comme le feuilletage, et donnez-lui quatre tours. Cette pâte se nomme aussi *demi-feuilletée* ou pâte à gâteaux des rois.

Nota. Les pâtes dont nous avons traité dans ce chapitre étant en quelque sorte les plus importantes, nous avons cru devoir faire de leur confection et de leur usage deux parties distinctes; nous allons donc, dans le chapitre suivant, traiter de la manière de dresser de ces différentes pâtes et de leur cuisson.

CHAPITRE V.

Des pâtés chauds et froids, tourtes, vole-au-vent, etc.

Des pâtés à timbales.

On appelle pâtés à timbales les pâtés froids de boutique.
Ces pâtés sont très faciles à dresser. La pâte que l'on emploie pour ces sortes de pâtés est un peu moins beurrée
que celle que nous avons indiquée au chapitre précédent,
pour les pâtés en général. Faites donc, avec cette pâte,
une abaisse de dix lignes d'épaisseur, taillez d'abord, dans
cette abaisse, le fond du pâté, puis vous taillerez pro-
portionnellement la barde qui doit faire le tour ou les
parois. Beurrez ensuite l'intérieur d'un moule à couronne;
taillez en biseau les deux extrémités de la barde; puis
moulez cette barde en collant l'une de ses extrémités sur

l'autre; ce qui est très facile en les mouillant avec un pinceau. Lorsque la barde sera moulée, vous l'enleverez, puis vous la collerez sur le fond, dont le bord doit dépasser un peu le bord de la barde.

Quelquefois on garnit ces pâtés avant de les faire cuire. Alors il faut, avant de coller les parois, étaler sur l'abaisse, qui forme le fond, une couche de farce de porc, préparée comme nous le dirons plus loin, au chapitre *des sauces et garnitures*; puis vous mettez sur cette farce le jambon ou le veau, ou toute autre espèce de viande, que vous aurez préalablement fait cuire aux trois quarts; vous couvrez la viande avec une barde de lard, et vous collez la barde, destinée à faire les parois, que vous avez moulée comme nous venons de le dire. Le haut de ces parois, qu'on appelle la crête, doit être un peu évasé; c'est en dedans de cette crête que l'on pose le couvercle du pâté. Ce couvercle doit être fait avec une abaisse un peu moins épaisse que celle du fond; on la bombe au milieu; ce qui donne plus de grace au pâté. Lorsqu'on ne veut mettre la garniture du pâté qu'après sa cuisson, on le monte d'abord, puis on le remplit de farine, et l'on met le couvercle sur cette farine, puis on enfourne le pâté, et lorsqu'il est cuit, on en ôte la farine et l'on remplit le pâté avec le ragoût que l'on a préparé à l'avance. C'est ainsi qu'on en agit, surtout pour les vole-au-vent et les tourtes de feuilletage. Il est vrai qu'alors la pâte a moins de goût, parce qu'elle n'est pas pénétrée par la sauce du ragoût; mais, lorsqu'on met le ragoût avant la cuisson, la pâte s'amollit, et le pâté perd plus à la vue qu'il ne gagne au goût.

L'emploi de la farine, comme garniture factice des pâtés, n'est pas indispensable; quelques pâtissiers emploient tout simplement du papier ou du linge. Toutefois on doit préférer la farine ou le son, ces substances joignant à l'avantage de ne pas laisser de vide celui bien plus grand d'être propres et de ne pas donner au pâté de goût étranger.

Des pâtés plats.

Ces pâtés sont les plus faciles à dresser de toutes les grosses pièces de four. C'est à peu près la seule méthode employée dans les maisons bourgeoises. Il est vrai que les pâtés de cette forme n'ont pas un aspect agréable ; mais elle convient parfaitement pour les pâtés de lièvre, et c'est là une spécialité qui n'est pas à dédaigner : nous allons donc nous occuper de la confection.

La quantité de pâte à dresser nécessaire, étant préparée comme il est dit dans le chapitre précédent, vous faites, avec le tiers de cette pâte, une abaisse de forme alongée, d'environ dix lignes d'épaisseur, et vous faites sur cette abaisse, qui doit former le fond du pâté, une couche de farce de porc, préparée comme il est dit plus loin au chapitre *des sauces et garnitures.*

D'autre part, vous faites cuire aux trois quarts votre lièvre et une certaine quantité de porc frais. Coupez une partie du lièvre et du porc frais en filets, et étendez ces filets sur la farce, en les entremêlant de lardons ; arrangez ensuite le reste de la viande, de manière à ce que l'ensemble présente une surface bombée, et couvrez ces viandes avec une large barde de lard. On comprend que ces viandes ont dû être assaisonnées convenablement en cuisant.

Faites ensuite, avec le reste de la pâte, une abaisse plus large et plus longue que la première et un peu moins épaisse. Vous poserez cette abaisse sur le ragoût avec précaution ; pour cela, vous en poserez l'une des extrêmités sur l'extrêmité du fond, qui doit déborder de la largeur d'un doigt au moins, et vous l'étendrez doucement en la soutenant avec le rouleau. Cette abaisse étant posée, vous passerez la main dessus légèrement, puis, avec les doigts, vous joindrez l'abaisse du fond avec celle du dessus, en les appuyant fortement l'une sur l'autre, et vous releverez, en forme de cordon, les bords de ces abaisses ainsi réunies.

On peut décorer ces pâtés de plusieurs manières; ainsi, s'il reste un peu de pâte, on peut en faire des cordons que l'on dispose de manière que, partant de la base, ils viennent se réunir au sommet, en formant un joli nœud, au milieu duquel on fera la cheminée du pâté. On nomme cheminée un trou que l'on fait sur le pâté, afin que la vapeur qui se dégage par la cuisson ait une issue. Cette cheminée est chose importante, car la vapeur comprimée pourrait faire fendre le pâté avant qu'il fût entièrement cuit. Lorsque le pâté est refroidi, on bouche cette cheminée avec du papier élégamment découpé, ou avec un bouchon de pâte, auquel on donne une forme agréable.

Au lieu de cordon, on peut, si l'on a des coupe-pâte de plusieurs espèces, décorer le dessus du pâté de fleurs ou d'arabesques; mais le cordon est plus en rapport avec la forme simple du pâté plat.

Gros pâtés froids pour pièces de fond.

On appelle pièces de fond les grosses pièces de pâtisserie, telles que gros pâtés froids et chauds, babas, nougats, biscuits de Savoie, etc.

Les gros pâtés pour pièces de fond ont ordinairement de huit à dix pouces de diamètre et de sept à onze pouces d'élévation; aussi sont-ils très difficiles à dresser, et cette difficulté est telle, que la théorie est ici tout à fait insuffisante : ce n'est que par la pratique que l'on acquiert la dextérité nécessaire. Cependant, si la théorie est insuffisante, elle n'est pas inutile, et nous allons tâcher de la rendre profitable, en entrant dans certains détails, avec le plus de clarté possible. Toute la difficulté étant dans la manière de dresser le pâté, c'est de cela seulement que nous nous occuperons ici; la manière de préparer les viandes de toute espèce, poissons, légumes, etc., qui doivent servir à garnir les pâtés, tourtes et vol-au-vent, formant une partie tout à fait distincte, que l'on trouvera plus loin (voir le chapitre *des sauces et garnitures*).

Après avoir préparé la quantité nécessaire de pâte à dresser le fond, de la manière indiquée au chapitre précédent, vous mettrez cette pâte dans une serviette humide, puis vous préparerez les pièces ou le ragoût dont vous voudrez garnir le pâté. Supposons que le pâté doive avoir huit pouces de diamètre, ce qui nécessite environ sept litres de farine, et le reste des ingrédiens, dans la proportion indiquée précédemment ; vous faites, avec une partie de cette pâte, une abaisse circulaire de huit pouces de diamètre, de douze ou quatorze lignes d'épaisseur. Cette abaisse est destinée à faire le fond du pâté. Vous recueillez soigneusement les rognures, dont vous ferez plus tard le couvercle du pâté. Faites, avec le reste de la pâte, une abaisse longitudinale moins épaisse que la première, à laquelle vous donnerez deux pieds de long sur dix pouces de large, en la parant carrément, et vous taillerez les deux extrêmités en biseau, comme nous l'avons dit à l'article précédent, avec cette différence que cette taille en biseau doit être assez large pour que les extrémités se croisent sur une largeur de deux pouces au moins. Cela fait, vous presserez l'abaisse circulaire vers son centre, afin de faire renfler les bords, et vous la placerez sur un plafond beurré. Assurez-vous alors que la barde destinée à faire les parois est assez longue, et collez-la sur le fond, en tenant les doigts étendus, et les mains près l'une de l'autre, afin qu'elles ne pèsent pas sur les parois du pâté, ce qui ferait plisser la pâte et rendrait son épaisseur inégale. Là, peut se borner l'opération du collage des parois sur le fond ; mais, comme la solidité est chose importante dans les grosses pièces, il est bon de faire un petit cordon de pâte, que l'on colle en dedans, sur le joint de la barde et du fond, ce qui ne doit pas empêcher que ce fond de pâte ne soit un peu plus large que le milieu, largeur qui s'obtient en pressant , comme nous l'avons dit, l'abaisse du fond , de manière à ce qu'elle ait plus d'épaisseur sur les bords qu'au milieu.

Le pâté étant monté, vous étendez dans le fond une couche de farce , selon la garniture que vous lui destinez , puis vous dressez sur cette farce les viandes, poissons, etc., préparés de la manière que nous indiquerons plus loin.

Voici donc le pâté monté et garni ; faites maintenant, avec une partie de la pâte qui vous reste , un couvercle bombé ; soudez-le solidement autour de la crête , et occupez-vous des décors de votre grosse pièce : cela est assez facile , puisque , grâce aux coupe-pâte ou emporte-pièce dont nous avons parlé plus haut , on peut , sans la moindre peine , monter des feuilles , des fleurs , des fruits , des arabesques , etc. Décorez donc le pâté selon votre goût , ce qui est la seule règle qu'un artiste puisse suivre dans cette circonstance , et passez à la cuisson.

Avant d'enfourner le pâté , vous entourez sa crête d'une bande de papier beurrée ; puis d'une autre bande enduite de blancs d'œufs. Mettez la pâte au four chauffé au degré dit *four gai* (voir plus haut). Au bout d'un quart d'heure au plus , le pâté doit avoir pris couleur ; alors vous le défournerez , et vous lui mettrez une ceinture de papier très fort ou de carton léger , puis vous le remettrez dans le four , et une demi-heure après vous l'en tirerez de nouveau pour l'envelopper dans trois ou quatre feuilles de papier l'une sur l'autre , et afin que ce papier ne se dérange pas , vous le fixerez en enfonçant au milieu des feuilles un attelet qui, entrant par la cheminée que vous aurez ménagée au couvercle , pénétrera jusqu'au milieu.

Ainsi que nous l'avons dit plus haut , le temps de la cuisson dépend tout à fait de la construction du four, et du plus ou moins de temps qui s'est écoulé depuis que l'on s'en est servi ; mais, régulièrement, la cuisson d'un pâté de cette sorte demande au moins quatre heures. Ce temps écoulé, ôtez le pâté du four, versez dedans la sauce convenable, et bouchez la cheminée.

Nota. Tous les pâtés froids, pour grosses pièces de fond, se dressent de la même manière ; la différence entre eux ne résulte que de la garniture, et nous renvoyons, pour cela, au chapitre suivant, où nous traitons de toutes les garnitures, tant principales qu'accessoires.

Pâtés chauds.

Préparez la pâte à dresser des pâtés chauds, comme il est dit au chapitre précédent ; dressez le pâté de la manière que nous venons d'indiquer ci-dessus, puis garnissez-le du ragoût qui lui est destiné (voir au chapitre *des sauces et garnitures*); couvrez le ragoût d'une large barde de lard, posez et collez le couvercle décorez et dorez les parois, et mettez le pâté au four gai. Dix minutes après, ôtez-le du four, coupez le couvercle, près de la crête, et enveloppez le pâté dans trois ou quatre feuilles de papier l'une sur l'autre. Vous le remettrez ensuite au four, où vous le laisserez une heure et demie ou deux heures, selon que le four aura été plus ou moins bien atteint, puis vous le défournerez, vous enleverez le couvercle et la barde de lard, vous verserez dans l'intérieur du pâté la sauce convenable, et vous couronnerez le ragoût avec de belles écrevisses.

Timbales pour grosses pièces froides.

Ces timbales froides ne diffèrent des pâtés froids qu'en ce qu'elles sont de moins grande dimension, et que les abaisses, fonds et parois se mettent dans un moule dont la hauteur n'excède pas ordinairement six pouces. La timbale étant dressée dans le moule, on étend dans le fond une farce convenable, sur laquelle on place la pièce que l'on a préparée, soit gibier, volaille, poisson, etc. ; on recouvre cette pièce avec de la farce, sur laquelle on étend une couche de beurre ; puis on étend sur le tout une barde de lard, on met le couvercle, et l'on enfourne la timbale au four gai. Défournez la timbale après quatre heures de cuisson ; versez dedans une certaine quantité de consommé bouillant, et laissez refroidir le tout. Démoulez ensuite la timbale en renversant le moule sur un plafond garni de papier. Ces timbales ne diffèrent des pâtés de boutique, dont nous avons parlé au commencement de ce chapitre, que par leur grandeur.

Timbales chaudes.

Les timbales chaudes ne sont autre chose que des pâtés chauds, de moyenne grandeur, que l'on dresse dans un moule. Ainsi que nous l'avons dit au chapitre précédent, on peut garnir ces pâtés avant ou après la cuisson ; mais la timbale, proprement dite, ne doit pas être remplie de farine, comme cela se pratique quelquefois pour les pâtés de boutique et presque toujours pour les vole-au-vent ; il faut, lorsque l'on fait cuire la timbale sans garniture, la remplir de graisse de bœuf hachée. Lorsque la timbale est cuite, on la cerne, on la découvre, on en ôte la graisse de de bœuf, que l'on remplace par le ragoût que l'on a préparé à cet effet.

Il faut avoir grand soin, en moulant les timbales, de ne pas laisser le moindre espace entre le moule et la pâte : l'air, pénétrant dans ces espaces, suffirait, à la cuisson, pour déformer le pâté : si donc, malgré le soin que l'on aurait mis à l'éviter, il se trouvait de l'air comprimé entre la pâte et le moule, ce qui formerait des globules, il faudrait percer ces globules, afin de donner issue à l'air, et boucher cette ouverture en rapprochant la pâte et la pressant avec le doigt.

La cuisson des timbales est toujours à peu près la même, soit qu'elles contiennent viande ou poisson ; il n'y a d'exception que pour les timbales dites à la marinière et celles garnies à l'indienne. Dans ces deux cas, le macaroni forme la base de la garniture : pour les timbales à la marinière, le macaroni est mêlé de filets de poissons, tels que filets de sole, de merlan, etc. ; pour les timbales à l'indienne, on emploie du macaroni au safran, sur lequel on verse un ragoût à la financière, ou un ragoût à la Toulouse, préparés comme il est dit au chapitre *des sauces et garnitures.*

Des tourtes d'entrée.

Les tourtes d'entrée se font particulièrement dans les maisons bourgeoises, à cause de la facilité d'exécution qu'elles présentent. Voici le procédé le plus ordinaire :

Après avoir préparé une quantité nécessaire de pâte brisée, de la manière indiquée au chapitre précédent, vous mettrez cette pâte dans une serviette humide, puis, vous vous occuperez de la garniture que vous aurez l'intention de mettre dans la tourte.

La garniture étant préparée, vous mettrez la pâte sur le tour et vous ferez avec une partie de cette pâte une abaisse circulaire d'un diamètre plus ou moins grand, selon la quantité de garniture que vous voudrez employer. L'épaisseur de cette abaisse doit être de six lignes. Mettez cette abaisse sur une place, étendez de la farce dessus, et arrangez votre ragoût sur cette farce, en ayant soin qu'il n'arrive qu'à dix ou douze lignes du bord de l'abaisse, et qu'il forme le dôme ; faites ensuite une seconde abaisse plus grande et plus mince, et couvrez-en votre ragoût, d'après le procédé que nous avons indiqué plus haut pour les pâtés plats.

On peut aussi, après avoir garni l'abaisse du fond, faire une autre abaisse plus mince, de deux pouces d'élévation et d'une longueur convenable; on taille les extrémités de cette abaisse en biseau, et on la soude sur le fond, comme pour les pâtés; puis, avec le reste de la pâte, on fait un couvercle bombé.

Soit que l'on fasse usage de l'un ou de l'autre de ces procédés, il faut toujours faire sur le couvercle du dôme une ouverture, afin que, pendant la cuisson, la vapeur puisse se dégager sans accident. Il est aussi, sinon indispensable, au moins très prudent, d'entourer la paroi de la tourte avec une bande de fort papier beurrée, dont on colle les deux extrémités avec un peu de pâte.

Ces préparatifs terminés, enfournez la tourte au four gai, et donnez-lui au moins une heure et demie de cuisson : lorsque vous l'aurez ôtée du four, vous enleverez le couvercle ou une partie du dôme, le plus proprement possible ; vous verserez dans la tourte la sauce convenable, et vous replacerez le couvercle ou la partie du dôme enlevée.

Ces tourtes peuvent se décorer, comme les pâtés, avec des cordons de pâte, des rosaces et autres décors que l'on fait au moyen de coupe-pâte, et que l'on colle ensuite sur les parois de la tourte et sur le dôme.

Vole-au-vent d'entrée.

Préparez la quantité de feuilletage nécessaire ; préparez aussi un peu de pâte brisée. Avec cette dernière, vous ferez une abaisse que vous poserez sur une plaque beurrée ; mouillez un peu la surface de cette abaisse, étendez le feuilletage dessus, et abaissez-le avec le rouleau ; faites, avec le reste du feuilletage, une troisième abaisse beaucoup plus mince, destinée à faire le couvercle du vole-au-vent, placez ce couvercle sur les abaisses superposées ; cernez le tour du vole-au-vent à quinze ou dix-huit lignes du bord; dorez-le tout aux jaunes d'œufs; enfournez le vole-au-vent au four modéré, et retirez-le dès qu'il sera d'une belle couleur. Vous leverez alors le couvercle, sous lequel vous trouverez le reste du feuilletage en feuillets superposés. Videz le vole-au-vent jusqu'à l'abaisse du fond, qui n'aura pas bougé, attendu qu'elle est en pâte brisée, et laissez pour paroi la largeur de quinze à dix-huit pouces, selon que vous l'aurez marquée en cernant. Cette paroi en feuilletage ne peut avoir beaucoup de consistance, et il arrive souvent que la sauce que l'on met dans le vole-au-vent s'échappe par les interstices; pour parer à cet inconvénient, on dore légèrement, à l'intérieur, les parties qui semblent avoir le moins de consistance, et l'on colle dessus quelques uns des petits feuillets que l'on a enlevés. Mettez alors dans le vole-au-vent la garniture que vous lui destinez, et servez.

CHAPITRE VI.

Des sauces et garnitures employées en pâtisserie.

Choix des viandes de boucherie pour les pâtés.

Les morceaux du bœuf, qui s'emploient pour garnir les pâtés, sont le palais, la noix et le filet. Les parties du veau, que l'on peut employer, sont plus nombreuses; mais on doit toujours préférer la longe, la noix et la rouelle. Quant au mouton, on fait plus de cas des cervelles, des langues et, du carré, que du reste; et, pour le porc, la hure, le filet, le jambon sont les parties le plus généralement employées.

Préparation des viandes de boucherie pour pâté.

Quel que soit le morceau de viande de boucherie que

l'on veuille mettre dans un pâté , il faut d'abord le parer, puis le larder avec des lardons de moyenne grosseur , en ayant soin de mettre un lardon de jambon entre deux lardons de lard , de manière que les lardons ne dépassent pas la surface de là pièce ; autrement il faudrait , après avoir piqué , retrancher ce qui dépasserait. Il est bon aussi , au préalable , d'assaisonner ces lardons d'épices et fines herbes. La pièce étant bien lardée , il faut la ficeler, afin de lui donner la forme convenable pour qu'elle puisse être contenue dans le pâté.

Garnissez alors le fond et les parois d'une casserole avec des bardes de lard et des tranches de jambon ; ajoutez un bouquet garni , deux ou trois oignons , dont un piqué de quelques clous de girofle , autant de carottes , sel , poivre, laurier , des parures de viande si vous en avez , et mouillez le tout avec du consommé non dégraissé , autant de vin de Madère sec , et un peu d'eau de vie , de manière à ce que le mouillement couvre la pièce , sans cependant être trop abondant. Couvrez le tout avec un rond de papier beurré ; mettez le couvercle sur la casserole , et faites bouillir cette préparation le plus promptement possible , avec feu dessus et dessous. Lorsque cela aura bouilli ainsi pendant une demi-heure , plus ou moins , selon la force de la pièce , vous diminuerez le feu , et vous laisserez mijoter le tout jusqu'à cuisson complète. Otez la pièce de viande ; quand elle sera cuite , faites-la égoutter , laissez-la refroidir , déficelez-la , et la mettez dans le pâté que vous aurez dressé comme il est dit au chapitre précédent , et sur le fond duquel vous aurez , au préalable , étendu une couche de farce de veau ou de jambon , préparée de la manière que nous indiquerons plus loin ; mettez ensuite une large barde de lard sur votre pièce de viande , couvrez le pâté , et enfournez-le.

On conçoit que cette règle générale pour braiser la

viande de boucherie avant d'en garnir les pâtés ; on conçoit, disons-nous, que cette règle peut et doit subir de
nombreuses et importantes modifications, selon l'espèce
de la viande et la force du morceau. Ainsi, il faut quatre
heures pour cuire un filet de bœuf, tandis que deux heures
ou deux heures et demie suffisent pour faire cuire le veau,
le mouton, et le porc frais. Les ingrédiens servant d'assaisonnement doivent être proportionnés à la force du morceau ; le mouillement doit être mis avec une mesure telle,
que, lorsque la cuisson est achevée, il ne soit ni trop clair
ni trop épais. On peut aussi augmenter le nombre des ingrédiens servant à assaisonner ; ainsi, lorsqu'on aura des
parures de champignons et de truffes, on ne manquera
pas de les ajouter aux autres racines et aromates que nous
avons désignés.

Préparation de la volaille et du gibier pour pâtés.

La volaille et le gibier destinés à garnir des pâtés peuvent également se braiser, c'est à dire se faire cuire de la
même manière que nous venons d'indiquer pour la viande
de boucherie. Cette méthode était même la seule employée
autrefois ; mais le nouveau procédé est bien préférable.
Voici donc comment il faut opérer, en supposant qu'il s'a-
gisse d'un pâté de perdrix ou de pigeons.

Plumez, videz et flambez trois pigeons ou trois perdrix ;
fendez-les en deux, en séparant les os du dos, enlevez le
bréchet, et essuyez bien avec un linge blanc l'intérieur
de ces trois pièces. Mettez alors sur un plafond ou plat
à sauter, gros comme un œuf de beurre, autant de lard
râpé, et faites tiédir ces deux substances, afin qu'elles
fondent et se mêlent. Ajoutez alors trois ou quatre grosses
truffes, deux ou trois beaux champignons, deux échalotes,
un peu de persil, le tout haché séparément et bien menu,
sel, poivre, muscade. Posez sur cette préparation vos moi-

tiés de perdrix ou pigeons, et faites-les revenir sur un feu très ardent, en ayant soin de les retourner lorsqu'elles seront assez roidies d'un côté. Au bout de quelques minutes, vous diminuez le feu; et vous laissez mijoter doucement votre préparation, jusqu'à ce que la viande soit assez cuite. Dressez alors votre pâté de la manière que nous avons indiquée au chapitre précédent; tendez sur le fond de la farce de veau ou de jambon, préparée de la manière que nous indiquerons tout à l'heure; puis, sur ce fond garni de farce, vous dresserez vos moitiés de perdrix ou pigeons en couronne, et vous verserez au milieu les fines herbes avec lesquelles elles auront cuit. Vous pourrez aussi ajouter des truffes cuites au vin de Champagne et émincées. Agissez, du reste, selon la règle indiquée plus haut.

Ainsi que nous l'avons dit, le gibier et la volaille, en général, se préparent de la même manière pour garnir les pâtés. Il en est de même des filets de mouton, des cervelles et ris de veau, et des foies gras, à moins que l'on ne fasse de ces diverses choses un ragoût à la financière, ce qui est bien préférable, surtout pour les pâtés chauds. Quant aux pièces de grosse venaison, telles que sanglier, cerf, chevreuil, il faut les braiser comme la viande de boucherie, en augmentant un peu la dose de vin de Madère.

Dans tous les cas, la sauce ne doit être mise dans le pâté que lorsqu'il est cuit; et, ainsi que nous l'avons déjà dit, elle doit avoir une bonne consistance, sans cependant être trop épaisse.

Enfin, comme il serait possible que quelques uns de nos lecteurs voulussent faire cuire la volaille et le gibier selon l'ancienne méthode, et qu'ici il ne s'agit pas de disputer sur les goûts, mais bien de les satisfaire, nous recommanderons, dans ce cas, de ne pas ménager l'assaisonnement, qui est le même que celui que nous avons indiqué pour la viande de boucherie, à l'article précédent, et de ne donner qu'une heure de cuisson aux faisans et aux chapons.

PRÉPARATION DU POISSON POUR PÂTÉ.
Pâté d'anguille.

Les anguilles destinées à faire des garnitures de pâté se préparent de deux manières. La première consiste à désosser l'anguille après l'avoir dépouillée, puis on la remet dans la peau, que l'on coud aux extrémités, et on la dresse en couronne sur une farce maigre, dont nous parlerons plus loin, et qui s'emploie pour tous les pâtés de poisson. La seconde manière consiste à faire sauter l'anguille au beurre, avec des fines herbes, poivre, sel, muscade, après l'avoir dépouillée; puis on la dresse également en couronne sur une couche de farce maigre. Si le pâté était d'une dimension telle, qu'il fallût plusieurs anguilles pour le garnir, on poserait la première sur une couche de farce, puis on ferait dessus une autre couche de la même farce, sur laquelle on dresserait la deuxième anguille, et ainsi de suite.

Pâté de brochet.

Coupez le brochet par filets. Lorsque votre pâté sera dressé, vous étendrez au fond de la farce d'anchois, et sur cette farce vous arrangerez une partie des filets de brochet; puis vous ferez une nouvelle couche de farce, et ainsi de suite, jusqu'à ce que le pâté soit convenablement garni. Nous donnerons, plus loin, la manière de préparer cette farce d'anchois.

Pâté d'esturgeon.

Dépouillez l'esturgeon, désossez-le. Vous désosserez également une anguille, puis vous la taillerez en forme de petits lardons; taillez quelques grosses truffes de la même manière, puis vous piquerez l'esturgeon avec ces lardons, en mettant successivement un lardon d'anguille et un de truffe. Cela fait, et votre pâté étant dressé, vous garnirez le fond de ce pâté avec de la farce maigre, préparée comme nous le dirons plus loin ; puis vous couperez en deux le morceau d'esturgeon ; vous poserez l'un des deux morceaux sur la farce ; vous ferez, sur ce morceau, un autre lit de cette même farce, puis vous poserez le second morceau dessus, et vous le couvrirez aussi de farce.

Pâté de sole.

Levez les filets de deux ou trois belles soles, et roulez ces filets sur eux-mêmes, en mettant le plus gros bout dans l'intérieur. Cela fait, et votre pâté étant dressé, vous étendez dans le fond du pâté une couche de farce maigre ou de farce d'anchois, et vous posez les filets roulés sur la farce, en les appuyant un peu, afin qu'il ne se déforment point. On peut mettre plusieurs rangées de filets les unes sur les autres, en ayant soin de mettre une couche de farce entre chaque rangée ; mais ordinairement on n'en met qu'une seule rangée, sur laquelle on sème des truffes cuites au vin de Champagne et coupées en petits morceaux carrés.

Pâté matelote ou à la marinière.

Coupez par morceaux une anguille, une sole et une tranche de saumon. D'autre part, vous aurez des champignons cuits au blanc et émincés, des truffes cuites au vin de Champagne et également émincées, des laitances de carpes, une douzaine et demie de grosses huîtres. Faites tiédir du beurre dans lequel vous mêlerez des fines herbes. Tout cela étant préparé, vous ferez successivement des couches de ces différens ingrédiens, en ayant soin de verser entre chaque couche une certaine quantité du beurre mêlé de fines herbes.

Pâté de turbot.

Voyez, plus haut, *pâté de brochet*; le pâté de turbot se prépare de la même manière.

Pâté de saumon.

Le pâté de saumon se prépare comme le pâté d'esturgeon. Voir, plus haut, ce dernier.

Pâté de truite à la Remiremont.

Il se prépare comme le précédent, en substituant la truite à l'esturgeon.

Pâté de Chartres.

Ayez une certaine quantité de grives, bécasses ou mauviettes. Lorsqu'elles seront convenablement plumées, épluchées et flambées, vous les viderez, puis vous hacherez et pilerez les intestins, et vous les mêlerez avec de la farce de veau préparée comme nous le dirons plus loin. Votre pâté étant dressé, vous en garnirez le fond avec cette farce ainsi modifiée, puis sur la farce vous dresserez vos mauviettes, grives ou bécasses. Maniez ensuite un fort morceau de beurre, étendez-le sur la garniture de votre pâté; mettez des bardes de lard par dessus, et vous finirez ce pâté de la manière ordinaire. Le pâté de Chartres ne se sert que froid, et il faut près de trois heures pour le faire cuire.

Pâté de Périgueux.

Les pâtés de Périgueux se garnissent avec des perdreaux rouges. Un beau pâté contient ordinrement quatre de ces perdreaux que l'on prépare ainsi :

Après avoir plumé et flambé les perdreaux, vous les viderez et vous en mettrez les foies de côté. Lardez ensuite les perdreaux très superficiellement, et avec des lardoirs très fins ; fendez-les ensuite par le dos, semez dans l'intérieur un peu de sel, poivre, muscade. Pilez alors les foies des perdreaux, mélangez-les avec de la farce à quénelles de volailles, dont vous trouverez la recette plus loin, et remplissez l'intérieur des perdreaux avec cette préparation, à laquelle vous aurez joint quelques truffes et des foies gras également pilés. Le pâté étant dressé de la manière ordinaire, vous en garnirez le fond avec une partie de cette préparation, et vous dresserez dessus vos perdreaux, entre lesquels vous mettrez de grosses truffes entières, cuites au vin de Champagne.

Pâté de Pithiviers.

Voyez, plus haut, *pâté de Chartres* ; les pâtés de Pithiviers se préparent de la même manière.

Pâté d'Amiens.

Opérez comme il est dit plus haut, à l'article pâté de Chartres, en substituant aux grives ou mauviettes, un ou deux canards.

Pâté de Strasbourg.

Faites dégorger, dans de l'eau fraîche, des foies gras au nombre de huit, s'ils sont beaux, et plus, si cela est nécessaire. Au bout de trois heures, vous les ôterez de l'eau, et vous les parerez. Faites-les blanchir ensuite, en les mettant dans une casserole avec de l'eau froide un peu salée, et mettant cette casserole sur un feu ardent jusqu'à ce qu'elle commence à bouillir; puis vous les ôterez et vous les couperez en deux. Prenez alors les quatre morceaux qui auront le moins d'apparence; coupez-les par escalopes bien minces, puis vous les mettrez sur un plat à sauter, avec environ deux livres et demie de lard pilé et passé au tamis à quenelles, des truffes, des champignons, du persil et des échalotes, le tout haché bien menu; vous ferez revenir le tout sur un feu ardent, puis vous le laisserez refroidir. D'autre part vous aurez fait cuire au vin de Champagne autant de belles truffes que vous aurez de foies gras; coupez ces truffes en forme de lardons de moyenne grosseur, et piquez les foies gras avec ces lardons de truffes.

Pilez alors dans un mortier les escalopes de foies gras que vous aurez fait sauter comme nous l'avons dit plus haut; pilez en même temps les fines herbes, truffes et champignons avec lesquels les foies gras ont cuit; puis vous ajouterez à cette farce cinq ou six jaunes d'œufs et quelques truffes coupées en petits morceaux carrés, et vous mêlerez bien le tout ensemble.

Ces préparatifs étant terminés, vous dresserez le pâté comme il est dit au chapitre précédent; garnissez le fond du pâté avec une partie de la farce préparée, comme nous venons de le dire, puis vous poserez dessus quatre morceaux de foies gras; semez un peu de sel épicé sur ces morceaux de foies, puis saupoudrez-les de farine, et faites, sur la farine, une couche de truffes, coupées par grosses tranches. Sur ces truffes vous poserez quatre autres morceaux de foies gras, et ainsi de suite jusqu'à ce que vous ayez employé tous les foies, truffes et farce. Alors vous étendrez dessus un morceau de beurre d'environ vingt onces, que vous aurez manié; sur le beurre vous placerez deux ou trois feuilles de laurier, vous couvrirez le tout avec une large barde de lard, et vous achèverez le pâté comme il est dit plus haut. Dès qu'il sera cuit, vous le défournerez,

et vous verserez dedans deux verres de vin de Madère
sec.

Pâté à la russe.

Coupez par escalopes bien minces une tranche de
saumon et un foie gras, et passez le foie et le saumon aux
fines herbes sur un feu très ardent, avec sel, poivre, muscade. Faites, en même temps, crever une certaine quantité de riz dans de bon consommé, et hachez huit ou dix
jaunes d'œufs durs. Ces préparatifs étant terminés, vous
laisserez refroidir le tout, et pendant ce temps vous dresserez le pâté, comme il est dit au chapitre précédent. Vous
commencez alors par mettre au fond du pâté une partie
du saumon sauté au beurre ; sur le saumon, vous semerez
une partie des jaunes d'œufs hachés. Sur les jaunes d'œufs,
vous placerez les foies gras sautés au beurre ; puis vous ferez une nouvelle couche de jaunes d'œufs, un autre de
saumon ; vous verserez sur la dernière couche le beurre et
les fines herbes qui auront servi à faire revenir le saumon
et le foie, et vous recouvrirez le tout avec le riz préparé comme nous venons de le dire. Dorez et enfournez le
pâté ; défournez-le au bout d'une heure et demie ou deux
heures, au plus, et servez-le aussitôt.

Vole-au-vent à la Nesle.

Faites pocher, dans du consommé bouillant, des quénelles de volaille, c'est à dire moulez dans une cuiller de
la farce à quénelles, et jetez chaque quénelle, ainsi moulée, dans le consommé bouillant. Faites ensuite un ragoût
à la financière de la manière indiquée plus loin, et ajoutez à ce ragoût les quénelles pochées en assez grande quantité pour que les autres ingrédiens employé dans le ragoût
ne puissent être considérés que comme accessoires. Dres-

sez ensuite et faites cuire un vole-au-vent, comme il est dit au chapitre précédent, et garnissez-le avec ce ragoût.

Macédoine de légumes pour garnir un vole-au-vent.

Faites cuire dans une sauce allemande des légumes de toute espèce que vous aurez d'abord fait blanchir, tels que carottes, navets, oignons, pointes d'asperges, culs d'artichauts, petits pois, petites fèves, haricots verts et blancs, champignons, concombres, etc.; ajoutez à tout cela un peu de glace de racines, un peu de sucre, et, lorsque le tout est cuit, un morceau de beurre fin.

Sauce espagnole.

On fait d'abord un roux de belle couleur, puis on mouille avec du jus ou du bouillon, en ayant soin de remuer toujours d'une main, tandis que l'on verse de l'autre. Lorsqu'il est mouillé convenablement, on le met écumer sur le coin du fourneau, puis on le fait bouillir lentement, après y avoir ajouté un bouquet garni. Au bout d'une heure, on le dégraisse avec soin, et on le passe à l'étamine du tamis de crin. Lorsque cette préparation est dans la terrine, il faut la remuer pendant quelques instans. Après un quart d'heure de repos, il se forme sur la sauce une peau que l'on enlève. La sauce alors est terminée, et on la conserve dans une terrine pour s'en servir au besoin.

Velouté, ou sauce tournée.

Faites un roux blond, délayez-le avec du consommé qui n'ait point de couleur, et opérez du reste comme il est dit à l'article ci-dessus.

Coulis aux écrevisses.

On fait réduire du velouté avec du consommé, puis on

y met un fort morceau de beurre d'écrevisses (voir plus loin *Beurre d'écrevisses*), et l'on mêle bien le tout ensemble. Cette sauce ne se fait qu'au moment de servir.

Sauce allemande.

Mettez dans une casserole une égale quantité de velouté et [de bouillon. Faites bouillir cette sauce et dégraissez-la avec soin ; ajoutez-y des champignons bien tournés, et lorsque la sauce sera convenablement réduite, vous y mettrez une liaison de jaunes d'œufs.

Sauce béchamelle.

On met dans dans une casserole une certaine quantité de velouté ; on y ajoute du consommé, et l'on fait réduire à grand feu. Il faut avoir soin de tourner avec une cuiller de bois et prendre garde que cette sauce ne s'attache au fond de la casserole : lorsqu'elle a acquis un degré d'épaisseur convenable, il faut y mettre de la crème peu à peu et sans cesser de la remuer. On passe ensuite cette sauce à l'étamine, et on la fait chauffer au bain-Marie quand on veut s'en servir.

Sauce béchamelle maigre.

Après avoir fait bouillir une chopine de bon lait, on met dans une casserole un morceau de beurre et deux cuillerées de farine ; on les manie ensemble, et on mouille avec la moitié du lait. On fait ensuite réduire cette préparation en la remuant toujours, afin qu'elle ne s'attache pas au fond de la casserole, et à mesure qu'elle épaissit, on y ajoute peu à peu l'autre moitié du lait. Cette crème étant cuite et convenablement réduite, on la passe à l'étamine, et, lorsqu'on veut s'en servir, il faut la faire chauffer au bain-Marie.

Quénelles de volaille.

Levez des blancs de volailles rôties ; ôtez-en les nerfs et les peaux, et pilez ces blancs dans un mortier. Pilez, d'autre part, de la mie de pain que vous aurez fait tremper dans du lait et un fort morceau de beurre. Passez au tamis les blancs de volaille pilés ; mettez-les dans le mortier où sont la mie de pain et le beurre, et pilez de nouveau en ajoutant successivement du sel, du poivre et de la muscade, des jaunes d'œufs et des blancs d'œufs fouettés en neige. Faites, avec cette espèce de pâte, des petits bâtons longs et gros comme le pouce, et faites-les pocher dans du bouillon bouillant.

Ragoût de laitances de carpes.

Procurez-vous huit ou dix laitances de belles carpes, plus ou moins, selon leur grosseur et la force du ragoût que vous voudrez faire ; parez-les en ôtant avec soin la partie des intestins qui y est adhérente, et faites-les dégorger dans de l'eau fraîche ; puis vous les mettrez dans de l'eau avec du sel et du vinaigre, et vous les ferez bouillir pendant quelques instans. Retirez ensuite les laitances de l'eau, et faites-les égoutter.

D'autre part, vous mettrez dans une casserole une égale quantité de sauce allemande et de velouté, et, lorsque ce mélange sera bouillant, vous y ajouterez un fort morceau de beurre bien frais. Mettez les laitances dans cette sauce, et finissez en y mêlant un jus de citron.

Ce ragoût est ordinairement employé pour garnir des vole-au-vent.

Du jus.

Le jus, si nécessaire dans une bonne cuisine en général, l'est particulièrement au pâtissier. Pour s'en procurer, on rassemble tous les débris de viande fraîche que l'on peut avoir, osselets, découpures de côtelettes, la réjouissance que donne le boucher, etc.; puis on met tout cela dans une casserole, avec quelques oignons coupés en tranches et autant de carottes coupées de même; on y ajoute un verre de bouillon, et on fait bouillir pendant une demi-heure. Lorsqu'il n'y a plus que peu de mouillement, on ralentit le feu, et on laisse tomber doucement en glaces. On mouille ensuite avec de l'eau bouillante; on l'assaisonne de sel, et l'on y joint un bouquet garni. Si on a des découpures de champignons, on peut les ajouter, ainsi que les cous, les gésiers des volailles ou gibier, préparés pour rôt. On laisse cuire pendant deux heures en ayant soin d'écumer et de dégraisser: puis on passe le jus au tamis de soie, dans une terrine, ou un vase de blonde; on le dépose dans une terrine pour s'en servir au besoin. Le roux se conserve très long-temps.

Jus maigre pour vole-au-vent de poisson et légumes.

Faites revenir dans du beurre une carpe et un brochet coupés par morceaux, ainsi que des carottes et des oignons coupés par tranches, un bouquet garni, un clou de girofle, du poivre et du sel. Le tout étant bien revenu, mouillez avec un verre de vin blanc, autant de bouillon maigre, et faites réduire jusqu'à ce que ces ingrédiens tombent sur glace et que cette glace soit presque noire. Mouillez alors avec une plus grande quantité de bouillon maigre et un peu de vin, ajoutez des champignons, et faites bouillir de nouveau jusqu'à ce que tous les ingrédiens soient cuits, et passez ce jus au tamis.

Ragoût à la financière.

Après avoir fait réduire à glace, dans une quantité suffisante de madère, des truffes et des champignons, quelques gousses de piment et quelques petits morceaux de tomate, on mouille ces ingrédiens avec de la sauce espagnole, à laquelle on ajoute un peu de glace de viande, et quelques cuillerées de blond de veau. Le tout ayant bouilli pendant quelque temps, il faut passer cette sauce, on extrait le piment et la tomate, puis remettre dedans les truffes et les champignons, et y ajouter des ris de veau, des crêtes et rognons de coq, et des quénelles de volaille.

Ragoût à la Toulouse.

Faites bouillir dans du consommé de volaille réduit, les mêmes ingrédiens que ci-dessus, et ajoutez-y un peu de sauce allemande. Il faudra de même en extraire le piment et la tomate, et avoir soin de faire chauffer à part les quénelles de volaille, qui ne doivent pas bouillir.

Chair à pâté à la ciboulette.

Après avoir haché à moitié du filet de bœuf, de la graisse de rognon de bœuf et de la rouelle de veau, le tout en égale quantité, on y ajoute quelques œufs durs, du sel et du poivre, de la ciboulette et du persil hachés; puis on mêle le tout, on le rafraîchit avec un peu d'eau, et l'on hache de nouveau, jusqu'à ce que ces divers ingrédiens forment une sorte de pâte.

Farce de veau.

Faites revenir dans du beurre de la rouelle de veau, coupée en petits morceaux, assaisonnée de fines herbes, sel et poivre; jetez ensuite cette préparation dans un mortier, avec des foies de volaille, que vous aurez fait dégorger et blanchir, un morceau de pain mollet, que vous aurez fait tremper dans du lait, et de la tétine de veau cuite;

assaisonnez le tout de sel, poivre, muscade ; pilez bien, et ajoutez successivement plusieurs œufs entiers, sans cesser de piler.

Cette farce est ordinairement employée pour garnir le fond des pâtés de volaille et de jambon. Cependant, pour les pâtés de volaille, il vaudrait mieux employer la farce dont voici la recette.

Farce de volaille.

Faites revenir dans du beurre des blancs de volailles crus et assaisonnés de muscade, sel et poivre ; ôtez ensuite des blancs pour les faire égoutter, et remplacez-les par un morceau de mie de pain et un peu de persil haché ; mouillez ce pain avec du bouillon, et laissez-le bouillir jusqu'à ce qu'il forme une panade. Pilez alors vos blancs de volailles ; pilez à part la panade, et pilez, toujours à part, la tétine de veau. Ces trois choses étant en égale quantité, mettez-les toutes dans le même mortier, et pilez de nouveau en y ajoutant des jaunes d'œufs.

Beurre d'écrevisses.

Pilez dans un mortier des écailles d'écrevisses, jusqu'à ce qu'elles soient réduites en poudre impalpable ; mettez cette poudre dans une casserole, avec un morceau de beurre, et faites-le fondre. Passez ensuite cette préparation à l'étamine, de manière qu'à mesure que le beurre passe, il tombe dans de l'eau fraîche. Réunissez ce beurre en un seul morceau, pour vous en servir au besoin.

Beurre de Montpellier.

Pilez ensemble quelques anchois, des cornichons, des câpres, de la ravigote, des jaunes d'œufs durs, du sel et du poivre. Lorsque le tout formera une espèce de pâte ; vous y ajouterez quelques jaunes d'œufs crus, et vous pilerez de nouveau, en mouillant avec un peu de vinaigre et une certaine quantité d'huile, que vous verserez au fur et à mesure, et sans cesser de piler ; passez cette préparation à l'étamine, et mêlez-y un peu de vert d'épinard.

Ce beurre peut être employé pour assaisonner certaines farces et ragoûts de vole-au-vent, qui demandent à être relevés.

Culs d'artichauts pour garniture.

Il faut faire blanchir des artichauts dans de l'eau bien salée, jusqu'à ce qu'il soit possible d'en enlever toutes les feuilles et le foin ; les culs d'artichauts étant ensuite parés et rafraîchis, on les fait cuire dans une casserole, avec des bardes de lard dessus et dessous, un bouquet garni, un jus de citron, du sel, un peu de beurre fin, le tout mouillé avec de l'eau et du vin blanc, par égale partie. Les culs d'artichauts ainsi préparés s'emploient dans une foule de ragoûts pour vol-au-vent.

Sauce maigre.

Désossez une carpe, et pilez-en la chair dans un mortier, et passez-la au tamis à quénelles, afin d'en extraire les arêtes, qui se pilent difficilement. Remettez cette chair dans le mortier, avec une demi-livre de tétine de veau, que vous aurez fait blanchir, une livre de beurre, et une mie de pain détrempée dans du lait. Pilez ensemble tous ces ingrédiens, en y ajoutant quelques jaunes d'œufs, des fines herbes, du sel, du poivre et de la muscade. Lorsque le tout sera bien mélangé, vous verserez dessus un peu de velouté, et vous pilerez de nouveau pendant quelques instans.

Cette farce peut être employée pour les pâtés de poisson et pour les tourtes.

Farce de jambon.

Hachez bien menu une demi-livre de noix de veau, autant de jambon, autant de lard. Mettez ensuite tout cela dans un mortier, et pilez-le en y ajoutant quelques jaunes d'œufs, un peu de sel et de muscade. Le tout étant bien pilé, vous y ajouterez encore des truffes et des champignons hachés, des fines herbes et quelques échalotes également hachées, et deux ou trois cuillerées de velouté. Mêlez bien tous ces ingrédiens ensemble, et faites-en une espèce de pelote, que vous mettrez de côté, pour vous en servir au besoin. Cette farce convient également au vol-au-vent et aux pâtés froids et chauds.

Godiveau.

Hachez ensemble et bien menu une demi-livre de noix de veau, et une livre de graisse de rognon de bœuf dont vous aurez soigneusement extrait les peaux et les nerfs. La viande et la graisse étant bien hachées, vous les pilerez en y ajoutant successivement et sans cesser de piler quatre jaunes d'œufs, du sel, du poivre, un peu d'eau fraîche ou même de glace, en été, et des fines herbes hachées. Lorsque le tout est pilé de telle sorte que l'on ne distingue plus la viande d'avec la graisse, et que le godiveau est un peu mou, on en fait des boulettes que l'on fait pocher, en les jetant dans de l'eau bouillante.

Le godiveau sert à garnir les vol-au-vent, pâtés et petits pâtés chauds, tourtes d'entrée; il entre dans la composition du ragoût à la financière, du ragoût à la Toulouse et de plusieurs autres.

Quénelles de poisson.

Voyez plus haut *quénelles de volaille*, et opérez de la même manière, en substituant à la volaille des filets de carpe ou de brochet.

Quénelles de gibier.

Opérez comme il est dit à l'article *quénelles de volaille* en substituant aux filets de volaille des filets de perdreaux ou de lièvres.

Farce d'anchois.

Lavez des anchois, ôtez-en les arêtes, et faites-les sauter au beurre avec des fines herbes et un peu de muscade. Laissez ensuite refroidir cette préparation, puis vous la pilerez dans un mortier, en y ajoutant un peu de beurre d'écrevisses, préparé comme il est dit plus haut, un peu de mie de pain détrempée dans du lait, et quelques jaunes d'œufs que vous ajouterez au fur et à mesure que vous pilerez. Cette farce s'emploie comme la farce maigre.

Dorure des pâtisseries.

La dorure la plus communément employée n'est autre chose que des jaunes d'œufs battus avec un peu d'eau, pour dorer les pâtés chauds, on peut ajouter aux jaunes d'œufs un peu de farine et battre le tout ensemble. Les pièces de pâtisseries qui ne doivent pas avoir de couleur, se dorent aux blancs d'œufs.

Graissage des plaques.

Les pâtisseries, en général, ne s'enfournent que posées sur des plaques ; ces plaques doivent toujours être graissées avec du beurre bien frais. Pour les pâtisseries de pâte d'amandes, on graisse les plaques d'abord, puis on les saupoudre de farine; pour les pâtes de sucre, le beurre doit être remplacé par de la cire vierge.

CHAPITRE VII.

—

Hors-d'œuvre et petites entrées de pâtisserie.

—

Petits pâtés au naturel.

Faites une abaisse bien mince de feuilletage ; coupez cette abaisse en morceaux ronds, et rangez la moitié de ces petites abaisses circulaires sur une plaque graissée ; mettez sur chaque abaisse une boulette de godiveau, et recouvrez-la avec une abaisse de même forme et d'égale dimension ; dorez les pâtés, et enfournez-les au four gai.

Petits pâtés au jus.

Faites, avec de la pâte brisée, une abaisse qui n'ait pas plus d'une ligne d'épaisseur ; taillez avec un coupe-pâte cette abaisse en morceaux ronds, et moulez chacun de ces morceaux dans une petite timbale, puis vous mettrez dans chacune une boulette de godiveau, et vous la couvrirez avec un couvercle à petits pâtés. Dorez et enfournez ces pâtés comme il est dit à l'article précédent. Démoulez ensuite les pâtés; ôtez-en le godiveau, coupez-le par petits morceaux, et remettez-le dans les pâtés, avec des champignons cuits au blanc, et coupés en petits morceaux carrés. Versez, dans chaque pâté ainsi garni, un peu de sauce espagnole, et servez sur-le-champ.

Rissoles ordinaires.

Faites, avec du feuilletage, une abaisse en forme de carré long; mettez sur cette abaisse, et vers le milieu seulement, de la farce à quénelles de volaille, disséminée par petites portions deux fois grosses comme le pouce. Mouillez ensuite l'abaisse vers les bords et tout autour de la farce; puis vous releverez les bords de l'abaisse, et vous les replierez sur la farce, en appuyant assez pour que cette dernière soit maintenue comme vous l'avez placée. Vous couperez alors cette préparation avec un coupe-pâte, de telle sorte que chaque rissole ait deux pouces de long sur un pouce et demi de large, et qu'elle ait la forme d'un croissant. Saupoudrez de farine un couvercle de casserole; et rangez dessus les rissoles à mesure que vous les couperez. Quelques minutes avant le moment de les servir, vous mettrez les rissoles dans de la friture bien chaude, vous les retournerez, afin qu'elles se colorent également, et, lorsqu'elles seront de belle couleur, vous les ôterez de la friture et les servirez promptement, après les avoir fait égoutter sur un linge blanc.

Rissoles à la religieuse.

Elles se préparent à peu près de la même manière que les précédentes, seulement on emploie de la pâte fine; on fait l'abaisse un peu plus mince, et on la garnit avec de la farce à quénelles de poisson (voir la recette, pour cette farce, au chapitre précédent).

Rissolés à la parisienne.

Ce sont tout simplement des rissolés ordinaires que l'on arrange en forme de boules.

Croustades.

La croustade n'est autre chose qu'un vole-au-vent, dont le plat est fait de mie de pain au lieu de feuilletage. Voici la manière d'opérer.

Faites faire, par un boulanger, un pain fort épais, appelé ordinairement pain de mie. Laissez rassir ce pain pendant vingt-quatre heures au moins, puis vous enleverez la croûte, et vous taillerez la mie de manière à lui donner la forme d'un pâté, dont vous cernez le dessus pour en faire le couvercle. Cette opération est d'autant plus facile, que l'on n'est pas obligé d'évider sur-le-champ cette masse de mie de pain, et que, par conséquent, elle a une consistance qui permet de la tailler et de la décorer sans craindre de la briser. On ne décore cependant que les grandes croustades; pour cela on fait, avec des coupe-pâte, des guirlandes de fleurs, de feuilles ou d'arabesques, que l'on taille dans des morceaux de mie de pain assez minces, ou, ce qui vaut mieux, dans une abaisse de feuilletage, et que l'on colle ensuite sur les parois de la croustade. La croustade étant taillée, faites-la frire, et ne l'ôtez de la friture que lorsqu'elle aura pris une belle couleur; alors vous leverez le couvercle, et vous viderez la croustade en levant toute la mie de pain qui est dans l'intérieur, de manière qu'il ne reste qu'une belle croûte, à peu près comme celle d'un pâté. Vous pouvez garnir alors la croustade avec le ragoût préparé à cet effet, après, toutefois, avoir étendu à l'intérieur une couche de farce de volaille, de jambon ou de poisson, selon la nature du ragoût qui doit servir de garniture. Du reste, les croustades se garnissent absolument comme les volé-au-vent.

Quant aux décorations des croustades, on peut les préparer comme nous venons de le dire, et les appliquer sur les parois avant la cuisson; mais, comme les morceaux de mie de pain ou de pâte ainsi collés pourraient être détachés par l'action de la friture, il est plus convenable de leur faire prendre couleur à part et au four, et de les coller sur la croustade après la cuisson terminée. Il ne faut pas dorer ces décorations avant de les enfourner.

On fait des croustades de toute grandeur. Les petites se foncent avec de la pâte à feuilletage, et se font cuire au four gai; mais il faut avoir soin de les remplir de farine, et de les vider lorsqu'elles sont cuites. Les petites croustades se garnissent le plus ordinairement avec des suprêmes de volaille à la béchamelle.

Casserole de riz au naturel.

Après avoir bien lavé dans de l'eau froide d'abord, puis dans de l'eau chaude, une certaine quantité de riz Caroline, quantité qui doit être proportionnée à la grandeur de la casserole que vous voudrez faire, vous ferez crever ce riz dans du consommé non dégraissé, auquel vous ajouterez de la graisse de volaille. Pour que ce riz crève bien, il faut qu'il soit mis d'abord sur un feu très ardent, et que l'on ait grand soin de l'écumer. Lorsqu'il aura bouilli pendant quelques minutes, vous couvrirez un peu le feu, et vous laisserez mijoter le riz, en le remuant de temps en temps, jusqu'à ce qu'il s'écrase facilement sous le doigt. La quantité de consommé dans lequel crevera le riz doit être telle que, cette opération terminée, le riz puisse être pétri facilement; s'il était trop sec, on ajouterait un peu de consommé. Mettez ce riz sur un plafond, pétrissez-le jusqu'à ce qu'il forme une pâte bien unie; puis vous le moulerez, en en remplissant un moule ou une casserole, dont vous aurez beurré le fond et les parois. Pressez bien le riz dans la casserole, afin qu'il forme une masse bien compacte, puis vous le démoulerez en trempant le moule ou casserole dans de l'eau chaude, et le renversant sur une plaque. Décorez les parois de la casserole de riz, en sculptant dessus des fleurs ou des arabesques en bas-relief ; dorez, avec du beurre fondu, toutes les parties saillantes, afin qu'elles prennent de la couleur et se détachent mieux du fond. Marquez le couvercle de la même manière que pour les croustades (voir plus haut) et enfournez au four chaud. Lorsque votre casserole de riz sera de belle couleur, c'est à dire après environ cinq quarts d'heure de cuisson, vous la défournerez. Enlevez le couvercle en le détachant avec précaution, et ôtez tout le riz de l'intérieur, de manière qu'il ne reste que la croûte. Vous mettrez aussitôt une partie de ce riz de l'intérieur dans une casserole, saucez-le avec une sauce espagnole ou du velouté (voir au chapitre *des sauces et garnitures*), et versez-le dans votre croûte ou casserole de riz, et couronnez le tout avec de belles écrevisses ou des truffes sautées, ou encore des crêtes et rognons de coq. Servez, sans remettre le couvercle que vous aurez enlevé.

Casserole de riz à la Toulouse.

Faites la casserole comme il est dit à l'article précédent, et garnissez-la avec un ragoût à la Toulouse préparé comme il est dit au chapitre *des sauces et garnitures*.

Nota. Les casseroles de riz se garnissent comme les vole-au-vent, soit avec des ragoûts à la financière, sautés de volaille, blanquettes, foies gras, poissons de toute espèce, ragoût de laitances de carpes, etc. On fait de ces casseroles de toutes les grandeurs. Les casseroles au gras ou au maigre se font de la même manière ; pour les casseroles au maigre, il suffit de substituer de l'eau au consommé. Lorsque la casserole est garnie et prête à servir, on peut en glacer les dessins, en faisant une allume devant le four ; mais cela n'est pas indispensable.

Casserole de riz au kerkson.

Le kerkson est une espèce de vermicelle que l'on fait en délayant de la farine de riz dans de l'eau, pour en faire une pâte dont on forme de petits filets. On fait cuire ces filets à la vapeur, en les mettant dans une passoire que l'on pose sur un ragoût en ébullition. Le kerkson étant cuit, vous le mettez dans un ragoût à la Toulouse préparé comme il est dit au chapitre *des sauces et garnitures*, et vous garnirez avec ce ragoût une casserole de riz, que vous aurez faite en procédant comme il est dit ci-dessus.

CHAPITRE VIII.

Des garnitures pour les entremêts de pâtisserie.

Crème fouettée.

Mettez dans une terrine une demi-pinte de crème fraîchement levée ou une pinte de bon lait à moitié ; ajoutez-y un quarteron de sucre et une pincée de gomme arabique en poudre, dissoute dans l'eau de fleur d'oranger ; fouettez avec une petite verge d'osier, jusqu'à ce que votre crème soit en neige ; dressez-la ensuite en pyramide sur le plat, au moyen d'une écumoire, et servez avec une garniture de filets d'écorce de citron. Cette crème bien fouettée se modifie de plusieurs manières , sous le rapport du goût et de la couleur. Ainsi :

Crème fouettée à la vanille.

Avant de fouetter votre crème , faites bouillir un moment le tiers d'une gousse de vanille avec un peu de crème ou de lait, et passez-la au tamis sur votre crème.

Crème fouettée au café.

Faites une infusion de café dans une cafetière à la Du-belloi , et ajoutez-en une cuillerée à votre crème.

Autrement , brûlez deux onces de café jusqu'à ce qu'il ait une teinte carmélite claire, jetez-le dans votre crème et laissez-le infuser pendant une heure ; alors vous mettez un peu plus de sucre.

Crème fouettée au chocolat.

Pilez dans un mortier un quarteron de chocolat, en l'arrosant avec un peu d'eau bouillante ; ajoutez-y graduellement votre crème déjà sucrée, et dans laquelle vous aurez mis un peu plus de gomme arabique que de coutume ; délayez bien le tout , et terminez comme ci-dessus.

Crème fouettée aux liqueurs.

Mettez dans votre crème un quarteron et demi de sucre, augmentez de même la quantité de gomme , ajoutez-y un demi-verre de bonne liqueur , et fouettez.

Toutes les crèmes ci-dessus sont susceptibles d'être diversement colorées eu jaune, par exemple , avec une infusion de safran ; en rose, avec un peu de carmin délayé dans l'eau gommée , etc.

Crème fouettée cuite.

Après avoir bien mêlé ensemble un demi-litre de crème , quatre jaunes et deux blancs d'œufs, trois onces de sucre en poudre, et une cuillerée de fleur d'oranger pralinée et pulvérisée, fouettez jusqu'à ce que la crème soit en neige; dressez-la sur un compotier, et saupoudrez-la de sucre râpé ; placez le compotier sur les cendres chaudes, et couvrez avec le four de campagne.

Frangipane.

Mettez dans une casserole deux cuillerées de farine avec du citron vert râpé, de la fleur d'oranger grillée et hachée, une petite pincée de sel ; délayez avec cinq œufs entiers, une chopine de bon lait, un morceau de sucre ; faites cuire, en la tournant toujours sur le feu pendant une demi-heure. Laissez alors refroidir la frangipane, et pilez deux ou trois macarons et une douzaine d'amandes douces, que vous aurez émondées en jetant de l'eau bouillante dessus, afin d'en élever la peau facilement. Mêlez ces ingrédiens bien pilés avec la frangipane, et, si cette dernière manque de consistance, ajoutez-y un œuf ou deux.

La frangipane, ainsi préparée, sert à garnir des flancs, darioles, tartes, etc. On peut, au lieu d'amandes, employer des avelines ; alors, on la colore avec un peu de carmin liquide préparé comme nous l'avons dit plus haut ; on peut encore faire la frangipane aux pistaches, et alors on la colore en vert tendre, avec du vert d'épinards.

Crèmes pâtissières.

Les crèmes dites pâtissières se font toutes de la même manière ; elles ne diffèrent que par le parfum ou quelque ingrédient que l'on ajoute à la préparation primitive : supposons qu'il s'agisse d'une crème au chocolat.

Après avoir bien tamisé quatre cuillerées de farine, vous la mettrez dans une casserole, et la délaierez avec une douzaine de jaunes d'œufs ; éclaircissez peu à peu cette pâte, en versant dessus, à mesure que vous remuez, de la crème bouillante ; versez ainsi, au fur et à mesure, une pinte de crème, ajoutez un peu de sel, et mettez cette préparation sur un feu ardent, en ayant soin de la remuer sans cesse avec une cuiller de bois. Lorsque cette crème aura acquis une consistance telle qu'elle s'étendra sur le dos de la cuiller que vous éleverez, vous ôterez la casserole de dessus le feu ; vous la remuerez encore pendant quelques minutes, puis vous la remettrez sur le feu, afin qu'elle achève de prendre la consistance nécessaire. D'autre part, vous aurez fait clarifier une demi-livre de beurre bien frais ; mêlez ce beurre à la crème, après l'avoir ôtée du feu pour la dernière fois ; ajoutez-y une demi-livre de sucre en poudre, et autant de chocolat bien râpé, et mélangez bien le tout.

Si, au lieu de crème au chocolat, il s'agissait de crème à la vanille, à la fleur d'oranger, etc., on procéderait de la même manière, seulement on y mettrait un peu plus de sucre, et ce sucre devrait être parfumé avec de la vanille ou de la fleur d'oranger ; on y ajouterait aussi quelques macarons pilés.

S'il s'agissait de crème aux pistaches, on ajouterait une demi-livre de pistaches pilées, et quelques amandes amères avec un peu de cédrat confit, également pilés, et on la colorerait avec du vert d'épinards.

Il en est de même pour les avelines, le raisin de Corinthe, et une foule d'autres ingrédiens qui donnent leur nom à la crème dans laquelle on les met, après l'avoir préparée comme nous venons de le dire.

Crème plombière.

Délayez une petite cuillerée de farine de riz avec six jaunes d'œufs et deux verres de lait bouillant, et faites cuire cette préparation comme il est dit à l'article précédent ; mettez-y la même quantité de sucre et de sel que pour une crème pâtissière. La crème étant cuite, vous la mettrez dans un vase que vous environnerez de glace pilée, et remuez-la de temps en temps. Lorsqu'elle sera bien prise, vous verserez dedans cinq ou six cuillerées de crème fouettée et un verre de liqueur, soit marasquin, crème de menthe, rhum, curaçao, etc. C'est cette liqueur qui donne le nom à la crème plombière; ainsi, cette crème est ou au rhum, ou au curaçao, etc., selon la liqueur employée, sans que l'on ait rien changé à la manière d'opérer. On peut également remplacer la liqueur par de la gelée de groseilles, marmelade d'abricots, etc. Ces crèmes se dressent en rocher, et on peut leur donner un coup d'œil agréable, en les garnissant de fraises, groseilles, pistaches, ou autres fruits.

Marmelade de pommes.

Après avoir pelé, évidé et coupé des pommes par petites tranches, mettez-les dans une casserole avec du sucre en suffisante quantité, de la cannelle et du jus de citron; faites cuire sur un feu vif, et recouvrez la casserole; une fois les pommes fondues, faites réduire la marmelade, en la remuant continuellement.

Marmelade de poires.

Pelez et évidez des poires messire-jean; après les avoir coupées par tranches, faites-les cuire dans une casserole couverte, avec un verre d'eau; après leur cuisson, écrasez-les sur un tamis de crin, ajoutez-y du sucre et de la cannelle en poudre, plus le jus d'un citron.

Marmelade de pêches.

Après avoir épluché vos pêches commme il est dit à l'article précédent, faites-les fondre dans une casserole avec du sucre en quantité suffisante; quand elles sont bien fondues, retirez de la casserole une grande cuillerée du jus que les pêches auront rendu, pour le faire un peu refroidir et y délayer une cuillerée ou deux de fécule de pomme de terre; faites ensuite jeter quelques bouillons, et quand la marmelade sera bien liée, versez-la dans un vase.

Marmelade d'abricots.

Opérez comme il est dit à l'article précédent, en substituant des abricots aux pêches.

Compotes.

Les compotes de poires, pommes, abricots, etc., se préparant toutes de la même manière, nous parlerons seulement ici de la compote d'abricots, qui servira de règle pour toutes les autres.

Coupez en deux un certain nombre d'abricots assez mûrs, sans cependant être trop avancés ; ôtez-en les noyaux, cassez-les et émondez les amandes, que vous couperez également en deux. Mettez ces abricots dans un poêlon, avec du sucre, dans la proportion d'une demi-livre pour vingt beaux abricots ; mouillez avec deux grands verres d'eau, et faites bouillir le tout sur un feu très ardent. Au bout de dix minutes, vous ôterez les abricots, que vous poserez sur un compotier, puis vous en ôterez la peau. Passez le sucre dans un linge blanc, et remettez-le sur le feu, jusqu'à ce qu'il soit d'une épaisseur convenable. Au moment de l'ôter du feu, vous jetterez dedans les amandes mondées, puis vous verserez ce sirop sur les abricots, et vous poserez une moitié d'amande sur chaque moitié d'abricot.

Ainsi que nous l'avons dit, toutes les compotes de fruits se préparent de la même manière, à l'exception des fraises, framboises et autres fruits rouges, qu'il faut rouler dans du sucre en poudre.

Soufflé à la crème.

Délayez cinq jaunes d'œufs et un œuf entier avec une chopine de bon lait ; ajoutez-y deux onces de beurre ; faites jeter quelques bouillons à cette préparation mise sur le feu ; puis laissez-la refroidir. Ajoutez alors six onces de sucre, six macarons dont un amer, un biscuit desséché et une cuillerée de fleur d'oranger pralinée, le tout bien pilé ; mettez encore six jaunes d'œufs ; mélangez bien le tout ensemble. Fouettez en neige six blancs d'œufs, incorporez-les dans le soufflé, et mettez le tout dans le vase que vous devez servir. Posez ce vase sur des cendres rouges, couvrez-le avec le four de campagne, et lorsque le soufflé sera monté et de belle couleur, servez-le promptement.

Soufflé de pommes de terre.

Délayez, dans une chopine de crème, un quarteron de sucre, quatre cuillerées de fécule de pomme de terre, et un quarteron de beurre ; ajoutez un peu de zeste de citron haché ; faites bouillir le tout en remuant continuellement, et laissez refroidir ; joignez-y alors six jaunes d'œufs, fouettez six blancs d'œufs en neige, mêlez-les avec le soufflé, que vous mettez dans le vase que vous devez servir ; faites cuire, et servez comme ci-dessus.

Soufflé au riz.

Après avoir fait crever et cuire une once de riz, comme nous l'indiquons plus haut, à l'article *Casserole de riz*, mettez-le dans une casserole avec du sucre, deux jaunes d'œufs, un macaron amer pilé, et un peu de fleur d'oranger ; ajoutez-y trois blancs d'œufs fouettés, et faites cuire comme aux articles précédens.

Soufflé de frangipane.

Délayez dans une casserole quatre jaunes d'œufs et un œuf entier avec un peu d'eau ; ajoutez-y un petit morceau de beurre et mouillez avec un demi-litre de crème ; faites cuire cette préparation en la remuant sans cesse ; laissez-la ensuite refroidir pour y mêler du sucre en poudre, un biscuit desséché, six macarons dont deux amers, le tout bien pilé, plus une cuillerée de fleur d'oranger pralinée pulvérisée; mélangez bien le tout ensemble, en y ajoutant six jaunes d'œufs et autant de blancs fouettés en neige; mettez votre crème dans le vase que vous devez servir, et faites cuire comme les autres soufflés.

Soufflé de mie de pain.

Faites bouillir une chopine de crème, dans laquelle vous aurez mis une gousse de vanille et six onces de sucre, laissez ensuite refroidir; prenez toute la mie d'un pain mollet pour la tremper dans votre crème encore chaude; quand la crème est froide, retirez la mie de pain, pour la presser dans une serviette et en exprimer la partie liquide; pilez-la ensuite dans un mortier avec la gousse de vanille, en y ajoutant un peu de beurre, quatre jaunes d'œufs et deux œufs entiers; mêlez bien le tout et le passez au tamis; fouettez en neige quatre blancs d'œufs, incorporez-les à votre préparation, et faites cuire ce soufflé comme le précédent.

Soufflé de marrons.

Faites bouillir des marrons, pilez-les bien dans un mortier, et passez-les au tamis; remettez-les ensuite dans le mortier, pour les piler de nouveau avec du beurre et du sucre pulvérisé; ajoutez-y six jaunes d'œufs; mettez ensuite cette préparation dans une casserole, et incorporez-y six blancs d'œufs battus en neige, puis faites cuire comme ci-dessus.

On peut donner à tous ces soufflés telle odeur que l'on juge à propos, comme vanille, cannelle, citron, macarons, fleur d'oranger pralinée, etc.

Fondus.

Maniez et pétrissez ensemble quatre onces de fécule de

pomme de terre et une demi-livre de beurre fin ; mettez ce mélange dans un poêlon d'office avec une chopine de bon lait, trois ou quatre cuillerées de sucre pilé, une cuillerée de fleur d'oranger pralinée et pilée, ou tout autre parfum, tel que, vanille, rose, etc. Tournez cette préparation sur le feu ; vous ajouterez ensuite six blancs d'œufs fouettés en neige, puis six jaunes, et vous ferez cuire le tout sans cesser de tourner. Lorsque cette préparation a acquis la consistance convenable, on la verse dans une caisse, et on la fait cuire au four modéré.

On fait aussi des fondus au fromage, et l'on opère alors de la même manière ; seulement on ajoute du fromage aux ingrédiens que nous avons indiqués plus haut, et l'on met dans la préparation moitié moins de sucre.

Matière collée pour la préparation des gelées, blanc-manger, etc.

Les gelées, en général, ne semblent difficiles à préparer que parce que peu de personnes semblent employer à une dose convenable la matière collée, qui donne de la consistance aux gelées, et que, cette matière ne se trouvant pas dans le commerce, la manipulation en est souvent mal faite. C'est pourquoi nous avons jugé convenable d'en faire un article à part.

Mettez dans de l'eau fraîche un quarteron de colle de poisson, et laissez-la tremper pendant cinq ou six heures ; changez l'eau, et laissez la colle tremper dans cette seconde eau pendant le même espace de temps. Mettez alors la colle de poisson dans une troisième eau, et faites-la chauffer jusqu'à ce qu'elle commence à bouillir. Otez-la du feu, et ajoutez-y un blanc d'œuf battu dans de l'eau, et environ quatre livres de sucre. Faites bouillir de nouveau ; ajoutez un jus de citron, et lorsque cette préparation aura bouilli pendant dix minutes, vous la passerez à la chausse, et vous la mettrez en bouteilles, après l'avoir laissée refroidir, en ayant soin, toutefois, de ne faire que poser le bouchon sur chaque bouteille, afin d'éviter la fermentation.

Toutefois, cette préparation peut souffrir quelque modification selon la saison ; si le temps est humide, la dose de colle de poisson devra être un peu plus forte que s'il était sec ; il y a aussi certaines gelées qui doivent être plus ou moins sucrées ; mais la dose que nous indiquons convenant aux gelées pour lesquelles il faut le moins de sucre, il suffira d'ajouter aux autres un peu de sucre bien clarifié.

Quoique la colle de poisson soit la matière la plus généralement employée pour cette préparation, on peut néanmoins la remplacer par de la gélatine, qui coûte beaucoup moins cher.

Gelées de fleurs.

Jetez dans du sucre clarifié et bouillant une once de pétales de la fleur que vous aurez choisie, puis vous couvrirez le vase, et vous laisserez le sucre se refroidir. Lorsqu'il sera tiède, vous le passerez au tamis, vous y mêlerez deux onces de la matière collée, préparée comme il est dit à l'article précédent, et vous remuerez bien le tout avec une spatule d'argent. Versez cette préparation dans un moule, et posez ce moule sur de la glace pilée ; couvrez le moule, et sur le moule mettez également de la glace. Vous laisserez le moule environné de glace jusqu'à ce que la gelée soit bien prise, c'est à dire au moins deux heures et demie en été. Lorsque vous voudrez servir la gelée, vous tremperez le moule dans de l'eau chaude, et vous le renverserez sur une assiette, ou dans la charlotte, le flan ou la tarte que vous en voudrez garnir. Il faut avoir soin de ne jamais mettre les gelées de fleurs en contact avec de l'étain, car elles perdraient aussitôt leur couleur et leur transparence ; il en est de même des gelées aux fruits rouges en général.

6

Gelées aromatiques.

Elles se préparent comme il est dit à l'article précédent, en substituant à là fleur du zeste de citron, ou du thé, ou de la menthe, ou de l'angélique verte.

Pour les gelées à la vanille, on ajoutera simplement à la préparation deux cuillerées de sucre en poudre parfumé à la vanille par le procédé que nous avons indiqué plus haut.

Gelée d'abricots.

Faites un sirop avec une demi-livre de sucre, une douzaine d'abricots, deux onces de colle et un jus de citron. Ce sirop étant clarifié et passé, vous opérerez comme pour les gelées de fleurs.

On fait de la même manière les gelées de fruits en général.

Gelée de liqueurs.

Mettez dans deux onces et demie de colle une livre de sucre et trois verres de marasquin, ou de rosolio, ou de crème de Moka, etc., et opérez comme il est dit ci-dessus.

Gelées de vins.

Les gelées au vin de Madère, ou d'Alicante, ou de Champagne, etc., se préparent comme les gelées aux liqueurs; seulement on y ajoute un peu de carmin liquide.

Gelées fouettées.

Préparez une gelée aux fleurs ou aux fruits, mettez-en une faible partie dans le fond du moule pour la faire prendre, et fouettez le reste dans un vase entouré de glace pilée. Lorsque la gelée que vous fouetterez moussera, vous la verserez dans le moule, et vous pourrez démouler au bout de quelques instans. Lorsque l'on a manqué une gelée transparente, on peut en faire une gelée fouettée.

Fromage bavarois.

Faites infuser, dans une chopine de lait bouillant, deux gousses de vanille ou tout autre parfum ; passez le lait dès que l'infusion sera faite, puis vous y mettrez douze onces de sucre en poudre et une once et demie de colle clarifiée. Mettez cette préparation dans un vase que vous environnerez de glace pilée, et remettez-la de temps en temps.

D'autre part, vous aurez fait égoutter un fromage dit à la Chantilly ; divisez ce fromage par parties, et mettez-le dans la préparation dont nous venons de parler en remuant toujours, afin que le tout se mêle bien. Mettez ce mélange dans un moule que vous environnerez de glace pilée. Deux heures après, vous pourrez démouler et servir.

Blanc-manger.

Faites un lait d'amandes d'une chopine environ ; mettez dedans deux onces de colle clarifiée, et la même dose de sucre que pour une gelée (voir plus haut). Les blanc-manger se font également aux fruits, aux liqueurs ou aux parfums, et le procédé est absolument le même que pour les gelées

CHAPITRE IX.

GRANDS ENTREMETS DE PATISSERIE.

Tourte de fruits.

Faites, avec de la pâte brisée, une abaisse de forme circulaire, et posez-la sur une plaque beurrée; faites ensuite une autre abaisse avec du feuilletage; cette dernière doit avoir dix-huit lignes de largeur, six lignes d'épaisseur, et être assez longue pour faire le tour de l'abaisse circulaire ou fond. Étendez l'abaisse de feuilletage sur le fond, taillez les deux extrémités en biseau, et joignez-les de manière à ce que la soudure disparaisse à la cuisson. Mettez alors dans le fond de la tourte un rond de papier beurré, et sur ce papier une abaisse de pâte commune; dorez la tourte et enfournez-la au four gai. Pendant que la tourte cuira, vous l'examinerez à plusieurs reprises, afin qu'elle ne prenne pas trop de couleur, et que le feuilletage qui forme la bande lève régulièrement; si quelque côté de cette bande levait moins que les autres, vous souleveriez ce côté avec la pointe d'un couteau ou un autre ustensile de même espèce. Lorsque la tourte sera cuite, vous la défournerez, puis vous ôterez de l'intérieur la pâte commune et le papier beurré qui ne sont placés là que pour maintenir la tourte pendant la cuisson, et remplacez-les par une compote de fruits préparée comme il est dit au chapitre précédent ; saupoudrez les fruits de sucre en poudre, et glacez-les en faisant une allume devant le four.

Tourte à la frangipane.

Après avoir fait une abaisse de forme circulaire en pâte brisée, vous étendrez dessus de la frangipane préparée comme il est dit au chapitre précédent ; puis, avec des bandelettes de pâte, vous ferez dessus une espèce de grillage, ensuite vous banderez la tourte, c'est à dire que vous poserez sur le fond la bande de feuilletage comme pour les tourtes aux fruits ; dorez et enfournez comme il est dit ci-dessus.

Avec les bandelettes dont nous venons de parler, on peut, au lieu de grillage, former plusieurs dessins ; cela dépend du goût et du talent du pâtissier : on peut aussi, au lieu de bandelette, couvrir la tourte avec une abaisse travaillée à jour, que l'on garnit d'amandes.

Tourte aux confitures.

Elle se prépare de la même manière que la tourte à la frangipane ; on met quelquefois dans la même tourte moitié frangipane, moitié confitures ; on peut également les garnir avec des crèmes pâtissières, préparées comme il est dit au chapitre précédent.

Tourtes soufflées.

Dressez votre tourte comme celle aux fruits (voir plus haut) ; garnissez-la avec une crème dans laquelle vous aurez mis quelques blancs d'œufs battus en neige, et servez promptement cette tourte dès qu'elle sera cuite.

Vole-au-vent de fruits.

Dressez et faites cuire le vole-au-vent comme il est dit pour les vole-au-vent d'entrées (voir plus haut). Pilez une certaine quantité de poires, et ayez bien soin de n'en pas détacher la queue, puis vous les ferez cuire dans des sirops de sucre bien clarifiés. Lorsque les poires seront cuites, vous les dresserez en pyramide dans le vole-au-vent. Faites alors réduire le sirop, et lorsqu'il sera d'une épaisseur convenable, vous le verserez sur les poires.

On peut employer, au lieu de poires, des abricots, des prunes, des cerises. Il faut que tous ces fruits soient munis de leur queue.

Flan de fruits.

Faites, avec de la pâte fine, une abaisse ronde, faites, avec la même pâte, une autre abaisse de deux pouces de largeur, et collez-la droite autour de la première. Garnissez le flan avec la compote de fruits qui vous conviendra, en ayant le soin de dresser les fruits de manière à ce qu'ils présentent un coup d'œil agréable; et en les arrosant avec le sirop dans lequel ils auront cuit et que vous aurez fait bouillir de nouveau pour lui donner l'épaisseur convenable. Entourez le flan avec une bande de papier beurrée, afin qu'il se maintienne à la cuisson, et enfournez-le au four gai. Il faut près d'une heure de cuisson. Quelques minutes avant que le flan ne soit entièrement cuit, vous le défournerez ; vous ôterez la bande de papier, et après avoir doré le flan, vous le remettrez au four jusqu'à ce qu'il soit entièrement cuit ; saupoudrez-le alors avec du sucre en poudre, et glacez-le en faisant une allume sur le devant du four. Les flans de fruits se servent également chauds ou froids.

Flan de crème.

Le flan de crème ne diffère du précédent que par la garniture ; on peut le garnir avec l'une des crèmes pâtissières dont nous avons parlé dans le chapitre huitième (*voir plus haut*).

Flan à la portugaise.

Dressez le flan comme il est dit ci-dessus à l'article *flan de fruits*, et garnissez le fond avec de la marmelade de pommes. D'autre part, vous aurez pelé et évidé des pommes entières, et vous les aurez fait cuire dans du sirop bien clarifié, ainsi qu'une égale quantité de cerises. Dressez les pommes entières sur la marmelade, et posez une cerise sur chaque pomme. On peut, au lieu de pommes, employer des abricots ; alors on remplace la marmelade de pommes par de la marmelade d'abricots ; si l'on emploie des poires, on remplace la marmelade par de la gelée de groseilles.

On peut faire des flans de toute grandeur ; les plus grands se font de forme ovale, et on peut les garnir d'une foule d'autres choses que celles que nous avons indiquées : cela dépend absolument du goût et du talent de l'artiste.

Gâteaux fourrés ordinaires.

Faites, avec du feuilletage touré à huit tours, deux abaisses d'égale épaisseur, mais dont l'une sera d'un diamètre d'un quart plus petit que l'autre. La plus petite abaisse devant former le fond du gâteau fourré, vous étendrez dessus de la marmelade de pommes, puis vous mettrez la plus grande abaisse par dessus cette garniture, vous en mouillerez les bords, et vous sombrerez les deux abaisses en leur donnant une forme agréable à l'aide d'un coupe-pâte. Dorez le gâteau ;

s'il est gros, vous tracerez dessus quelque dessin ; s'il est petit, vous vous contenterez d'y faire quelques raies, et après l'avoir placé sur une plaque beurrée, vous l'enfournerez au four gai. Lorsqu'il sera cuit, c'est à dire lorsqu'il aura passé près d'une heure dans le four, vous l'en sortirez ; vous le saupoudrerez avec du sucre, et le glacerez en faisant une allume devant le four.

Gâteau fourré à la d'Artois.

Le gâteau fourré à la d'Artois ne diffère du précédent que par la garniture, qui se compose de moitié marmelade de pommes, moitié marmelade d'abricots, et de quelques cuillerées de beurre fondu que l'on mêle ensemble.

Gâteau fourré à la crème.

Opérez comme pour les gâteaux fourrés ordinaires, avec cette différence qu'avant de mettre sur la première abaisse la crème pâtissière que vous aurez préparée comme il est dit au chapitre précédent, vous ferez autour de cette abaisse un petit cordon de pâte destinée à contenir la crème. Mettez ensuite votre garniture, puis vous souderez les deux abaisses comme il est dit ci-dessus.

Nota. En général, les gâteaux fourrés peuvent recevoir les mêmes garnitures que les flans, soit en crèmes, confitures, fruits, gelées, etc.

Charlotte ordinaire.

Beurrez bien le fond et les parois d'un moule uni, puis vous appliquerez au fond, et tout autour des lames de mie de pain taillées bien mince, et ajustées de telle sorte les unes aux autres, qu'elles forment un tout solide après la cuisson. Remplissez le moule avec de la marmelade de pommes; ajoutez

quelques cuillerées de gelée de groseilles, et recouvrez avec
de la mie de pain. Mettez ce moule dans de la cendre chaude,
que vous renouvellerez au besoin; couvrez-le avec un couvercle assez large, beurré en dessous, et sur lequel vous
mettrez un peu de feu, afin que la charlotte prenne couleur
partout également. Lorsqu'elle sera bien jaune, vous la démoulerez en renversant le moule sur un plat, et vous la
servirez aussitôt.

Charlotte russe.

Foncez un moule uni avec des biscuits à la cuiller bien
glacés, en ayant soin que le côté glacé soit du côté du moule,
afin qu'après avoir démoulé il se trouve en dehors. Vous
pouvez, en plaçant ces biscuits, figurer des étoiles, des rosaces,
etc. Garnissez la hauteur du moule avec des biscuits de la
même espèce, en les plaçant verticalement, et bien serrés les
uns près des autres. D'autre part, vous aurez préparé un
fromage bavarois comme il est dit au chapitre précédent;
garnissez votre charlotte avec ce fromage, couvrez-la avec
des biscuits, et mettez le moule dans de la glace pilée sur laquelle vous aurez semé un peu de sel; vingt minutes après,
vous démoulerez en renversant le moule sur un plat, et vous
servirez promptement.

Charlotte des dames.

Garnissez le fond et les parois du moule avec des gaufres
aux pistaches; d'autre part, vous aurez préparé une gelée
fouettée de la manière indiquée chapitre précédent; mettez
cette gelée dans la charlotte, et finissez comme pour la charlotte russe.

Charlotte à la française.

Elle se prépare comme la précédente en substituant des

croquettes longues aux gaufres, et en la garnissant avec des blanc-manger à la crème au lieu de gelée. (Voir, pour la préparation des *blanc-manger*, le chapitre précédent).

Charlotte turque.

Foncez le moule avec des macarons, garnissez les parois de la même manière, remplissez avec une crème aux macarons, et finissez comme pour la charlotte russe.

Charlotte italienne.

Garnissez le fond et les parois du moule avec des génoises au rhum, et remplissez avec une crème plombière au rhum; vous finissez comme il est dit ci-dessus.

Charlotte brillante.

Elle se prépare comme la charlotte russe ; la seule différence consiste à semer du gros sucre sur les biscuits, de manière à les rendre brillans.

Nota. On peut encore faire un grand nombre d'autres charlottes, en variant le fond et la garniture ; ainsi on peut employer des gelées de toute espèce, pourvu qu'elles soient bien fermes, de même que toutes sortes de crèmes, et l'on peut foncer avec presque toutes les pâtisseries de petit four.

Pouding de pommes.

Faites une abaisse de pâte fine qui n'ait pas plus d'une ligne et demie d'épaisseur, et qui soit assez grande pour foncer le moule à pouding. Foncez ce moule dont les bords doivent être dépassés par les bords de la pâte. D'autre part, vous aurez pelé et coupé par quartiers une certaine quantité de pommes; faites sauter ces pommes avec du sucre parfumé au citron et l'orange, et emplissez le moule avec cette garniture ; faites une seconde abaisse de pâte fine qui n'ait pas plus d'épaisseur que la première, étendez-la sur la garniture, et collez-en les bords avec ceux de la première abaisse. Cela terminé, vous couvrez le moule, et le posez sur une serviette que vous nouez par dessus, puis vous le mettez dans de l'eau bien bouillante, et le chargez avec un poids, afin qu'il se tienne au fond de l'eau. Après avoir laissé bouillir le pouding pendant au moins une heure et demie, vous le démoulerez, en renversant le moule sur un plat, et vous le servirez sur-le-champ.

Pouding d'abricots.

Il se prépare absolument comme le précédent, en substituant les abricots aux pommes. Il en est de même pour toutes sortes de fruits. On peut employer les pommes et les abricots en marmelade, et mélanger les garnitures de plusieurs manières. Le raisin de Corinthe et le raisin muscat mélangés font une garniture excellente.

Nota. Pour bien comprendre le procédé au moyen duquel on prépare le pouding, il faut savoir ce que c'est qu'un moule à pouding. Ce moule est une espèce de dôme ou demi-sphère dont toute la surface est percée de petits trous, comme une écumoire ; le couvercle est plat, et percé de la même manière. A la rigueur, on peut se passer de ce moule ; pour cela, après avoir rempli les abaisses de pâte avec la garniture, on enveloppe tout simplement le pouding dans une serviette et on le met dans de l'eau bouillante ; mais ce procédé entraîne souvent de graves inconvéniens : le pouding se déforme, et quelquefois, ce qui est pis, il se fend à la cuisson, et l'eau qui pénètre dedans lui fait perdre de sa qualité.

Pouding de cabinet.

Coupez un biscuit de Savoie par tranches, puis vous beurrerez bien l'intérieur d'un moule uni ; posez au fond de ce moule une des tranches de biscuit qui doivent avoir à peu près le même diamètre que le moule. D'autre part, vous aurez fait mariner pendant vingt-quatre heures au moins du raisin de Corinthe dans du rhum ou de l'eau de vie, avec un peu de vanille. Faites une couche de ce raisin mariné sur la première tranche de biscuit, qui ne doit pas avoir plus de trois ou quatre lignes d'épaisseur ; posez une seconde tranche sur le raisin, et ainsi de suite, une tranche de biscuit et une couche de raisin mariné, jusqu'à ce que le moule soit aux deux tiers plein : achevez de le remplir avec une crème pâtissière de votre choix, préparée comme il est dit au chapitre précédent, et mettez le moule au bain-Marie. Lorsque la crème aura acquis assez de comsistance, vous démoulerez le pouding, et le servirez aussitôt.

CHAPITRE X.

DES PETITS ENTREMETS DE PATISSERIE.

Tartelettes à la crème.

Faites une abaisse de pâte fine, pas plus d'une ligne d'é-
paisseur, et avec un coupe-pâte faites un certain nombre de
rondelles ; chacune de ces rondelles est destinée à foncer un
moule à tartelettes. Ces moules étant foncés, vous couperez le
reste de l'abaisse en bandelettes ; vous plierez chaque bandelette
en deux, et vous les roulerez ainsi pliées sur le tour, pour
qu'elles forment une espèce de cordon. Collez un de ces cordons sur le bord de chaque rondelle. Vous garnirez ensuite
vos tartelettes avec une crème de votre choix, puis les
dorerez ; vous semerez dessus un peu de sucre en poudre,
et vous les mettrez au four.

Tartelettes aux fruits.

Les tartelettes étant dressées comme il est dit à l'article précédent; vous les garnirez avec des pommes ou poires, ou abricots, ou prunes, ou cerises, etc., que vous aurez fait cuire dans du sirop bien clarifié. Dorez, saupoudrez le sucre, et enfournez comme il est dit ci-dessus. Lorsque les tartelettes seront cuites, vous verserez dans chacune un peu du sirop dans lequel les fruits auront cuit, et que vous aurez fait réduire, afin qu'il ait une épaisseur convenable.

Tartelettes mosaïques.

Faites une abaisse de pâte fine, d'une ligne d'épaisseur, et taillez-la en un certain nombre de rondelles; posez la moitié de ces rondelles sur une plaque un peu mouillée, et mettez sur chacune d'elles la garniture que vous aurez choisie, soit fruits en marmelade, crèmes ou confitures. Saupoudrez de farine les autres rondelles, et appliquez chacune d'elles sur l'un de ces moules en buis avec lesquels on fait des petits-pains de beurre, présentant un dessin quelconque en relief. Cela terminé, vous couvrez les tartelettes avec ces rondelles ainsi moulées, et vous sondez les bords. Dorez, enfournez au four chaud. Lorsque ces tartelettes seront cuites, vous les défournerez, et vous verserez dessus un peu de sucre cuit ou cassé et parfumé.

Petits gâteaux fourrés.

Après avoir fait plusieurs petites caisses avec des amandes pilées et du sucre en poudre, vous les enduirez de blanc d'œuf pour les consolider; puis vous les remplirez avec de la frangipane ou de la marmelade d'abricots, ou quelque autre garniture du même genre. Couvrez ces caisses avec des abaisses de la même pâte, et faites cuire au four doux.

Petits gâteaux de feuilletage.

Faites un feuilletage à douze livres, en opérant, comme

nous l'ayons dit plus haut, en parlant de la détrempe de cette pâte; seulement vous y ajoutez un parfum quelconque, comme eau de rose, eau de fleur d'oranger, etc., et un peu de sucre en poudre. Faites une abaisse avec ce feuilletage, dorez-la, puis marquez avec un coupe-pâte les divisions de vos petits gâteaux, en traçant des lignes assez profondes, sans cependant les séparer entièrement. On conçoit qu'il est facile de donner à ces divisions la forme que l'on veut, soit ronde, carrée, etc. Enfournez au four gai. Lorsque ces gâteaux seront cuits, vous les défournerez, vous les saupoudrerez de sucre, et vous les glacerez en faisant une allume sur le devant du four : vous pouvez aussi, au lieu de les glacer, étendre un peu de blanc d'œuf dessus avant de les mettre au four, et semer sur ce blanc d'œuf des pistaches pralinées.

Petits gâteaux bandés.

Faites une abaisse de feuilletage de six lignes d'épaisseur, puis vous mettrez dessus la garniture, soit fruits, confitures ou crèmes. Couvrez cette garniture de bandelettes roulées de manière à former une espèce de grillage ; puis vous dorerez et marquerez les divisions comme pour les petits gâteaux feuilletés.

Petits vole-au-vent.

Faites avec du feuilletage une abaisse d'environ une ligne d'épaisseur, et taillez-la en rondelles comme les tartelettes ; faites une seconde abaisse de même épaisseur, que vous taillerez en anneaux d'un diamètre un peu moins grand que celui des rondelles. Vous collerez un anneau sur chaque rondelle, puis vous dorerez et enfournerez au four chaud. Lorsque vos vole-au-vent seront de belle couleur, vous les défournerez et les lacerez en les saupoudrant de sucre en poudre, et faisant une allume sur le devant du four. On peut également glacer ces vole-au-vent en les passant dans du sucre cuit ou cassé; alors on sème sur ce sirop des pistaches ou des avelines concassées et pralinées. Les vole-au-vent étant ainsi préparés peuvent recevoir toute espèce de garniture en confitures, marmelades, crèmes, etc. En un mot, il en est de ces vole-au-vent comme des tartelettes, auxquelles ils ressemblent sous tous les rapports.

Petits puits-d'amour.

Les petits puits-d'amour ressemblent beaucoup aux tartelettes et petits vole-au-vent; cependant on ne procède pas à leur confection de la même manière.

Après avoir fait une abaisse de feuilletage, vous la coupez en anneaux, puis vous soudez ces anneaux par deux l'un sur l'autre. Faites une autre abaisse, et découpez-la par rondelles, et sur chaque rondelle vous collerez deux anneaux superposés. Posez ces gâteaux sur un plafond, dorez-les, et les enfournez au four chaud. Lorsque les petits puits-d'amour seront cuits et de belle couleur, vous les défournerez, vous en agrandirez l'intérieur en le pressant avec le doigt, et vous les garnirez avec un peu de confitures, que vous surmonterez d'une cerise cuite dans le sucre.

Fanchonnettes.

Délayez un quarteron de farine avec quatre jaunes d'œufs, une demi-livre de sucre en poudre, un quarteron d'amandes douces pilées, gros comme un œuf de beurre, un peu de sel, de zeste de citron, et une chopine de lait. Tout cela étant bien délayé, vous le mettrez sur le feu, et le tournerez toujours jusqu'à ce qu'il soit pris en crème. D'autre part, vous aurez foncé des moules à tartelettes avec du feuilletage à douze livres; vous garnirez ces tartelettes avec la préparation dont nous venons de donner la recette, puis vous les enfournerez à four gai. Lorsque les fanchonnettes seront presque cuites, vous les défournerez, vous mettrez dessus une couche de blanc d'œuf, sur ce blanc d'œuf vous semerez du gros sucre, puis vous remettrez les fanchonnettes au four, et vous les en tirerez lorsqu'elles seront de belle couleur.

Fanchonnettes au café.

Versez un verre d'eau bouillante sur deux onces de bon café, mêlez cette décoction avec du lait, et opérez du reste comme il est dit à l'article précédent.

Fanchonnettes au chocolat.

Râpez du chocolat, faites-le bouillir dans le lait que vous devez employer, et opérez du reste comme pour les fanchonnettes ordinaires.

Fanchonnettes au lait d'amandes.

Faites un lait d'amandes, ou plutôt, ce qui est plus expéditif, mettez une certaine quantité de sirop d'orgeat dans le lait, et agissez comme pour les fanchonnettes ordinaires.

Darioles ordinaires.

Délayez dans une casserole deux onces de farine, avec deux œufs entiers, puis vous ajouterez douze jaunes d'œufs, huit ou dix macarons bien pilés, un peu de sel, une demi-livre de sucre en poudre, et une chopine de bon lait ; remuez bien cette préparation jusqu'à ce que les divers ingrédiens dont elle se compose soient bien mélangés, puis vous la parfumerez avec un peu d'eau, dans laquelle vous aurez fait infuser une gousse de vanille, ou un peu d'eau de rose, ou de fleur d'oranger.

D'autre part, vous ferez avec de la pâte fine une abaisse très mince ; vous beurrerez les moules à darioles, et vous les foncerez avec cette abaisse, que vous aurez divisée par rondelles à cet effet. Les moules étant foncés, vous les remplirez avec la préparation dont nous venons de parler, et vous les enfournerez au four gai. Glacez les darioles dès qu'elles seront cuites, en faisant une allume sur le devant du four, et servez-les sur-le-champ.

Darioles au chocolat.

Faites dissoudre, dans une chopine de lait, une demi-livre de chocolat, et opérez, du reste, comme il est dit au chapitre précédent, en diminuant seulement de deux onces la dose de sucre.

Darioles au café.

Jetez un verre d'eau bouillante sur deux onces de café en poudre, et opérez comme pour les darioles ordinaires, en ajoutant à la crème cette décoction de café.

Darioles soufflées.

Mettez dans une casserole une once de farine de riz, gros comme une noix de beurre fin, deux onces de sucre en poudre, et délayez le tout avec un verre de bon lait, dans lequel vous aurez fait infuser une gousse de vanille. Cette crème étant bien délayée, vous la mettrez sur le feu, et ne cesserez de la tourner jusqu'à ce qu'elle ait acquis assez d'épaisseur pour couvrir le dos de la cuiller.

Beurrez ensuite les moules à darioles, et opérez, du reste, comme pour les darioles ordinaires.

Mirlitons ordinaires.

Pilez bien des macarons, à la dose de six onces, et mettez-les dans un vase avec une demi-livre de sucre en poudre, et un peu de vanille également pilée ; délayez le tout avec un quarteron de beurre fin, que vous aurez fait fondre. D'autre part, vous aurez quatre ou cinq blancs d'œufs battus en neige, et vous les mêlerez bien avec cette préparation.

Découpez alors des rondelles de pâte fine, comme pour les tartelettes (*voir plus haut*). Après avoir mis des rondelles dans des moules, vous les garnirez avec la préparation dont nous venons de parler, puis vous semerez dessus du sucre en poudre, et vous les enfournerez au four gai. Les mirlitons se servent également chauds ou froids.

Mirlitons au café.

Ils se préparent comme les précédens, en ajoutant à la préparation qui sert de garniture une décoction de café, préparée comme pour les darioles au café. (*Voir ci-dessus ce dernier article.*)

Mirlitons aux pistaches.

Pilez séparément autant de pistaches émondées que de macarons, et ajoutez ces pistaches à la préparation des mirlitons ordinaires.

Mirlitons au chocolat.

Ajoutez à la préparation que nous avons indiqué, pour garnir les mirlitons ordinaires, une demi-livre de chocolat râpé.

Nota. On peut également ajouter à cette préparation toutes sortes de confitures, mais, dans tous les cas, il faut la même quantité de macarons pilés.

Talmouses.

Délayez un peu de farine avec du lait, et une égale quantité de beurre que vous aurez fait fondre, et mettez ce mélange sur le feu, en le tournant toujours jusqu'à ce qu'il commence à bouillir. D'autre part, vous aurez pilé dans un mortier trois ou quatre fromages de Neufchâtel bien affinés; mettez ces fromages dans une casserole, et versez dessus la préparation bouillante dont nous venons de parler; ajoutez une demi-douzaine d'œufs, quelques cuillerées de crème fouettée, un peu d'eau de fleur r'oranger, ou quelque autre parfum, et mêlez bien le tout ensemble.

Vous ferez alors, avec du feuilletage, une abaisse d'une ligne d'épaisseur, et vous la couperez en rondelles un peu moins grandes que pour des tartelettes; puis, sur chacune de ces rondelles, vous mettrez gros comme un œuf de pigeon de la préparation dont nous venons de parler. Relevez un peu les bords des rondelles, puis vous les dorerez, les mettrez au four gai, après avoir semé du sucre en poudre dessus. Dès que les talmouses seront cuites, vous les défournerez et les servirez sur-le-champ.

Biscuits niauffes.

Faites, avec du feuilletage à douze livres, deux abaisses d'égale grandeur, et de deux lignes d'épaisseur. D'autre part, vous aurez pilé séparément, et à dose égale, des amandes douces et des pistaches; délayez ces amandes et ces pistaches avec deux ou trois œufs; ajoutez-y un peu de sucre en poudre, et mettez cette préparation dans une crème pâtissière, préparée comme il est dit au chapitre *des garnitures pour les pâtisseries d'entremets*. Le tout étant bien mêlé, vous mettrez l'une de vos deux abaisses sur une plaque beurrée, et vous étendrez dessus la garniture que nous venons d'indiquer; posez la seconde abaisse sur cette garniture, puis vous la piquerez, et avec un coupe-pâte vous marquerez les divisions, comme pour les petits gâteaux feuilletés (*voir plus haut*). Etendez sur ces gâteaux du blanc d'œuf, et semez sur ce blanc d'œuf des pistaches, ou des pralines hachées, mêlées de sucre en poudre ; vous les enfournerez au four doux, et vous les diviserez lorsqu'ils seront cuits.

Petits gâteaux à la royale.

Faites, avec du feuilletage à douze livres, une abaisse d'environ une ligne et demie d'épaisseur, et divisez par morceaux taillés en rondelles, ou en losange, ou de toute autre manière. D'autre part, vous mettrez dans un vase six blancs d'œufs, une demi-livre de sucre en poudre et deux gousses de vanille bien pilées ; remuez ce mélange, et étendez une couche de cette préparation sur les abaisses. Cette couche doit être moitié moins épaisse que l'abaisse. Enfournez au four gai.

Canapés.

Faites une abaisse de feuilletage d'une ligne d'épaisseur, et divisez-la par petites rondelles ; pliez ces rondelles en deux sans cependant les fermer entièrement, et vous mettrez dans le pli un peu de confitures. Enfournez les canapés au four gai, après les avoir dorés.

Cannelons.

Ayez de petits bâtons de sept ou huit pouces de longueur, d'un demi-pouce de diamètre par un bout, et d'un peu moins par l'autre. Faites une abaisse de feuilletage et coupez-la par bandes d'environ un pouce de large. Beurrez vos petits bâtons, et roulez dessus vos bandes de pâte en spirale. Mettez ces bâtons, ainsi garnis, sur un plafond beurré, dorez vos cannelons et faites-les cuire au four chaud. Lorsqu'ils seront cuits, vous les démoulerez, vous les saupoudrerez de sucre, et les glacerez en faisant une allume sur le devant du four. Laissez-les refroidir, et garnissez ensuite avec de la marmelade d'abricots ou de la gelée de groseilles.

Au lieu de les glacer, vous pourrez, lorsqu'ils seront re-froidis, les tremper dans du blanc d'œuf, et semer sur ce blanc d'œuf des amandes ou des pistaches hachées, puis vous les remettrez au four pendant quelques instans ; vous les lais-serez refroidir de nouveau, et les garnirez comme il est dit ci-dessus.

Imitations en feuilletage.

On peut faire avec une abaisse de feuilletage un grand nom-bre d'imitations ; telles que fleur, feuilles, fruits, corbeil-les, etc. Cela est facile quand on est bien garni de coupe-pâte ; mais on ne saurait indiquer de règles fixes pour ce genre de travail : cela dépend absolument du goût de l'artiste, et ne peut s'apprendre que par la pratique.

CHAPITRE XI.

Des pâtes d'entremets et des pâtes à gâteaux.

Jusqu'à présent, nous n'avons parlé que des pâtes qui s'emploient également pour entrées et entremets. Il en est de deux autres espèces, savoir les pâtes, dites d'entremets, qui s'emploient pour entremets garnis et pour gâteaux, et les pâtes à gâteaux dont on ne fait que des gâteaux proprement dits, c'est à dire des pièces de pâtisserie sans garnitures.

Pâte à poupelin.

Faites bouillir une pinte d'eau dans laquelle vous aurez mis le reste de deux citrons, un peu de sel et quatre onces de beurre. Au moment où cette eau commencera à bouillir, vous verserez dedans, en remuant toujours une certaine quantité de farine, c'est à dire assez pour que le tout forme une pâte très épaisse. Laissez bouillir cette pâte, sans cesser de la remuer, de peur qu'elle ne brûle en s'attachant au fond de la casserole. Lorsque cette pâte sera cuite, vous l'ôterez du feu, et vous attendrez qu'elle ne soit plus que tiède. Alors vous casserez des œufs, et les mettrez successivement dans la pâte, jusqu'à ce qu'elle soit bien molle et bien lisse. Il est important, pour obtenir ce résultat, de ne mettre les œufs qu'au fur et à mesure, et de remuer constamment la pâte. Beurrez le fond et les parois d'une casserole, emplissez-la de cette préparation, et vous l'enfournerez au four chaud.

Le temps de la cuisson est en raison de la grosseur du poupelin ; ainsi pour un poupelin ordinaire, dans lequel on aurait mis deux douzaines d'œufs, il faut un peu plus d'une heure. Le poupelin étant cuit, vous le démoulez en renversant la casserole ou le moule sur un plat, puis vous mettez dessus et par compartimens plusieurs sortes de confitures, de manière à former une étoile ou tout autre dessin.

Madeleines ordinaires.

Faites chauffer légèrement un mélange, par parties égales, de farine, de beurre et de sucre ; ajoutez-y de l'eau de fleur d'oranger, un peu d'eau de vie, le reste d'un citron, puis vous y mettrez des œufs dans la proportion d'une douzaine pour une livre de sucre. Remuez cette préparation jusqu'à ce qu'elle soit bien liée. D'autre part, vous aurez clarifié du beurre, et vous beurrerez les moules à madeleines, en versant successivement ce beurre un peu chaud d'un moule dans l'autre. Versez alors dans des moules la préparation dont nous venons de parler, et enfournez vos madeleines au four doux. Au bout d'une demi-heure, vous les défournerez, les démoulerez et les glacerez en semant dessus du sucre en poudre et faisant une allume sur le devant du four.

Madeleines aux pistaches.

Elles se préparent comme les madeleines ordinaires ; la

seule différence consiste à mêler à la pâte une certaine quantité de pistaches hachées.

Madeleines en surprise.

Préparez des madeleines ordinaires ; quand elles seront cuites, vous les défournerez, vous les tremperez dans du blanc d'œuf battu, vous semerez du sucre en poudre dessus, et vous les remettrez au four pendant quelques secondes seulement.

Nota. On peut varier les madeleines en mettant dans la pâte, du raisin de Corinthe, ou des amandes hachées, ou du cédrat confit coupé par petits morceaux.

Pâte d'office.

Cette pâte s'emploie ordinairement dans la pâtisserie pittoresque, dont nous parlerons plus loin. On en fait des fonds pour les maisonnettes et autres objets ; on en fait aussi de petits gâteaux appelés *croquantes*. Voici la détrempe de cette pâte :

Mettez sur le tour deux litres de farine bien tamisée ; faites la fontaine, et mettez dedans deux onces de beurre, six œufs, une livre de sucre en poudre et un peu d'eau de fleur d'oranger. Cette pâte étant détrempée, assemblez-la et battez-la avec le rouleau ; attendu qu'elle doit être très ferme ; fraisez-la, et laissez-la reposer un peu avant de vous en servir. Si vous voulez en faire des croquantes, vous en ferez une abaisse que vous découperez avec un coupe-pâte, vous mettrez ces croquantes sur une plaque beurrée, et vous les enfournerez au four doux.

Pâte à génoises.

Mettez dans un vase une demi-livre d'amandes douces que vous aurez pilées en les mouillant de temps en temps avec un peu de blanc d'œuf, pour éviter qu'elles ne tournent en huile. Ajoutez douze jaunes d'œufs, quatre œufs entiers, une demi-livre de farine, une livre de sucre en poudre et un peu d'eau de vie. Remuez le tout ensemble jusqu'à ce que cela soit bien mêlé. D'autre part, vous ferez fondre une livre de beurre, et vous le mettrez dans cette préparation en le versant peu à peu, et en remuant toujours, jusqu'à ce que le tout soit bien lié.

Génoises ordinaires.

La pâte étant préparée comme il est dit à l'article précédent, vous la parfumerez avec le parfum de votre choix, soit vanille, rose, etc.; vous verserez la préparation dans des caisses de papier, et vous les mettrez au four doux. Avant que les génoises soient entièrement sèches, vous les défournerez, et les découperez, et leur donnerez la forme qui vous conviendra, soit ronde, en losange, en couronne, etc. Remettez-les au four, où vous les laisserez assez long-temps pour qu'elles soient bien sèches, mais pas assez pour qu'elles se colorent.

Génoises meringuées.

Préparez des génoises ordinaires; lorsque vous les défournerez, vous les couvrirez de blanc d'œuf battu, sur lequel vous sèmerez du sucre en poudre, puis vous les remettrez au four pendant quelques instans.

Génoises perlées.

Les génoises ordinaires étant défournées, vous mettrez du blanc d'œuf dans le cornet à perler, et vous laisserez tomber ce blanc d'œuf goutte à goutte sur les génoises, de manière à former des perles; mettez entre ces perles des grains de raisin de Corinthe, et remettez les génoises au four pendant quelques instans.

Génoises à la reine.

Détrempez un litron de farine avec douze jaunes d'œufs, et un peu de sel; puis, vous délaierez cette pâte avec une pinte de lait bouillant; vous ajouterez une demi-livre de beurre, dix onces de sucre parfumé à la vanille ou au citron; faites bouillir doucement cette préparation pendant vingt minutes; puis, vous l'ôterez du feu, vous y ajouterez quinze jaunes d'œufs, et vous la verserez sur un plafond beurré que vous enfournerez au four doux. Cette préparation étant cuite, vous la couperez en deux parties égales; sur l'une d'elles vous étendrez une couche de confitures, vous poserez la seconde partie dessus, vous l'appuierez doucement, puis vous découperez vos génoises en leur donnant la forme qui vous conviendra.

Nota. La garniture des génoises à la reine peut se varier en employant, au lieu de confitures, soit une gelée fouettée, soit une crème pâtissière.

Petits-pains à la duchesse.

Mettez dans une casserole une demi-livre de beurre, un quarteron de sucre en poudre, un peu de fleur d'oranger, quelques grains de sel, et une pinte de lait. Faites chauffer ce mélange, en le tournant toujours jusqu'à ce qu'il soit près de bouillir, alors vous mettrez dans cette crème deux litrons de farine, et laissez cuire cette pâte, en la remuant toujours jusqu'à ce qu'elle soit fort épaisse et bien lisse; laissez-la refroidir, puis vous la ramollirez en mettant des œufs dedans, en remuant toujours avec une cuiller de bois; vous mettrez ainsi une vingtaine d'œufs. Le tout étant bien mélangé, vous jetterez un peu de farine sur le tour, vous y déposerez votre pâte, et la roulerez en forme de petits-pains; mettez ces petits-pains sur une plaque beurrée, et faites-les cuire au four doux. Lorsqu'ils seront cuits, vous semerez du sucre en poudre dessus, et vous les glacerez en faisant une allume sur le devant du four.

Petits-pains à la rose.

Opérez comme il est dit à l'article précédent ; d'autre part, vous émonderez et pilerez des amandes douces, que vous mêlerez dans une crème pâtissière, préparée comme il est dit plus haut au chapitre *des garnitures d'entremets*, et à laquelle vous ajouterez un peu d'eau de rose. Vos petits-pains étant cuits, vous les ouvrez avec précaution, et vous en garnissez l'intérieur, qui est vide, avec la préparation que nous venons d'indiquer.

Petits-pains à la reine.

Mêlez des amandes pilées avec de la marmelade d'abricots, et opérez comme pour les petits-pains à la rose, en vous servant de cette garniture.

Petits-pains à la paysanne.

Faites une pâte à la duchesse, comme il est dit ci-dessus, et donnez aux petits-pains la forme d'une navette ; lorsqu'ils seront cuits, vous les garnirez avec de la crème fouettée, en opérant comme il est dit plus haut pour les petits-pains à la rose. Après avoir ouvert et garni le petit-pain, il faut en refermer l'ouverture que l'on y a faite de manière à ce qu'elle paraisse le moins possible.

Petits-pains d'anis.

Faites une pâte avec deux livres de farine, huit ou dix blancs d'œufs, moitié moins de jaunes, deux livres de sucre en poudre, un quarteron de semence d'anis vert, et une cuillerée d'huile de tartre. Donnez à vos petits-pains la forme qui vous conviendra, posez-les sur une plaque, et ne les enfournez que le lendemain.

Petits-pains de marrons.

Sautez des marrons, et faites-les cuire à la vapeur, en les posant sur une claie au dessus d'un vase dans lequel vous tiendrez de l'eau en ébullition. Vous entourerez la claie avec un linge et le couvrirez, afin que la vapeur agisse plus promptement. Lorsque les marrons seront cuits, vous les émonderez, puis vous les pilerez avec un peu de beurre, et vous passerez au tamis la pâte qui en résultera. Si vous avez une livre de cette pâte, vous mettrez sur le tour une demi-livre de farine bien tamisée, vous ferez la fontaine, et vous mettrez dedans votre pâte de marrons, en y ajoutant un quarteron de beurre, une pincée de sel, et six onces de sucre en poudre. Pétrissez tous ces ingrédiens; lorsque vous aurez obtenu une pâte bien unie et ferme, vous couperez vos pains en forme de petites navettes, et vous les poserez sur une plaque beurrée; laissez-les sur cette plaque pendant une heure, puis vous les dorerez, et les ferez cuire au four doux.

Pâte à choux.

Mettez dans une casserole une demi-livre de beurre, un quarteron de sucre, des zestes de citron et quelques grains de sel; versez une pinte d'eau sur ces ingrédiens, et mettez le tout sur le feu. Lorsque ce mélange commencera à bouillir, vous y mettrez de la farine en remuant toujours, jusqu'à ce que la pâte soit fort épaisse; laissez-la cuire, puis vous l'ôterez du feu et la laisserez refroidir. Cette pâte étant froide et ferme, vous mettrez un œuf dedans, puis un autre, puis un troisième, en remuant toujours, et ne mettant un œuf que lorsque le précédent est bien incorporé avec la pâte; mettez ainsi dix-huit ou vingt œufs. Jetez un peu de farine sur le tour; mettez votre pâte à choux dessus, et taillez-la en petits morceaux gros comme un œuf de pigeon, auxquels vous donnerez la forme qui vous conviendra. Posez vos choux sur un plafond légèrement beurré ; laissez-les ressuyer pendant quelques instants, puis vous les mettrez au four doux, et lorsqu'ils seront cuits, vous les glacerez en semant dessus un peu de sucre en poudre, et faisant une allume sur le devant du four.

Choux pralinés aux amandes.

Faites une pâte à choux comme il est dit à l'article précédent, en y ajoutant un peu d'eau de fleur d'oranger. D'autre part, vous émonderez une livre d'amandes, en jetant de l'eau bouillante dessus, puis vous les hacherez bien menu, et vous les mettrez dans une terrine avec une demi-livre de sucre en poudre et un blanc d'œuf. Votre pâte à choux étant divisée comme il est dit à l'article précédent, vous la masquez avec cette préparation. Enfournez au four doux.

Choux pralinés aux avelines.

Opérez comme il est dit à l'article précédent, en substituant les avelines aux amandes.

Choux à la d'Artois.

Faites chauffer une chopine de lait dans lequel vous aurez mis un quarteron de beurre. Lorsque le lait sera près de bouillir, vous verserez dedans de la farine jusqu'à ce que cela forme une pâte un peu épaisse ; faites cuire cette pâte pendant quelques instans sans cesser de remuer, afin qu'elle ne s'attache pas au fond du vase. Laissez refroidir cette pâte, vous la travaillerez, en y ajoutant quatre œufs, un quarteron de sucre en poudre, une pincée de sel, et trois ou quatre cuillerées de crème fouettée. Divisez cette pâte avec une cuiller, et couchez les choux sur une plaque légèrement beurrée, en leur donnant la forme de biscuits à la cuiller. Faites cuire au four doux ; lorsqu'ils seront cuits, vous les défournerez, vous semerez dessus du sucre en poudre, et vous

les glacerez, en faisant une allume sur le devant du four.
Servez-les sur-le-champ.

Choux à la Mecque.

La pâte étant faite comme il est dit à l'article précédent,
vous diviserez vos choux en forme de navette, et les coucherez sur la plaque. Dorez-les, masquez-les avec du gros
sucre, et faites cuire au four doux.

Choux à la Saint-Cloud.

Faites infuser un bâton de vanille dans une pinte de lait ;
opérez du reste comme pour les choux à la d'Artois (*voir cet
article ci-dessus*), et servez chaud.

Choux aux anis blancs.

Préparez les choux comme il est dit plus haut à l'article
choux à la d'Artois. Lorsque vos choux seront couchés sur la
plaque, vous les dorerez, et vous semerez dessus des anis
blancs. Faites-les cuire comme les choux ordinaires.

Choux au gros sucre.

Faites une pâte à choux ordinaire. Lorsque vos choux seront
couchés et dorés, vous les masquerez avec du gros sucre, et
vous les enfournerez sur-le-champ au four doux.

Choux soufflés.

Posez sur le feu une casserole dans laquelle vous aurez mis
un quarteron de beurre fin et une chopine de bon lait. Lorsque
le lait commencera à monter, vous verserez dedans, et peu
à peu, en remuant toujours, de la farine de riz, et vous ferez
cuire cette pâte pendant quelques instans, sans cesser de
tourner. Versez ensuite la pâte dans un autre vase, et laissez-
la un peu refroidir ; puis vous la travaillerez en y ajoutant

quatre œufs, deux onces de beurre et un peu de sel. D'autre part, vous mettrez dans un vase quatre jaunes d'œufs avec un peu moins d'une demi-livre de sucre en poudre, et parfumé, soit à la vanille, soit au citron, à la rose, etc.; et vous les mêlerez bien. Fouettez quatre blancs d'œufs en neige; ajoutez-y un peu de crème fouettée; mêlez bien les jaunes et les blancs d'œufs ensemble, et ajoutez cette préparation à la pâte. Le tout étant bien mêlé, vous mettrez cette pâte dans des caisses de papier, en ayant soin de ne les emplir qu'à moitié; semez du sucre en poudre dessus, et faites cuire au four doux.

Choux en caisse au café.

Préparez la pâte, comme il est dit à l'article précédent, en employant du sucre non parfumé, et en y ajoutant une décoction de café très fort.

Choux en caisse au chocolat.

Faites une pâte à choux soufflés, comme il est dit plus haut, en y ajoutant du chocolat que vous aurez fait dissoudre dans un peu d'eau.

Choux en caisse aux pistaches.

Faites une pâte à choux soufflés de la manière indiquée plus haut, et ajoutez-y des pistaches émondées et hachées bien menu.

Nota. On peut remplacer les pistaches par des avelines, ou des amandes, ou bien encore par du cédrat confit, du reste de citron ou de la fleur d'oranger pralinée. Les choux prennent le nom de celui de ces ingrédiens que vous employez.

Choux glacés.

Faites une pâte semblable à celle indiquée plus haut, pour

les petits-pains à la duchesse; couchez vos choux sur la plaque, en leur donnant une forme ronde; laissez-les ressuyer pendant quelques instans, puis vous les mettrez au four doux. Lorsque ces choux seront cuits, vous semerez dessus du sucre en poudre, et vous glacerez en faisant une allume sur le devant du four. Détachez vos choux de dessus la plaque; laissez-les refroidir, puis vous les garnirez avec des confitures, en opérant comme pour les petits-pains à la reine (*voir cet article plus haut*).

Ramequins.

Faites une pâte à choux ordinaire, d'après le procédé indiqué plus haut. Travaillez cette pâte en y ajoutant un quarteron de fromage de Parme et autant de fromage de Gruyère bien râpés, un peu de poivre concassé, et deux onces de sucre en poudre. Dressez les ramequins en les couchant sur une plaque mouillée; dorez-les; faites-les cuire au four gai, et servez-les chauds.

Pâte à nouilles.

Détrempez une demi-livre de farine bien tamisée avec dix jaunes d'œufs et un peu de sel; faites avec cette pâte des abaisses très minces, que vous découperez ensuite en petits filets, comme du vermicelle. Jetez ces filets dans du lait, et, lorsqu'ils seront cuits, vous pourrez vous en servir pour garnir des génoises, des gâteaux fourrés, et une foule d'autres entremets de pâtisserie. Cette pâte se met aussi en potage.

Gâteaux d'amandes.

Jetez de l'eau bouillante sur une demi-livre d'amandes douces, afin de les émonder facilement; puis vous les pilerez en y ajoutant un peu de blanc d'œuf. Mettez ces amandes pilées dans un vase, avec une livre de sucre en poudre, dix onces de farine bien tamisée, une douzaine de jaunes d'œufs, quatre œufs entiers, quatre blancs d'œufs fouettés en neige, et une livre de beurre fin. Mêlez bien tout cela ensemble, puis vous verserez cette préparation dans des caisses de papier, de la hauteur d'un pouce et demi environ, et vous les ferez cuire au four doux.

Gâteaux d'amandes glacés.

Vos gâteaux étant préparés et cuits comme il est dit à l'article précédent, vous semez dessus du sucre en poudre, et vous les glacez en faisant une allume sur le devant du four.

Gâteaux d'amandes pralinés.

Les gâteaux d'amandes étant préparés et cuits comme il est dit ci-dessus, vous les couvrirez de blanc d'œuf, sur lequel vous semerez des pistaches ou des fleurs d'oranger pralinées, puis vous les remettrez au four pendant quelques secondes.

Gâteaux d'amandes perlés.

Vos gâteaux d'amandes étant cuits, vous les défournez, puis vous mettez du blanc d'œuf dans un cornet à perler, et vous le laissez tomber par gouttes sur les gâteaux. Ces gouttes, qui figureront des perles, doivent être à une certaine distance l'une de l'autre, de sorte que l'on puisse mettre entre elles un grain de raisin de Corinthe, ou gros comme un pois de confiture.

Méringues.

Après avoir fouetté une douzaine de blancs d'œufs jusqu'à ce qu'ils soient en neige bien ferme, vous y mêlerez une livre de sucre en poudre et un peu d'eau de fleur d'oranger ou d'eau de rose, ou de décoction de vanille, ou de tout autre parfum.

Vous pourrez également remplacer ces parfums par une décoction de café, du rhum, du marasquin, ou bien encore par des pistaches hachées bien menu ou des confitures de toute espèce.

Ce mélange étant terminé, vous étendez du papier blanc sur une plaque, et vous y posez vos méringues avec une cuiller ordinaire, de manière à ce qu'elles soient plates en dessous et bombées en dessus; semez du sucre en poudre sur ces méringues, et faites-les cuire au four doux. Lorsque les méringues seront cuites, vous les détacherez de dessus le papier avec un couteau dont la lame sera très mince; puis vous en enfoncerez légèrement le dessous, afin de pouvoir les garnir de crème fouettée ou de confiture. A cet effet, vous mettez la garniture dans la partie concave de deux méringues, et vous posez ces deux méringues l'une sur l'autre. On peut aussi les servir non garnies.

Nougats.

Jetez de l'eau sur une certaine quantité d'amandes douces pour les émonder; puis vous les couperez par filets d'une ligne d'épaisseur, et vous les mettrez au four doux. Défournez les amandes lorsqu'elles seront bien jaunes. Vous mettrez ensuite du sucre en poudre dans un poêlon d'office; vous poserez le poêlon sur le feu, et ne cesserez de remuer le sucre jusqu'à ce qu'il soit fondu, et forme un caramel peu coloré. Le sucre doit être dans la proportion de six onces pour huit onces d'amandes. Lorsque le sucre sera fondu, vous jetterez dedans vos amandes coupées en filets et sortant du four. Graissez un moule avec de l'huile; versez dans ce moule la préparation que nous venons d'indiquer, et dressez les amandes sur les parois de ce moule, en les appuyant légèrement. Cette opération doit être faite très vivément; car, si la préparation refroidissait, il serait impossible de la dresser.

Nougat au raisin de Corinthe.

Faites une préparation de sucre et d'amandes comme nous

l'avons dit au chapitre précédent; renversez cette préparation sur une plaque huilée, étendez-la, et semez dessus du
raisin de Corinthe. Vous pourrez ensuite diviser ce nougat,
et lui donner la forme qui vous conviendra.

Nougat aux anis.

Procédez comme il est dit à l'article précédent, en employant des anis au lieu de raisin de Corinthe.

Nougat de pistaches.

Emondez des pistaches, courbez-les par filets, et opérez
comme il est dit plus haut, pour le nougat ordinaire, en
substituant ces pistaches aux amandes.

Nougat aux avelines.

Le procédé est le même que celui indiqué ci-dessus. On
émonde des avelines, on les coupe par filets et on les emploie
au lieu d'amandes.

Nougat à la vanille.

Coupez un bâton de vanille, coupez-le en filets, puis vous
les hacherez bien menu. D'autre part, vous préparerez un
nougat ordinaire, et vous jetterez dans le sucre la vanille
hachée en même temps que les amandes; moulez ensuite
dans un moule rond et huilé.

Nougats garnis.

Préparez un nougat ordinaire, comme il est dit plus haut,
et moulez-le dans un moule rond. Au moment de servir, vous
le remplirez avec de la crème fouettée, parfumée à la rose, ou
à la fleur d'oranger, ou à la vanille, ou à quelque autre parfum. Renversez le nougat ainsi garni, et servez.

Pâte de Gênes.

Faites la fontaine dans deux livres de farine bien tamisée, et mettez dedans une livre et demie de sucre en poudre, dont le quart devra être parfumé au citron, un peu de sel, six œufs entiers et six jaunes d'œufs. Détrempez cette pâte, faites-en une abaisse un peu épaisse, et divisez-la par bandes. Vous roulerez ensuite ces bandes entre le tour et la main, et vous les couperez par morceaux d'égale longueur, que vous poserez sur une plaque beurrée. Ces morceaux doivent avoir trois ou quatre pouces de long et un demi-pouce de diamètre : on peut les laisser droits ou les contourner comme on l'entend ; dans tous les cas, il faut les ciseler ; dorez-les ensuite et enfournez-les à four chaud.

Pâte à brioches.

Cet article est très important pour les pâtissiers de boutique, en raison de la grande consommation qui s'en fait dans le monde et dans la classe moyenne, et aussi à cause des soins particuliers que demande sa préparation.

Faites la fontaine avec une livre de farine bien tamisée, mettez au milieu une once et demie de levûre et un demi-setier d'eau tiède. Détrempez cette pâte, rassemblez-la, fraisez-la, et mettez-la dans une terrine que vous déposerez dans un endroit chaud. Cette préparation est ce que l'on appelle le levain.

Mettez sur le tout trois livres de la même farine ; faites la fontaine, et mettez au milieu un verre de bon lait, une once de sucre en poudre, un peu plus de sel fin, trois douzaines d'œufs, et deux livres de beurre. Détrempez la pâte avec tous ces ingrédiens, en tenant les doigts perpendiculairement dans la fontaine, et remuant doucement jusqu'à ce que toute la farine soit imbibée. Rassemblez et fraisez la pâte en lui donnant trois tours, puis vous y mêlerez le levain dès qu'il fermentera, et vous donnerez quelques tours jusqu'à ce que le tout soit bien mêlé et forme une pâte mollette et bien lisse ; mettez cette pâte dans une terrine, saupoudrez-la avec un peu de farine, étendez un linge blanc dessus, et déposez-la dans un endroit d'une température douce, où vous la laisserez pendant douze heures au moins. Au bout de ce temps vous *corromprez* la pâte, c'est à dire que vous la mettrez sur le tour après l'avoir saupoudrée de farine, et lui donnerez deux tours. Remettez-la dans la terrine, et au bout de trois heures corrompez-la de nouveau. Cette pâte doit être alors fort douce, très élastique, et présenter à sa surface de petits globules d'air comprimé.

Brioches ordinaires.

La pâte étant préparée comme il est dit à l'article précédent, divisez-la par parties plus ou moins fortes, selon la grosseur des brioches que vous voudrez faire, et dressez-les en pain à tête, ou donnez-leur la forme d'une couronne, que vous faites cuire au four chaud, après l'avoir dorée. Si la brioche est d'une grande dimension, il faut la mettre dans une caisse de carton, et l'enfourner ainsi soutenue.

Brioche à la vanille.

Faites infuser un bâton de vanille dans un demi-setier de lait, et employez ce lait pour faire la pâte à brioche en opérant comme il est dit plus haut.

Brioche au fromage.

Faites une pâte à brioche de la manière indiquée plus haut. Lorsqu'elle sera bonne à cuire, vous l'étendrez sur le tour, et vous semerez dessus du fromage de Gruyère, coupé par petits morceaux carrés. Roulez cette pâte, coupez-en une petite partie pour en faire la tête, et mettez le reste dans une caisse de carton; dorez et posez la tête de la brioche que vous dorerez également. Faites cuire au four chaud. Un peu avant que la cuisson soit achevée, vous détacherez la tête, si elle ne s'est pas détachée elle-même; puis vous couvrirez la brioche avec du papier et la remettrez au four.

Brioche au raisin de Corinthe.

Opérez comme il est dit à l'article précédent, en semant sur la pâte du raisin de Corinthe au lieu de fromage.

Observations sur les brioches.

Il arrive souvent que les pâtissiers de boutique ne peuvent employer en temps utile la pâte à brioche. Cette pâte peut être employée sans inconvénient dix-huit ou vingt heures après son entière confection; mais, passé ce temps, elle surit et n'est plus bonne à rien. Pour éviter cet inconvénient, si l'on est obligé de garder cette pâte pendant un plus long temps, on la mêlera avec un peu de pâte nouvelle, dans laquelle on n'aura pas mis de levûre, et on pourra ainsi la conserver douze heures de plus.

Il arrive également que les pâtissiers de boutique ne vendent pas toutes leurs brioches le jour de la cuisson : le lendemain, il faut, pour leur rendre un peu de la qualité qu'elles ont perdue, les faire revenir dans le four; mais, dans tous les cas, il ne faut pas les vendre pour des brioches du jour, car le consommateur ne saurait y être trompé, et la fraude n'aurait d'autre résultat que de nuire à la réputation du vendeur et de diminuer sa clientèle.

Gâteau de plomb ordinaire.

Faites la fontaine avec trois livres de farine bien tamisée; mettez dedans deux verres de bon lait, deux livres de beurre, un quarteron de sucre en poudre, dix jaunes d'œufs et une once de sel. Détrempez, rassemblez la pâte, et fraisez-la à cinq tours. Laissez reposer cette pâte pendant vingt minutes, puis vous l'abaisserez, vous y ajouterez une livre de beurre et lui donnerez trois tours. Faites une abaisse qui ait environ trois pouces d'épaisseur, en lui donnant la forme qui vous conviendra, et posez-la sur un plafond beurré : entourez-la d'une bande de papier que vous collerez avec du blanc d'œuf, afin que le gâteau ne se déforme point à la cuisson ; puis vous le dorerez, vous le piquerez, vous marquerez des raies dessus avec un couteau, et vous le mettrez au four chaud, où il devra rester cinq quarts d'heure au moins. Servez ce gâteau froid.

Gâteau de plomb à la vanille.

La pâte étant préparée comme il est dit à l'article précédent, vous l'étendrez, et vous semerez dessus trois ou quatre gousses de vanille que vous aurez hachées bien menu. Donnez deux ou trois tours pour que la vanille se mêle à la pâte, et opérez du reste comme pour le gâteau de plomb ordinaire.

Gâteau de plomb au raisin de Corinthe.

Opérez comme il est dit à l'article précédent, en employant du raisin de Corinthe au lieu de vanille.

On prépare de la même manière les gâteaux de plomb au cédrat ; à la fleur d'oranger pralinée ; à l'anis de Verdun ; aux pistaches ; au chocolat, que l'on casse en petits morceaux ; au fromage de Gruyère, que l'on coupe en petits morceaux.

On peut aussi varier les parfums en se servant de sucre parfumé.

Gâteau de Compiègne.

Après avoir tamisé une livre et demie de belle farine, vous en prendrez le quart, avec lequel vous ferez la fontaine, dans laquelle vous mettrez un peu plus d'une demi-once de levûre et un verre d'eau tiède. Détrempez, puis rassemblez la pâte, et travaillez-la pendant quelques instans, jusqu'à ce qu'elle soit bien mollette; roulez-la et mettez-la dans une terrine que vous déposerez dans un endroit d'une température modérée. Ce sera le levain. Faites la fontaine avec le reste de la farine, et mettez dedans six jaunes d'œufs et six œufs entiers, une demi-once de sel, une livre de beurre, deux onces de sucre en poudre et un demi-verre de lait. Détrempez, rassemblez la pâte, fraisez à deux ou trois tours, selon la saison. Votre levain étant en fermentation, vous le mêlerez bien avec la pâte, à laquelle vous ajouterez alors trois ou quatre cuillerées de crème fouettée. Beurrez alors un moule uni ou un moule cannelé, versez la pâte dedans, et déposez-le dans un endroit d'une température modérée, où vous le laisserez jusqu'à ce que la pâte soit bien levée, c'est à dire environ douze heures, après quoi vous le mettrez au four modéré. Au bout d'une heure et demie, si le gâteau est d'une belle couleur rougeâtre, vous le démoulerez, et vous le remettrez au four pour qu'il se ressuie.

Gâteau de Compiègne friand.

Opérez, comme il est dit à l'article précédent. D'autre part, vous mettrez dans un vase, deux onces de sucre parfumé au citron, un quarteron de cerises confites, coupées en deux, autant d'angélique confite coupée en petits filets, et deux ou trois cuillerées d'eau de vie; mêlez bien ces ingrédiens, ajoutez ce mélange à la pâte, mettez cette pâte dans un moule beurré, et opérez du reste, comme il est dit à l'article précédent.

Gâteau de Compiègne au raisin de Corinthe.

Préparez la pâte de la même manière que pour un gâteau de Compiègne ordinaire, en doublant la dose de lait. Avant de mettre cette pâte dans le moule, vous y mêlerez trois onces de raisin de Corinthe, et autant d'anis en dragées.

Gâteau au lard.

Faites dessaler du petit lard ; puis, vous le couperez par tranches minces, et vous en ôterez la couenne. Faites un gâteau avec de la pâte brisée, mettez-le sur une plaque beurrée, dorez-le, couvrez-le avec les tranches de lard, et faites cuire au four chaud.

Gâteau français.

Mettez dans un vase une livre et demie de raisin de Corinthe, un verre de rhum et trois quarterons de sucre parfumé. Faites un levain avec une livre de farine, comme il est dit plus haut, à l'article *Pâte à brioches.* D'autre part encore, vous détremperez dans une terrine trois livres de farine bien tamisée, avec une chopine de bon lait, quinze œufs entiers, quinze jaunes d'œufs, deux livres de beurre fin, et un peu plus d'une once de sel. Cette pâte étant détrempée, vous y mêlerez le levain dès qu'il fermentera, et le mélange de raisin de Corinthe et de rhum dont nous avons parlé ci-dessus ; puis vous verserez cette pâte dans un moule cannelé ou uni que vous aurez bien beurré, et vous déposerez le tout dans un lieu d'une température douce et égale, où vous le laisserez pendant douze heures ; c'est à dire jusqu'à ce que la pâte soit levée, et que le dessus présente une forme bombée qui emplisse le moule. Faites cuire au four modéré, pendant une heure et demie ; démoulez le gâteau, et le remettez dans le four pour qu'il se ressuie. Ce gâteau doit avoir une belle couleur rougeâtre.

Gâteau royal.

Faites un levain, et détrempez la pâte, comme il est dit à l'article précédent. D'autre part, vous ferez mariner une livre et demie de raisin de Malaga dans un verre de marasquin avec un quarteron de sucre parfumé au parfum qui vous conviendra. Mêlez cette préparation avec la pâte, et opérez pour le reste, comme il est dit à l'article précédent.

Gâteau à la parisienne.

Tamisez bien une livre et demie de belle farine, et prenez-en le quart pour faire un levain de la manière indiquée à l'article *Pâte à brioches* (*voir plus haut*). Déposez ce levain dans un lieu dont la température soit douce et égale, afin que la fermentation se fasse régulièrement. D'autre part, vous mettrez dans une terrine une livre de beurre tiède; vous y ajouterez, en remuant toujours avec une cuiller de bois, six jaunes d'œufs, un œuf entier et le tiers d'un lait d'avelines préparé de la manière suivante :

Après avoir émondé une demi-livre d'avelines, vous les mettrez dans un poêlon d'office que vous poserez sur un feu modéré, et vous remuerez les avelines jusqu'à ce qu'elles soient d'un jaune bien foncé; pilez ces avelines en les mouillant de temps en temps avec un peu de lait, puis, en les sortant du mortier, vous les délaierez dans un demi-setier de lait, et vous passerez cette préparation dans un linge blanc.

On comprend que le lait d'avelines doit être préparé au moment où l'on s'occupe de la crème de beurre dont nous avons parlé précédemment.

Après avoir mis un tiers de lait d'avelines dans la préparation principale, vous y ajouterez deux onces de farine, une demi-once de sel; puis, successivement et sans cesser de remuer, les deux autres tiers du lait d'avelines; mêlez ensuite cette pâte avec le levain; ajoutez-y deux onces d'écorce d'orange confite et coupée par petits filets, autant de pistaches émondées et coupées par tranches. Beurrez un moule cannelé, versez la pâte dedans, et déposez-le dans un endroit d'une température douce, pour faire lever la pâte, et opérez du reste comme il est dit ci-dessus, à l'article *Gâteau français.*

Gâteau de Berlin.

Mettez dans une terrine une livre de beurre fin que vous aurez fait tiédir; ajoutez-y, en remuant toujours, un peu de levûre, un quarteron d'amandes douces émondées et pilées, un quarteron de sucre en poudre, une livre de farine, et deux douzaines de jaunes d'œufs; fouettez les vingt blancs d'œufs jusqu'à ce qu'ils soient en neige bien ferme, et vous les mêlerez à la pâte; puis, vous verserez cette pâte dans un moule beurré que vous déposerez dans un endroit chaud, afin qu'elle lève promptement; et, lorsqu'elle sera arrivée à l'état de fermentation, vous enfournerez au four modéré. Ce gâteau ne demande qu'une heure de cuisson, après quoi vous le démoulerez, vous le couperez par tranches; puis, vous semerez sur ces tranches du sucre parfumé au parfum qui vous conviendra, et vous les glacerez en faisant une allume sur le devant du four.

Gâteau à l'allemande.

Tamisez une livre et demie de belle farine, et prenez-en le quart pour faire un levain comme il est dit plus haut, à l'article *Pâte à brioches.* Détrempez ensuite le reste de la farine dans une terrine avec une douzaine d'œufs, un demi-verre de crème, quatre onces de sucre en poudre, autant de raisin de Corinthe, et autant d'amandes douces émondées et coupées par tranches. Dès que le levain sera en fermentation, vous le mettrez dans la pâte et mêlerez bien le tout ensemble. Beurrez un moule uni, versez cette pâte dedans, et déposez-le dans un lieu d'une température modérée. Lorsque la pâte sera levée, vous enfournerez au four modéré, et vous donnerez environ une heure de cuisson. Démoulez le gâteau, puis remettez-le au four pendant quelques instans pour qu'il se ressuie.

Gâteau turc.

Jetez de l'eau bouillante sur un quarteron d'amandes douces pour les émonder facilement, puis vous les pilerez et les mêlerez avec une demi-livre de farine, six onces de sucre en poudre, quatre onces de beurre fin, une forte pincée de safran, et une douzaine d'œufs. Après avoir travaillé cette pâte jusqu'à ce qu'elle soit bien molle, vous l'étendrez sur une plaque bien beurrée, et la ferez cuire au four doux. Défournez le gâteau dès qu'il sera cuit, et découpez-le avec un coupe-pâte en donnant à chaque morceau la forme qui vous conviendra.

Gâteau anglais.

Mettez dans une casserole une langue de bœuf avec poivre, sel, trois ou quatre oignons, autant de carottes, un bouquet garni et deux clous de girofle, mouillez le tout avec du consommé non dégraissé, et ajoutez quelques morceaux de lard et des parures de viande si vous en avez. Couvrez avec un rond de papier beurré; posez un couvercle sur la casserole, et faites bouillir sur un feu très ardent; diminuez le feu ensuite, et faites bouillir jusqu'à ce que la langue de bœuf soit cuite. Il est bien entendu que d'abord vous l'aurez préparée, et l'aurez fait dégorger pendant plusieurs heures dans de l'eau fraîche. Faites-la égoutter; laissez-la refroidir, puis vous en couperez une demi-livre, que vous hacherez bien menu. Hachez, de la même manière, une demi-livre de graisse de bœuf que vous aurez, au préalable, débarrassée des peaux et des nerfs qui y sont adhérens. Hachez encore une demi-livre de pommes de reinette que vous aurez pelées et débarrassées des restes et pepins. Enfin vous hacherez, de la même manière, neuf ou dix onces de raisin de Corinthe. Ces ingrédiens étant bien hachés, vous les mêlerez ensemble, puis vous y ajouterez une pincée de muscade en poudre, autant

de cannelle, autant de girofle, autant de macis également en
poudre, un peu de sel, un verre d'eau de vie, quatre onces
de sucre en poudre, et trois ou quatre œufs entiers; travaillez
ce mélange jusqu'à ce qu'il forme une espèce de pâte.

D'autre part, vous ferez une abaisse bien mince avec du
feuilletage à dix tours; vous découperez cette abaisse en
rondelles, et vous en servirez pour foncer des moules à tarte-
telettes. Remplissez ces moules avec la préparation dont nous
venons de parler; puis, vous semerez dessus des écorces
d'orange et de citron cuites dans le sucre, et que vous aurez hachées bien menu. Faites cuire au four modéré, et
servez le plus chaud possible.

Gâteau au beurre.

Tamisez une livre et demie de bonne farine, et prenez-en
le quart pour faire un levain, comme il est dit à l'article
Pâte à brioches (voir plus haut). Faites une détrempe avec
le reste de la farine, un verre de lait tiède, six jaunes d'œufs,
une demi-once de sel, une once et demie de sucre en poudre,
et une demi-livre de beurre fin et tiède. La détrempe étant
faite, rassemblez la pâte et travaillez-la jusqu'à ce qu'elle soit
douce et lisse. Vous y ajouterez le levain dès qu'il sera en
fermentation, et après avoir de nouveau travaillé la pâte
pendant quelques instans, vous la mettrez dans un moule
beurré que vous déposerez dans un lieu chaud pour qu'elle
lève promptement. Dorez la pâte dès qu'elle sera levée, et enfournez à four gai. Ce gâteau ne demande que cinq quarts
d'heure au plus de cuisson. Ce temps écoulé, vous le défournerez et le démoulerez. Coupez le gâteau en deux; semez
du sel fin sur la partie intérieure de chaque moitié, et arrosez
ces deux parties avec du beurre bien frais que vous aurez
fait fondre. Replacez promptement les deux moitiés du gâteau l'une sur l'autre, et servez-le le plus chaud possible.
Ce gâteau se sert le plus ordinairement avec du thé.

Échaudés.

Mettez sur le tour un demi-litre de farine ; faites la fontaine, et mettez dedans quatre œufs, deux onces de beurre et un peu plus d'un gros de sel. Détrempez légèrement ; rassemblez la pâte, et travaillez-la pendant dix minutes. Au bout de ce temps, la pâte doit être lisse et d'une grande élasticité. Posez la pâte sur une planche, saupoudrez-la de farine, et déposez-la dans un endroit frais, où vous la laisserez pendant quatre heures au moins. On pourrait la laisser reposer pendant douze heures sans inconvénient ; aussi les pâtissiers de boutique sont-ils dans l'usage de faire la détrempe le soir pour s'en servir le lendemain matin. La pâte étant convenablement reposée, vous la diviserez en trois parties, vous ferez de chaque partie un rouleau que vous diviserez en six morceaux, ce qui vous donnera dix-huit échaudés. A mesure que vous divisez la pâte, vous en placez les morceaux sur un plafond saupoudré de farine. D'autre part, vous aurez mis sur le feu un grand vase rempli d'eau ; lorsque cette eau sera en ébullition, vous mettrez dedans les échaudés tous à la fois, en ayant soin néanmoins qu'ils se tiennent séparés les uns des autres, ce que vous éviterez facilement en les remuant avec précaution. Lorsque les échaudés montent sur l'eau, et sont un peu fermes, on les ôte avec une écumoire, et on les jette dans un grand vase rempli d'eau fraîche, où ils doivent passer quatre ou cinq heures. Au bout de ce temps, on les ôte de l'eau, on les fait égoutter ; puis on les pose sur une plaque, en ayant soin qu'ils ne se touchent pas, et on les met au four gai. Le temps nécessaire pour la cuisson des échaudés est d'environ une demi-heure, un peu plus ou un peu moins, selon que le four a été bien atteint. Défournez-les lorsqu'ils seront de belle couleur.

Échaudés de M. Carême.

Préparez et faites cuire les échaudés comme il est dit à

l'article précédent. Lorsque vous les aurez défournés, vous les couperez en deux, vous semerez à l'intérieur un peu de sel fin, et vous l'arroserez avec du beurre fin que vous aurez fait fondre. Il faut que cette opération se fasse très vite, attendu que ces échaudés doivent être mangés bien chauds.

Échaudés à l'huile.

Opérez comme il est dit plus haut pour les échaudés ordinaires, en remplaçant les deux onces de beurre par une égale quantité d'huile fine.

Kouques à bière.

Faites la fontaine avec deux livres de farine, puis vous mettrez dedans quatre œufs et une demi-once de levûre que vous aurez délayée dans un verre de lait; faites la détrempe; travaillez la pâte pendant quelques instans, puis vous la mettrez dans une terrine, que vous déposerez dans un endroit chaud, afin que la fermentation se fasse promptement. Lorsque la pâte sera bien levée, mettez-la sur le tour, que vous aurez saupoudré de farine; ajoutez-y deux onces de sucre en poudre et autant de beurre, que vous aurez maniés ensemble, et travaillez de nouveau la pâte jusqu'à ce que le tout soit bien amalgamé. Après avoir divisé cette pâte en trente parties égales, vous mêlerez bien ensemble quatre onces de farine et autant de sucre en poudre, vous saupoudrerez le tour avec ce mélange, et vous roulerez dedans ces trente parties l'une après l'autre. Rangez-les sur une plaque, que vous déposerez dans un endroit chaud. Lorsque ces kouques commenceront à lever, vous les saupoudrerez avec du sucre en poudre et de la farine mélangés dans la proportion de deux onces de sucre pour quatre onces de farine. Faites cuire au four modéré, et défournez-les lorsqu'elles auront pris assez de couleur.

Kouques au beurre.

Faites une pâte à brioche (*voir cet article plus haut*); divisez cette pâte comme pour les kouques à bière ; mettez les kouques sur un plafond beurré et faites-les revenir dans un endroit chaud. Lorsque les kouques seront bien levées, vous les ferez cuire au four modéré ; puis vous les défournerez, vous couperez chacune en deux, et semerez à l'intérieur un peu de sel que vous arroserez avec du beurre fin que vous aurez fait tiédir ; remettez promptement les deux parties l'une sur l'autre, et servez le plus chaud possible.

Baba.

Préparez, avec deux litres de farine bien tamisée, une pâte à brioche en opérant comme il est dit à cet article. Après avoir laissé reposer cette pâte pendant le temps nécessaire, vous la mettrez sur le tour, que vous aurez saupoudré de farine. Faites un trou dans la pâte, et mettez-y le quart d'un verre de vin de Madère dans lequel vous aurez fait infuser un demi-gros de safran. Mêlez le tout; faites une abaisse, sur laquelle vous étendrez une demi-once de cédrat confit et coupé en filets, et une demi-livre de raisin muscat et de raisin de Corinthe mélangés. Travaillez encore la pâte pendant quelques instans, afin que le tout soit bien amalgamé, puis vous la mettrez dans un moule cannelé que vous aurez bien beurré et que vous déposerez dans un lieu d'une température douce. Lorsque la pâte sera bien levée, ce qui n'arrivera qu'au bout de dix heures, vous dorerez et mettrez le baba au four gai. Ce gâteau demande ordinairement une heure et demie de cuisson ; au bout de ce temps, s'il est de belle couleur, vous le démoulerez, puis vous le remettrez au four pendant quelques secondes pour le faire ressuyer.

L'invention de ce gâteau est attribuée à Stanislas Leczinski, roi de Pologne.

Gaufres à la flamande.

Délayez deux onces de levure dans une chopine de lait ;

passez ce lait dans un linge blanc, puis vous vous en servirez pour détremper une livre de farine que vous aurez bien tamisée, de manière à ce que cette pâte soit coulante. Mettez-la dans une terrine, que vous déposerez dans un endroit chaud pour qu'elle fermente. Lorsqu'elle levera, vous y ajouterez un peu de sel, une once de sucre parfumé à l'orange ou au citron, quatre œufs entiers et huit jaunes d'œufs; mêlez bien ces nouveaux ingrédiens dans la pâte, puis vous y ajouterez une livre de beurre fin que vous aurez fait tiédir. Fouettez huit blancs d'œufs en neige et mêlez-les dans la pâte en même temps que quatre cuillerées de crème fouettée. Déposez de nouveau cette préparation dans un endroit chaud, et lorsqu'elle sera bien levée, c'est à dire lorsqu'elle aura atteint le double de son volume primitif, vous mettrez le gaufrier sur un feu très vif, et vous le retournerez, afin qu'il chauffe également des deux côtés. Lorsque le gaufrier sera assez chaud, ce que vous reconnaîtrez à la fumée légère qui s'en élevera, vous l'ôterez du feu et vous mettrez dedans gros comme une noisette de beurre ou de sain-doux, qui devra s'étendre sur toute la surface intérieure. Emplissez alors le gaufrier avec une partie de la préparation dont nous venons de donner la recette; remettez l'instrument au feu, et retournez-le au bout de quelques instans, afin que la gaufre prenne également couleur des deux côtés. Lorsque la gaufre sera cuite, vous la placerez sur une assiette; vous la saupoudrerez de sucre parfumé à l'orange ou au citron, et vous recommencerez l'opération jusqu'à ce que vous ayez employé toute la pâte.

Gaufres à la religieuse.

Délayez une livre de farine bien tamisée, avec une pinte de lait, douze ou quinze jaunes d'œufs, une livre de sucre et un petit verre d'eau de vie. Opérez, du reste, comme il est dit à l'article précédent, en vous servant d'un gaufrier plus petit.

Gaufres aux pistaches.

Mettez dans une terrine une demi-livre de sucre en poudre, dont deux onces parfumées à l'orange, une pincée de sel, quatre œufs entiers et deux jaunes en sus; mêlez bien ces divers ingrédiens, puis vous y ajouterez une livre d'amandes douces émondées et coupées en petits filets. Étendez un peu de cire vierge sur un plafond, puis vous verserez dessus la préparation dont nous venons de parler, et vous arrangerez les amandes avec une spatule ou un couteau, de manière qu'elles se tiennent et ne soient pas en plus grande quantité dans un endroit que dans un autre. D'autre part, vous aurez émondé et coupé en filets quatre onces de pistaches; semez ces pistaches sur la préparation, et faites cuire au four modéré. Défournez les gaufres dès qu'elles seront de belle couleur; laissez-les sur le devant du four; coupez-les par morceaux de deux pouces carrés, et donnez à ces morceaux une forme demi-circulaire, en les ployant sur un rouleau d'un pouce et demi de diamètre.

Gaufres à la parisienne.

La préparation de ces gaufres est la même que celle indiquée à l'article précédent; seulement on n'y met pas de pistaches. La cuisson achevée, vous taillerez les gaufres en morceaux de trois pouces carrés, et vous les roulerez sur un bâton d'un pouce de diamètre. Cela formera de petites colonnes, que vous remplirez de crème fouettée mélangée de sucre parfumé; puis vous masquerez les deux extrémités des colonnes avec des fraises, ou des pistaches émondées et hachées.

Gaufres au raisin de Corinthe.

Elles se préparent comme les gaufres aux pistaches (voir

plus haut), en substituant aux pistaches du raisin de Corinthe bien lavé et égoutté.

Gaufres au gros sucre.

Opérez comme pour les gaufres aux pistaches, en supprimant ces dernières (*voir plus haut*). La préparation étant étendue sur le plafond, vous la mettrez au four modéré, puis vous la retirerez au bout de deux minutes, vous semerez du gros sucre dessus, et vous la remettrez au four jusqu'à ce qu'elle soit de belle couleur. Finissez comme il est dit à l'article *Gaufres aux pistaches*.

Gaufres à la française.

Émondez et pilez une livre d'avelines, ajoutez-y une livre de sucre en poudre, et faites-en une pâte d'amandes, que vous laisserez refroidir. Faites avec cette pâte une abaisse d'une ligne d'épaisseur, et détaillez-la par morceaux de deux pouces carrés. Mettez ces morceaux sur un plafond beurré, dorez-les, semez dessus des pistaches hachées, et opérez, du reste, comme pour les gaufres à la parisienne (*voir cet article plus haut*).

Gaufres à la vanille.

Mettez dans une terrine une livre de belle farine, huit œufs entiers et huit jaunes au plus, une livre de sucre en poudre, dont quatre onces parfumées à la vanille, et un verre d'eau de vie d'Andaye; mêlez bien ces ingrédiens. D'autre part, vous ferez tiédir une chopine de bon lait, dans lequel vous aurez mis un quarteron de beurre bien frais. Délayez bien la pâte avec ce lait, et opérez, du reste, comme il est dit plus haut à l'article *Gaufres à la flamande*.

Gaufres mignonnes.

Faites une préparation comme pour les biscuits à la cuiller

(*voir cet article dans notre deuxième partie*), et étendez-la sur un plafond beurré. Émondez et coupez en filets bien minces des amandes d'avelines ; mettez-les dans une terrine avec une égale quantité de sucre en poudre et un peu de blanc d'œuf. Mêlez bien ces trois ingrédiens, et vous étendrez ce mélange sur la préparation précédente. Faites cuire au four modéré et opérez, du reste, comme pour les gaufres à la parisienne. (*voir cet article plus haut*).

Deuxième Partie.

PATISSERIE DE PETIT FOUR.

CHAPITRE PREMIER.

Des biscottes, croquettes, croquignoles, etc.

Biscottes de Verdun.

Mêlez deux onces de sucre en poudre avec trois jaunes d'œufs, puis vous ajouterez à ce mélange trois blancs d'œufs fouettés en neige, deux onces de farine bien tamisée, et deux gros d'anis étoilé, que vous aurez bien lavé et fait égoutter. Versez cette préparation sur une caisse de papier, et faites cuire au four doux. Au bout de cinquante minutes, cette pâte doit être ferme ; vous la défournez alors et la laissez refroidir ; puis vous la divisez par morceaux de six lignes de

large sur deux pouces et demi de long. Remettez ces biscottes dans le four, et ne les ôtez que lorsqu'elles seront bien
sèches.

Biscotins de Gênes.

Mettez dans une bassine une livre de sucre en poudre,
une douzaine d'œufs entiers et quatre jaunes en sus. Posez
la bassine sur un feu modéré, et remuez bien le mélange
pendant quelques instans. Cela formera une espèce de pâte,
que vous verserez sur une table, et dont vous ferez une
abaisse, que vous saupoudrerez de sucre. Cette abaisse étant
entièrement refroidie, vous y mêlerez trois quarterons de
farine bien tamisée, un peu de vanille pilée ; le tout étant
bien amalgamé et travaillé, vous en ferez de nouveau une
abaisse d'environ deux lignes d'épaisseur. Découpez cette
abaisse en morceaux de forme ovale, puis vous les dorerez
avec de l'œuf mêlé d'eau, vous semerez du gros sucre dessus,
et vous les rangerez sur un plafond beurré. Faites cuire ces
biscotins au four gai.

Diablotins.

Mettez dans un poêlon d'office une demi-livre de sucre
concassé, un verre d'eau, et lorsque le sucre sera cuit à la
plume (*voir plus loin pour la cuisson du sucre*), vous y ajouterez peu à peu, et en remuant toujours, quatre onces de farine bien tamisée. Après quelques instans de cuisson, mettez
cette préparation sur une table, que vous aurez, au préalable, saupoudrée de sucre, et vous la travaillerez jusqu'à ce
qu'elle forme une pâte bien ferme ; puis vous la mettrez
dans un mortier, et vous la pilerez, en y ajoutant un peu de
fleur d'oranger pralinée et la moitié d'un blanc d'œuf. Ces
divers ingrédiens formant un tout bien compacte, vous en
ferez de petites boulettes, que vous jetterez dans l'eau bouillante, et que vous en ôterez dès qu'elles remonteront à la sur-

face de l'eau : faites-les égoutter, rangez-les sur des feuilles de papier, et mettez-les au four doux.

Gimblettes.

Faites la fontaine avec quatre onces de farine tamisée, puis vous mettrez dedans trois onces de sucre dont une parfumée au citron ou quelque autre parfum, deux onces d'amandes douces émondées et pilées, deux gros de levure, trois ou quatre cuillerées de lait, un jaune d'œuf, gros comme une noix de beurre fin, et très peu de sel. Détrempez et opérez à peu près comme pour la pâte à brioches (*voir cet article plus haut*). Cette pâte étant levée, vous la *corromprez*, puis vous la roulerez par petits bâtons de quatre lignes de diamètre, et vous en ferez de petites couronnes. Mettez de l'eau sur le feu dans un grand vase; lorsque cette eau sera en ébullition, vous jetterez les gimblettes dedans, et vous les remuerez doucement, afin d'éviter qu'elles s'attachent. Dès que les gimblettes paraîtront à la surface de l'eau, vous les en tirerez avec une écumoire, et vous les mettrez dans de l'eau fraîche, où vous les laisserez jusqu'à ce qu'elles soient tout à fait froides: faites-les égoutter; sautez-les dans une passoire en les arrosant avec des œufs battus, puis vous les poserez sur un plafond, sur lequel vous aurez, préalablement, étendu un peu de cire vierge, et vous les ferez cuire au four doux.

Gimblettes d'Alby.

Mettez dans une casserole un quarteron de beurre, deux cuillerées de fleur d'oranger pralinée; versez un litre d'eau sur ces ingrédiens, et posez la casserole sur le feu. Lorsque l'eau sera sur le point de bouillir, vous verserez dedans, peu à peu et sans cesser de remuer, autant de farine que cette eau pourra en absorber. Laissez cuire cette pâte pendant quelques instans, mais sans cesser de remuer, de peur qu'elle ne s'attache au fond de la casserole, ce qui lui donnerait un goût de brûlé désagréable. Lorsque cette pâte sera très épaisse, vous l'ôterez du feu, et vous y ajouterez des œufs en la travaillant jusqu'à ce qu'elle soit convenablement ramollie. Faites avec cette pâte des couronnes, comme il est dit au chapitre précédent; jetez-les du sucre cuit à la nappe et bouillant (*voir plus loin la cuisson du sucre*), puis vous les tremperez dans de la fleur d'orangr pralinée et réduite en poudre.

Croquignoles.

Jetez de l'eau bouillante sur trois quarterons d'amandes douces, afin de les émonder facilement; puis vous les mettrez dans un mortier, et vous les pilerez, en ajoutant de temps en temps un peu de blanc d'œuf, pour qu'elles se maintiennent; ajoutez une livre de sucre, dont quatre onces parfumées à l'orange, par le procédé que nous avons indiqué au commencement de cet ouvrage. D'autre part, vous ferez la fontaine avec deux livres de farine bien tamisée; mettez dedans douze jaunes d'œufs, quatre cuillerées de levûre de bière; ajoutez-y les amandes et le sucre pilés, un peu de sel fin, et travaillez le tout de manière à obtenir une pâte bien ferme: relevez-la alors, et déposez-la dans un lieu chaud, afin qu'elle lève promptement. Quand elle aura atteint son point convenable de fermentation, vous la remettrez sur le tour, que vous aurez saupoudré de farine, et vous la travaillerez de nouveau pendant quelques instans; puis vous la diviserez par petits morceaux, que vous roulerez en forme d'avelines, et vous jetterez ces petits morceaux dans un grand vase plein d'eau en ébullition. L'eau continuant à bouillir, les croquignoles ne tarderont pas à remonter à la surface; alors vous les en ôterez avec une écumoire, et vous les jetterez dans de l'eau fraîche, où elles devront rester jusqu'à ce qu'elles soient entièrement refroidies; placez-les sur un plafond légèrement beurré, dorez-les, et enfournez-les au four chaud.

Croquignoles à la vanille.

Opérez comme il est dit à l'article précédent, en substituant du sucre parfumé à la vanille au sucre parfumé à l'orange. Vous pourrez faire de la même manière les croquignoles à la rose, au rhum, au marasquin, au kirsch, au café, etc.

Ces diverses croquignoles prennent le nom du parfum ou de la liqueur employée à leur confection.

Croquignoles à l'allemande.

Les croquignoles étant préparées comme il est dit ci-dessus, échaudées et rafraîchies, jetez-les dans du beurre bien chaud, et retirez-les lorsqu'elles auront pris une belle couleur.

Croquignoles suisses.

Faites la fontaine avec une livre de belle farine bien tamisée, et mettez dedans un peu d'eau de fleur d'oranger, et six blancs d'œufs, une livre de sucre en poudre; détrempez et travaillez la pâte jusqu'à ce qu'elle soit bien lisse. Un ustensile indispensable, pour bien faire ces croquignoles, est un sac de toile, terminé par un cornet de fer-blanc, présentant à son extrémité inférieure une ouverture de six lignes de diamètre. Mettez la pâte dans ce sac, qui produit à peu près le même effet qu'un cornet à perler. Laissez tomber par ce cornet votre pâte sur des plafonds légèrement beurrés, de sorte qu'il y a entre chaque croquignole, un espace de huit ou dix lignes. Déposez ces plafonds dans un endroit chaud, pendant douze heures au moins, c'est à dire jusqu'à ce qu'elles soient bien fermes et lisses. Faites-les cuire au four gai, et dès que la cuisson sera achevée, vous les enleverez de dessus le plafond.

Croquignoles aux amandes.

Jetez de l'eau bouillante sur une demi-livre d'amandes douces et deux onces d'amandes amères, afin de les émonder facilement ; puis vous les pilerez, en ajoutant un peu de blanc d'œuf de temps en temps, ce qui empêche les amandes de se liquéfier, ce qui arriverait sans cela, surtout en été. Faites la fontaine avec dix onces de farine tamisée, et mettez dedans vos amandes pilées, trois quarterons de sucre en poudre, trois œufs entiers, et six jaunes en plus, un peu de sel, et deux ou trois cuillerées d'eau de fleur d'oranger. Détrempez, rassemblez la pâte ; battez-la avec le rouleau pour l'amollir. Lorsque cette pâte sera convenablement travaillée, vous la diviserez d'abord par bandes, puis par petits morceaux, que vous roulerez en forme d'olives. Rangez ces croquignoles sur des plafonds légèrement beurrés, dorez-les avec un mélange de lait, de jaunes d'œufs et de sucre bien battu, et faites cuire au four doux.

Croquignoles aux pralines.

Préparez une pâte comme pour les pralines aux amandes (*voir cet article plus haut*). La pâte étant terminée, vous en ferez deux abaisses de deux lignes d'épaisseur et de pareille dimension. Mouillez l'une de ces abaisses, et mettez dessus des pralines, en laissant entre elles une distance égale ; mouillez ensuite la seconde abaisse, posez-la sur la première et appuyez légèrement. Divisez cette préparation avec un coupe-pâte ou emporte-pièce d'un pouce de long sur huit lignes de large. Si, en détaillant ainsi vos croquignoles, il arrivait que quelques pralines se trouvassent à découvert, vous y remédieriez en appuyant la pâte autour. Finissez et faites cuire comme il est dit plus haut, à l'article *Croquignoles aux amandes.*

Croquignoles d'avelines.

Jetez de l'eau bouillante sur une livre de belles amandes d'avelines, et émondez-les. Mettez la moitié de ces amandes dans un poêlon d'office, que vous poserez sur un feu un peu vif, et remuez les avelines avec une cuiller de bois, jusqu'à ce qu'elles soient bien colorées : vous les ôterez alors, et les laisserez refroidir. Pilez ces amandes en même temps que celles que vous n'aurez point torréfiées, et ayez soin d'y ajouter de temps en temps un peu de blanc d'œuf, pour qu'elles ne se liquéfient pas. Mettez sur le tour une livre de farine bien tamisée ; faites la fontaine, et mettez au milieu vos amandes pilées, une livre de sucre en poudre, une pincée de sel fin, et huit ou dix jaunes d'œufs, selon leur grosseur. Opérez du reste comme pour les croquignoles aux amandes, dont vous trouverez la recette plus haut.

Croquignoles à la française.

Préparez une livre de macarons amers de la manière que nous indiquerons plus loin, puis vous les pilerez et les passerez au tamis ; mettez sur le tour une livre de farine tamisée, faites la fontaine, et déposez dedans les macarons pilés avec six onces de beurre bien frais et manié, six jaunes d'œufs, trois quarterons de sucre et une pincée de sel fin. Opérez du reste comme pour les croquignoles aux amandes, dont nous avons parlé plus haut.

Croquignoles à la reine.

Faites la fontaine avec une livre de belle farine, et mettez au milieu une livre de sucre en poudre, dont quatre onces parfumées à la vanille ou à tout autre parfum. Battez huit blancs d'œufs en neige, et vous les mettrez également dans la fontaine, puis vous détremperez et travaillerez la pâte jusqu'à ce qu'elle soit lisse et un peu molle. Étendez un peu de cire vierge sur ces plafonds, puis vous dresserez ces croquignoles dessus en leur donnant la forme et la grosseur d'une olive, et ayant soin qu'elles ne soient pas trop près les unes des autres. La distance qu'il faut observer est d'environ six lignes. Mettez ces plafonds à l'étuve, et vous les y laisserez pendant douze heures, puis vous les mettrez au four modéré pendant un peu moins d'une demi-heure. Défournez les croquignoles quand elles auront pris couleur, et sans attendre que cette couleur soit trop foncée. Il faudra avoir soin de les enlever de dessus la plaque avant qu'elles ne refroidissent, sans quoi cette opération serait très difficile.

Croquettes à la parisienne.

Faites une pâte absolument semblable à celle indiquée dans l'article précédent; vous enduirez également les plafonds de cire vierge, et vous coucherez les croquettes dessus en leur donnant la forme de biscuits à la cuiller, et laissant entre chacune environ un pouce de distance; opérez, du reste, comme il est dit à l'article précédent.

Espagnolettes.

Mettez sur le tour une demi-livre de farine bien tamisée; faites la fontaine, et mettez dedans huit onces de sucre en poudre, dont deux onces parfumées au citron; versez un peu d'eau, faites la détrempe et travaillez cette pâte, qui doit être assez ferme pour être étendue au rouleau; faites une abaisse qui ait moins d'une ligne d'épaisseur; et vous la diviserez par petits morceaux en forme de carré long, c'est à dire de dix-huit lignes de long sur un pouce de large. Posez ces petits morceaux sur une plaque convenablement graissée, en laissant entre chacun une distance convenable. Étendez du blanc d'œuf dessus et garnissez-les d'amandes coupées par tranches; faites cuire au four chaud ; défournez les espagnolettes dès qu'elles seront d'une belle couleur jaune, et détachez-les aussitôt de dessus la plaque.

Couronnes italiennes.

Faites la fontaine avec huit onces de belle farine ; mettez dedans une demi-livre de beurre bien frais et manié, autant de sucre en poudre, un œuf et quelques gouttes d'eau de fleur d'oranger. Travaillez cette pâte de manière à ce qu'elle reste un peu ferme ; étendez-la au rouleau, faites-en une abaisse d'une ligne d'épaisseur, puis vous la couperez par bandelettes longues de six pouces, dont vous ferez des couronnes en soudant les deux extrémités, qui devront pour cela être taillées en biseau. Posez ces couronnes sur des plaques graissées, dorez-les, et enfournez-les au four chaud.

Il est un moyen plus prompt, plus commode et d'un résultat plus satisfaisant pour faire ces couronnes, c'est d'avoir deux emporte-pièce ronds, dont l'un doit être d'un diamètre de six lignes plus grand que l'autre. Débitez l'abaisse avec le plus grand, vous obtiendrez des rondelles ; enlevez le milieu de ces rondelles avec le plus petit, et vous aurez des couronnes parfaites et sans soudure, ce qui est toujours très difficile à cacher.

Patiences.

Les patiences ne sont autre chose que de très petites croquignoles suisses. La pâte se prépare de la même manière ; on les dresse aussi avec un cornet, mais l'ouverture de celui-ci doit être d'un calibre beaucoup plus petit, les patiences étant ordinairement grosses comme des pois. Voyez, plus haut, *Croquignoles suisses*, et opérez en conséquence des observations que nous venons de faire.

Patiences à la rose.

Les patiences à la rose ne diffèrent de celles dont il est question dans l'article précédent que par l'eau de rose que l'on y ajoute, ainsi qu'un peu de carmin liquide, pour les colorer.

CHAPITRE II.

—

Des macarons et de leurs dérivés.

—

Macarons ordinaires.

Jetez de l'eau bouillante sur une livre d'amandes douces, émondez-les, et faites-les sécher devant le four. Lorsqu'elles seront bien sèches et refroidies, vous les pilerez dans un mortier en y mêlant de temps en temps un peu de blanc d'œuf, pour qu'elles se maintiennent fermes. M. Carême conseille de piler les amandes en deux fois; mais nous ne croyons pas cela indispensable : cette méthode a d'ailleurs l'inconvénient d'être moins expéditive. Lorsque les amandes seront bien pilées, vous les mettrez dans une terrine, avec une livre de sucre en poudre et un peu d'eau de fleur d'oranger. Fouettez huit blancs d'œufs; quand ils seront bien fermes, vous y joindrez la préparation d'amandes pilées et de sucre, et, le tout étant bien mêlé, vous dresserez vos macarons sur des feuilles de papier, en posant des rangées de cette préparation par parties grosses comme des avelines, et suffisamment séparées les unes des autres. Faites cuire vos macarons au four un peu moins que four doux et un peu plus que four perdu. Pendant qu'ils cuiront, vous mettrez dans une terrine la moitié d'un blanc d'œuf, un quarteron de sucre en poudre et un peu de jus de citron. Remuez bien ce mélange, avec lequel vous glacerez vos macarons; puis vous les remettrez au four pendant quelques instants, et ils seront bons à servir. On pourrait, à la rigueur, se dispenser de glacer les macarons; mais ils seraient moins agréables à l'œil.

Macarons aux amandes amères.

Ces macarons se préparent de la manière indiquée dans l'article précédent, en substituant des amandes amères aux amandes douces et en augmentant un peu la dose de sucre.

Macarons aux avelines.

Cassez des avelines, et choisissez huit onces de belles amandes qui soient d'une belle couleur rougeâtre et point ridées, puis vous mettrez ces amandes d'avelines dans une bassine ou poêlon d'office que vous poserez sur un feu un peu vif. Remuez sans cesse les avelines; la pellicule qui les couvre ne tardera pas à se détacher, et vous n'aurez qu'à souffler dessus pour les en débarrasser. Cette pellicule étant disparue et les amandes d'avelines ayant pris une belle couleur, vous les ôterez du feu, vous les laisserez refroidir, puis vous les pilerez dans un mortier, en y ajoutant, de temps en temps, un peu de blanc d'œuf pour qu'elles ne se liquéfient pas. Lorsque les avelines seront bien pilées, vous mettrez dans le mortier un blanc d'œuf, huit onces de sucre en poudre, et vous pilerez de nouveau; puis vous ajouterez encore trois blancs d'œufs et une livre de sucre en poudre, et le tout étant bien amalgamé, vous coucherez les macarons sur du papier, et les finirez comme les macarons d'amandes.

Si vous vouliez vous dispenser de glacer les macarons, il faudrait, à mesure que vous les coucheriez, tremper vos doigts et les poser légèrement sur la surface des macarons.

Macarons soufflés.

Jetez de l'eau sur huit onces d'amandes douces, afin de les émonder, puis vous les ferez sécher et refroidir, et vous les couperez par filets. Mettez ces filets dans une terrine avec deux onces de sucre en poudre, et un peu de blanc d'œuf. Remuez bien cette préparation, versez-la sur une plaque et faites-la sécher au four.

D'autre part, vous battrez un blanc d'œuf en neige, vous y mêlerez une demi-livre de sucre en poudre. Les amandes étant sèches, un peu colorées et refroidies, mettez-les dans le blanc d'œuf mêlé de sucre, et remuez le tout pendant quelques instans. Pour coucher ces macarons, vous tremperez vos mains dans l'eau fraîche, et vous roulerez, entre les paumes de vos mains ainsi mouillées, gros comme une noix de la préparation que nous venons d'indiquer, et vous la coucherez sur une feuille de papier. Couchez ainsi toute la préparation, et vous ferez cuire au four doux. Il suffit quelquefois d'un quart d'heure pour cuire ces macarons ; quelquefois aussi il faut plus de vingt minutes ; il sera donc prudent, les dix premières minutes passées, de regarder de temps en temps les macarons, afin de les défourner lorsqu'ils seront de belle couleur. Ces macarons, comme on le voit, ne diffèrent des macarons ordinaires que par la glace.

Macarons soufflés aux amandes amères.

Émondez six onces d'amandes douces, deux onces d'amandes amères, et opérez, du reste, comme il est dit à l'article précédent.

Macarons soufflés au chocolat.

Opérez comme il est dit ci-dessus en mettant trois onces de sucre de moins, et ajoutant quatre onces de chocolat, que vous aurez râpé et fait fondre. Vous pourrez faire de la même manière les macarons soufflés aux pistaches, à la fleur d'oranger pralinée, aux avelines, etc. Il suffit de remplacer les amandes par l'une de ces substances.

Macarons soufflés au gros sucre.

Préparez des macarons soufflés ordinaires, à mesure que vous les roulerez, et avant de les coucher sur le papier, vous en tremperez la surface sur du gros sucre.

Tourons.

Émondez deux onces d'amandes douces et autant d'amandes d'avelines, puis vous les couperez par filets, et les ferez praliner, c'est à dire que vous les mettrez dans un poêlon d'office, avec un peu de zeste de citron râpé, un peu de sucre en poudre ; puis vous poserez ce poêlon sur un feu un peu vif, et vous en remuerez le contenu avec une cuiller de bois, jusqu'à ce que les amandes soient bien desséchées ; alors vous les ôterez du feu, et vous les laisserez refroidir. Fouettez en neige deux blancs d'œufs, mêlez-y autant de sucre en poudre qu'il sera nécessaire pour donner de la consistance à la préparation, c'est à dire environ cinq onces ; puis vous y joindrez les filets d'amandes, et vous opérerez, du reste, comme pour les macarons soufflés ordinaires.

Massepains ordinaires.

Jetez de l'eau bouillante sur une demi-livre d'amandes, émondez-les, faites-les sécher et refroidir, puis vous les pile-rez en y ajoutant un peu d'eau de fleur d'oranger, et de

temps en temps un peu de blanc d'œuf, pour éviter qu'ils ne
tournent en huile. Les amandes étant bien pilées, vous les
mettrez dans un poêlon d'office avec six onces de sucre en
poudre. Posez le poêlon sur un feu doux, et remuez-en le
contenu jusqu'à ce que ce mélange forme une pâte un peu
compacte. Saupoudrez une feuille de papier avec du sucre en
poudre mêlé de farine, et versez la pâte dessus. Battez-la en
remuant le papier, et de temps en temps vous la saupoudrerez
de farine mêlée de sucre en poudre. Lorsque la pâte aura la
consistance convenable, vous la découperez par morceaux,
auxquels vous donnerez la forme qui vous conviendra, puis
vous les rangerez sur des feuilles de papier, et les ferez cuire
au four doux.

Massepains seringués.

Jetez de l'eau bouillante sur une livre d'amandes douces;
émondez-les, faites-les sécher et refroidir, puis vous les pilerez
en versant de temps en temps un peu de blanc d'œuf dans le
mortier. Lorsque les amandes seront bien pilées, vous y ajouterez un blanc d'œuf entier, et cinq quarterons de sucre en
poudre tamisé. Pilez de nouveau pendant quelques instants
pour que le tout s'amalgame bien ; puis vous mettrez cette
préparation dans une seringu e à dresser (*voir la description
de cet ustensile au commencement de cet ouvrage*). Poussez le
bâton de la seringue, afin de faire sortir la pâte par son extrémité, qui doit être cannelée, et dont l'ouverture doit avoir
cinq ou six lignes de diamètre : vous pourrez alors donner
aux massepains des formes agréables, telles que couronnes,
nœuds, rosaces, etc. Rangez les massepains sur des feuilles de
papier que vous aurez étendues sur des plaques, et laissez-les
dans un endroit chaud pendant douze heures, après quoi
vous les enfournerez au four doux. Otez-les du four dès qu'ils
seront bien blonds, et détachez-les de dessus le papier avec un
couteau dont la lame soit bien mince.

Massepains à l'italienne.

Émondez et pilez une demi-livre d'amandes douces comme il est dit à l'article précédent, puis vous y joindrez un blanc d'œuf et une demi-livre de sucre en poudre bien tamisé. Travaillez cette pâte de manière à ce qu'elle soit très ferme; posez-la sur une table de marbre que vous aurez saupoudrée de sucre pilé, et avec le rouleau vous en ferez une abaisse de trois lignes d'épaisseur, et vous la découperez en petites rondelles d'un pouce de diamètre, que vous rangerez sur des plafonds enduits de cire vierge.

D'autre part, vous pilerez des avelines émondées et vous les mêlerez avec de la vanille également pilée, et un peu de blanc d'œuf, pour que ce mélange ait de la consistance. Faites, avec cette préparation, de petites boulettes grosses comme des noisettes, et vous en poserez une sur chaque rondelle. D'autre part encore, vous aurez préparé une pâte à macarons; moulez ces macarons dans vos mains, comme nous l'avons dit plus haut, et vous en poserez un sur chaque petite boulette, de manière à ce que cette dernière soit entièrement masquée. Semez du gros sucre sur ces macarons, et faites cuire au four gai.

Massepains grillés.

Échaudez, émondez et faites sécher une demi-livre d'amandes douces, puis vous les couperez par filets, et les mettrez dans un poêlon d'office, avec six onces de sucre en poudre; vous mettrez le poêlon sur un feu un peu ardent, et vous ne cesserez pas d'en remuer le contenu jusqu'à ce que les amandes aient pris une belle couleur; alors vous les ôterez du feu, vous les laisserez refroidir, puis vous les mêlerez avec quatre blancs d'œufs fouettés en neige bien ferme. Ce mélange achevé, versez-le sur une table de marbre, et travaillez cette pâte

de manière à ce qu'elle soit bien ferme. Dressez les massepains sur des plafonds enduits d'un peu de cire vierge, et
faites-les cuire au four gai.

Massepains fourrés.

Émondez, faites sécher et pilez huit onces d'amandes
douces, en ayant soin de mettre de temps en temps, et sans
cesser de piler, un peu de blanc d'œuf dans le mortier, ce qui
empêche que les amandes ne tournent en huile. Lorsqu'elles
seront bien pilées, vous y joindrez une demi-livre de sucre
en poudre, et vous pilerez encore pendant quelques instans ;
puis vous fouctterez en neige quatre blancs d'œufs, que vous
mêlerez bien avec cette préparation ; faites-en une pâte un
peu ferme ; moulez les massepains dans vos mains que vous
aurez mouillées, comme nous l'avons dit plus haut. Vous
faites chaque massepain de la force et de la forme d'une
grosse olive ; vous les rangez sur des plaques et vous faites
cuire au four doux. Défournez ces massepains dès qu'ils seront
cuits, détachez-les de dessus les plaques, creusez-les en dessous
et garnissez-les avec un peu de confiture de votre choix ; vous
poserez ensuite les massepains par deux, l'un sur l'autre, de
sorte que les ouvertures ne puissent se voir. Vous mettrez ensuite de la glace royale dans le cornet à perler, vous en ferez
une espèce de cordon sur la jointure des deux massepains, et
vous les remettrez au four pendant quelques secondes.

Massepains aux fruits.

Faites une pâte à massepains ordinaires, comme il est dit
plus haut. D'autre part, vous écraserez soit des fraises, soit des
framboises ou des cerises ; vous en passerez le jus au tamis,
et vous le joindrez à la pâte. Mêlez bien le tout ensemble,
et opérez, pour le reste, comme il est dit plus haut.

Massepains à la provençale.

Émondez, faites sécher et coupez par tranches huit onces

de pistaches; mettez-les dans un vase, avec dix onces de sucre en poudre et quatre blancs d'œufs fouettés en neige; mêlez bien le tout pour en faire une pâte un peu ferme, à laquelle vous ajouterez une gousse de vanille pilée et tamisée, et une cuillerée de farine. Cette pâte étant terminée, vous moulerez vos massepains en les roulant dans vos mains que vous aurez mouillées, puis vous les dresserez sur des plafonds enduits de cire vierge, en laissant entre chaque massepain un pouce de distance. Faites cuire au four doux. Pendant la cuisson, vous mettrez dans une terrine un peu de blanc d'œuf, un peu de sucre en poudre, et un peu de carmin liquide. Dès que vos massepains seront cuits, vous les défournerez et vous les perlerez avec la glace dont nous venons de parler, et vous les remettrez au four pendant quelques instans pour que la glace prenne de la consistance et devienne brillante.

Massepains aux noix vertes.

Émondez des noix vertes, coupez-les par filets, et opérez, du reste, comme il est dit au chapitre précédent. Il en est de même pour les macarons aux noix vertes.

Croquans ordinaires.

Émondez douze onces d'amandes douces, faites-les sécher, et coupez-les par tranches dans leur largeur; mettez ces amandes dans une terrine, avec deux onces de farine, une demi-livre de sucre en poudre et trois blancs d'œufs battus. Mêlez tout cela de manière à faire une pâte molle, que vous dresserez sur des plaques enduites de cire vierge, par petites portions de la grosseur d'une noix entre lesquelles vous laisserez une distance convenable. Semez sur vos croquans du sucre en poudre tamisé. Faites cuire au four doux, détachez les croquans de dessus les plaques aussitôt qu'ils seront défournés.

Croquans à la vanille.

Opérez comme il est dit à l'article précédent, en ajoutant à la préparation un peu de vanille pilée et tamisée.

Croquans au chocolat.

Faites chauffer deux onces de chocolat ; délayez-le avec un peu de blanc d'œuf, et ajoutez-le à la préparation indiquée ci-dessus pour les croquans ordinaires. Vous opérerez, pour le reste, de la même manière.

Croquets ordinaires.

Émondez une livre et demie d'amandes, et mettez-les dans de l'eau fraîche. Faites la fontaine avec une livre de farine ; mettez au milieu les amandes toutes mouillées avec cinq quarterons de sucre en poudre, et faites-en une pâte bien ferme. Faites avec cette pâte une abaisse d'un pouce d'épaisseur, et laissez-la reposer pendant vingt-quatre heures dans un endroit chaud. Au bout de ce temps, vous diviserez l'abaisse par tranches d'environ une ligne d'épaisseur ; vous poserez le tout sur une plaque enduite de cire vierge, et vous enfournerez au four gai.

Croquets à la vanille.

Opérez comme il est à l'article précédent, en ajoutant à la préparation un peu de vanille pilée.

Il en est de même pour les croquets au citron, à la fleur d'oranger, au café, au chocolat, etc.

Il suffit d'ajouter l'un de ces ingrédiens à la préparation indiquée pour les croquets ordinaires.

Croquets de Champagne.

Mettez dans une bassine deux livres de sucre, un peu

d'eau ; clarifiez ce sucre, et faites-le cuire à la nappe (*voir plus loin pour la cuisson du sucre*). Faites la fontaine avec une livre trois quarts de belle farine bien tamisée, et lorsque le sucre sera cuit, vous le verserez dedans. Laissez-le refroidir, puis vous y ajouterez trois livres d'amandes douces que vous aurez émondées et fait sécher, quatre œufs entiers et deux ou trois cuillerées d'eau de fleur d'oranger. Faites la détrempe et travaillez la pâte, qui doit être assez ferme pour être étendue au rouleau. Vous ferez alors une abaisse comme pour les croquets ordinaires, et vous l'enfournerez sans la diviser, après l'avoir posée sur une plaque bien graissée. Dès que les croquets seront cuits, vous les ôterez, vous les mettrez sur le devant du four, et vous les diviserez comme les croquets ordinaires. Conservez-les dans un endroit sec.

Croquets de Bordeaux.

Faites la fontaine avec une livre de farine, mettez au milieu une livre d'amandes douces que vous aurez émondées et fait sécher, une livre de sucre en poudre, deux cuillerées d'eau de rose et un demi-verre d'eau. Détrempez et travaillez la pâte, puis vous les moulerez dans de petits moules qui doivent contenir chacun environ une demi-once de cette préparation. Rangez vos croquets sur une plaque bien graissée ; dorez-les et faites-les cuire au four modéré.

Croquets de Hollande.

Tamisez une livre de belle farine, mettez-la sur le four, et faites la fontaine ; vous mettrez dedans une livre et demie de sucre en poudre, dont deux onces parfumées au citron, une livre un quart d'amandes douces que vous aurez émondées et pelées, avec du blanc d'œuf en quantité suffisante pour qu'elles ne tournent pas en huile, et trois ou quatre œufs entiers; détrempez, travaillez la pâte et opérez, du reste, comme pour les croquets de Champagne (*voir cet article plus haut*).

Bastringles à la rose.

Faites la fontaine avec **deux** livres de belle farine; mettez dedans trois livres d'amandes douces émondées et coupées par tranches dans leur largeur, deux livres et demie de sucre en poudre, quelques cuillerées d'eau de rose, un peu de carmin liquide et une douzaine de blancs d'œufs. Travaillez la pâte et laissez-la reposer pendant un jour entier. Divisez alors les bastringles, en leur donnant une forme ronde d'un pouce et demi de diamètre; rangez-les sur des plaques bien graissées, et faites cuire à four perdu.

Petits gâteaux d'amandes.

Jetez de l'eau bouillante sur huit onces d'amandes, afin de les émonder facilement; puis, vous les mettrez dans de l'eau bien fraîche, à laquelle vous ajouterez même un peu de glace pendant l'été; faites égoutter ces amandes et pilez-les, en ajoutant de temps en temps dans le mortier, et sans cesser de piler, un peu d'eau fraîche ou un petit morceau de glace. Lorsque les amandes seront bien pilées et formeront une pâte bien unie, vous l'ôterez du mortier, et vous la mêlerez avec une égale quantité de sucre en poudre tamisé, puis vous la mettrez dans un poêlon d'office que vous poserez sur un feu doux, et vous la remuerez bien jusqu'à ce qu'elle soit assez ferme pour s'attacher aux doigts; ôtez-la alors du poêlon, saupoudrez-la de sucre, et laissez-la refroidir; faites une abaisse de trois ou quatre lignes d'épaisseur; découpez-la en petits morceaux, auxquels vous donnerez la forme que vous voudrez; rangez-les sur une plaque graissée, et faites cuire au four doux.

Petits gâteaux d'amandes à la fleur d'oranger.

Faites une pâte comme il est dit à l'article précédent. Après l'avoir abaissée, vous semerez dessus de la fleur d'oranger pralinée et concassée.

Petits gâteaux d'amandes méringués.

La pâte étant faite et abaissée comme il est dit ci-dessus, vous fouettez des blancs d'œufs, que vous mêlez ensuite avec du sucre en poudre, et vous étendez cette préparation sur la pâte d'amandes. Divisez et faites cuire comme les gâteaux d'amandes ordinaires.

Vous pourrez joindre aux blancs d'œufs battus un peu d'eau de rose et carmin liquide.

Petits gâteaux d'amandes à la turque.

Préparez la pâte, et faites-en une abaisse comme il est dit ci-dessus. Vous découperez cette abaisse avec un coupe-pâte en forme de croissant; puis, vous étendrez sur ces petits gâteaux une couche de blanc d'œuf mêlé avec de l'eau, et vous semerez dessus du sucre en poudre coloré. Faites cuire comme il est dit aux articles précédens.

Pâte d'amandes croquante.

Jetez de l'eau bouillante sur deux livres d'amandes douces; puis, vous les ferez égoutter et les laisserez refroidir. Pilez les amandes comme il est dit aux articles précédens du présent chapitre, et ajoutez-y un peu d'eau de fleur d'oranger. Lorsque cela formera une pâte bien unie, vous la mettrez dans un poêlon d'office, que vous poserez sur un feu doux; vous remuerez la pâte, et à mesure que la vapeur s'en élevera, vous y mêlerez du sucre en poudre, jusqu'à ce que vous ayez ainsi employé une livre de ce sucre; versez alors votre pâte sur une table de marbre, et laissez-la refroidir; vous en ferez ensuite une abaisse, que vous découperez comme il vous conviendra. Faites cuire au four doux.

Pâte d'amandes croquante à l'italienne.

Émondez et pilez deux livres d'amandes douces comme il est dit au chapitre précédent, en y ajoutant toutefois un peu de zeste de citron râpé. D'autre part, vous mettrez dans une bassine une livre de sucre avec un grand verre d'eau; clarifiez ce sucre au blanc d'œuf (*voir, pour la cuisson du sucre, le chapitre précédent*), et faites-le cuire à la nappe; diminuez ensuite l'intensité du feu pour que le sucre cesse de bouillir; vous y mêlerez alors votre pâte d'amandes, et vous laisserez le tout sur le feu, où vous le remuerez toujours jusqu'à ce que vous puissiez toucher la pâte sans qu'elle vous tienne aux doigts. Jetez un peu de sucre en poudre sur une table de marbre, roulez la pâte dessus, et laissez refroidir; puis, vous pourrez la diviser et la faire cuire comme il est dit plus haut.

Pâte bavaroise.

Mêlez ensemble six onces de sucre en poudre et six blancs d'œufs fouettés en neige; mettez ce mélange dans un poêlon d'office sur un feu doux, et ajoutez-y un peu d'eau de fleur d'oranger, en remuant sans cesse pendant quelques minutes. Graissez cette préparation sur des feuilles de papier blanc, par petites parties grosses comme une noix, entre lesquelles vous laisserez un espace convenable; faites cuire au four doux; puis, vous défournerez, laisserez refroidir, et vous ôterez ces petits fours de dessus le papier, en les enlevant avec un couteau dont la lame doit être très mince.

Pâte espagnole.

Faites la fontaine avec une livre de farine bien tamisée,

et mettez dedans six œufs, un verre de vin de Malaga ou d'Alicante, un quarteron de beurre très frais, et deux ou trois cuillerées d'eau de fleur d'oranger. Détrempez, rassemblez la pâte; travaillez-la pendant quelques instans, et faites-en une abaisse que vous diviserez avec des emporte-pièce, pour en faire des fleurs ou d'autres dessins. Mettez ces gâteaux sur des plaques convenablement graissées, et enfournez à four doux. Lorsque ces gâteaux seront cuits à moitié, vous les ôterez du four, et vous étendrez dessus du sucre cuit à la nappe; puis, vous les enfournerez de nouveau, et ne les ôterez que lorsqu'ils seront de belle couleur et bien glacés.

CHAPITRE III.

DES BISCUITS.

Biscuits ordinaires.

Il est important de n'employer, pour faire des biscuits, que des œufs très frais, et de les casser avec précaution, afin de bien séparer les jaunes d'avec les blancs. Je suppose que vous opériez avec une douzaine d'œufs. Vous mettrez les jaunes dans une terrine avec douze onces de sucre en poudre tamisé, dont une once parfumée au citron (*voir, pour la manière de parfumer le sucre, le commencement de cet ouvrage*); ajoutez deux cuillerées d'eau de fleur d'oranger, et mêlez bien le tout ensemble. D'autre part, vous fouetterez vos douze blancs d'œufs jusqu'à ce qu'ils soient en neige bien ferme. Mêlez ces blancs avec les jaunes ; puis vous ajouterez peu à peu, et en remuant légèrement, douze onces de belle farine bien tamisée. Le tout étant bien mélangé et formant pâte, vous beurrerez des moules à biscuits, et vous mettrez votre préparation dedans ; faites cuire au four doux en laissant le four ouvert.

Lorsque les biscuits seront cuits, c'est à dire au bout de vingt minutes à peu près, vous les défournerez, et vous les glacerez avec du blanc d'œuf auquel vous aurez mêlé un peu de sucre en poudre, et au jus de citron. Remettez les biscuits dans le four pendant quelques secondes, afin que cette glace sèche ; puis, vous les défournerez pour la dernière fois et vous les démoulerez.

Biscuits en caisse.

La pâte à biscuits étant préparée comme il est dit à l'article précédent, vous la mettrez dans de petites caisses de papier de la forme qui vous conviendra ; et vous semerez sur vos biscuits du sucre en poudre non tamisé, attendu qu'il doit être un peu grenu. Déposez ces caisses dans un endroit frais, afin que le sucre que vous aurez mis dessus fonde plus promptement. Vous reconnaîtrez que le sucre sera assez fondu lorsque la surface du biscuit redeviendra un peu humide ; alors vous rangerez vos caisses sur une plaque, et vous les enfournerez au four doux ; puis, vous mettrez à la bouche du four, que vous aurez laissé ouvert, un peu de braise ardente, afin que le sucre qui couvre les biscuits, se trouvant saisi, forme de petites perles. Lorsque vous aurez obtenu ce résultat, vous fermerez le four, et au bout d'un quart d'heure vous défournerez vos biscuits, qui doivent être d'un beau blond rougeâtre.

Biscuits à la cuiller.

La pâte à biscuits étant préparée comme il est dit plus haut, vous poserez sur une table des feuilles de papier d'office pliées en deux dans leur longueur ; puis vous mettrez la pâte à biscuits dans un cornet à perle (*voir au commencement de cet ouvrage*) dont vous aurez agrandi l'orifice inférieur, et vous coucherez vos biscuits sur le papier, en leur donnant trois pouces de long sur un pouce de large et six lignes d'épaisseur. Au préalable, vous aurez tamisé une certaine quantité de sucre en poudre. Saupoudrez vos biscuits avec ce sucre à mesure que vous en aurez une feuille garnie, puis vous leverez cette feuille et la poserez verticalement, afin de faire tomber le sucre qui se trouvera entre les biscuits, entre chacun desquels il doit y avoir un espace de quelques lignes ; mettez ensuite cette feuille sur une plaque, et continuez à opérer de la même manière jusqu'à ce que vous ayez employé toute la pâte, en ayant soin, néanmoins, de jeter les yeux de temps en temps sur les premières feuilles que vous aurez garnies, afin de les enfourner dès que le sucre qui les couvre sera assez fondu pour les rendre luisans.

La chaleur du four doit être modérée : ne fermez pas d'abord tout à fait le four, afin que les biscuits ne soient pas saisis ; ce n'est qu'au bout de quelques minutes de cuisson que vous devrez le fermer entièrement. Regardez vos biscuits de temps en temps, et défournez-les dès qu'ils seront de belle couleur.

A mesure que les feuilles sortiront du four, vous les plierez en deux pour que ces biscuits se tiennent droits. Détachez les biscuits de dessus les feuilles lorsqu'ils seront refroidis.

Biscuits glacés à l'orange.

Opérez comme il est dit plus haut, à l'article *Biscuits ordinaires*, en ajoutant à la préparation deux onces de sucre parfumé à l'orange (*voir, au commencement de cet ouvrage, la manière de parfumer le sucre*). Mettez cette préparation dans des moules beurrés, et faites cuire au four modéré. Pendant que vos biscuits cuiront, vous mettrez dans une petite terrine un blanc d'œuf et quatre onces de sucre en poudre et tamisé, dont deux onces parfumées à l'orange, et vous mêlerez bien le tout. Lorsque vos biscuits seront cuits, vous les masquerez avec cette glace, puis vous les remettrez au four pendant quelques secondes seulement, afin que la glace sèche. Défournez de nouveau, et démoulez vos biscuits.

Biscuits glacés au chocolat.

Préparez la pâte comme pour les biscuits ordinaires, en y ajoutant un bâton de vanille pilée et tamisée. Mettez toute cette pâte dans une caisse de papier de grandeur suffisante, et enfournez au four doux.

D'autre part, vous râperez bien fin une demi-livre de chocolat, vous le ferez fondre en le mettant pendant quelques instans à la bouche du four, puis le mêlerez avec trois onces de sucre en poudre et deux blancs d'œufs. Remuez bien ce mélange avec une spatule, afin que ces divers ingrédiens forment une glace luisante et un peu épaisse. Lorsque votre pâte à biscuits sera cuite, c'est à dire au bout de trois quarts d'heure environ, vous la défournerez et l'ôterez de la caisse. Découpez ce biscuit avec des emporte-pièce ronds, carrés, ovales, ou de toute autre forme, puis vous masquerez le dessus de chaque morceau avec la glace au chocolat dont nous venons de parler, et que vous étendrez bien unie avec une spatule. Cela terminé, vous poserez ces biscuits à la bouche du four pendant quelques instans, puis vous les laisserez refroidir.

Biscuits glacés au café.

Versez un verre d'eau bouillante sur deux onces de bon café et couvrez hermétiquement le vase. Faites une pâte à biscuits ordinaires; décantez le café, et mêlez à votre pâte la moitié de cette décoction. Mettez cette pâte dans une caisse de papier d'une grandeur suffisante, et faites cuire au four doux.

Pendant que votre pâte cuira, vous mettrez dans une petite terrine le reste de votre décoction de café, avec quatre onces de sucre en poudre tamisé et deux blancs d'œufs. Travaillez ce mélange jusqu'à ce qu'il forme une glace bien luisante.

Lorsque votre biscuit sera assez ferme, vous le défournerez, et vous opérerez, du reste, comme il est dit à l'article précédent, en remplaçant la glace au chocolat par la glace au café.

Biscuits glacés à la rose.

Faites une pâte à biscuits, à laquelle vous ajouterez un peu d'eau de rose, et faites cuire dans une caisse de papier, comme il est dit ci-dessus.

Mettez dans une petite terrine quatre onces de sucre en poudre tamisé, quelques gouttes d'eau de rose, un peu de carmin liquide et un blanc d'œuf; travaillez le tout avec une spatule, jusqu'à ce que cela forme une glace rose bien luisante. Vous terminerez comme il est dit à l'article *Biscuits glacés au chocolat (voir plus haut)*.

Biscuits aux amandes.

Jetez de l'eau bouillante sur deux onces d'amandes amères, afin de les émonder facilement, puis vous les ferez rafraîchir et égoutter, et vous les pilerez, en ajoutant un peu de blanc d'œuf, afin qu'elles ne tournent pas en huile. Lorsque vos amandes seront bien pilées et formeront une pâte bien unie, vous les ôterez du mortier, et vous les mêlerez avec une demi-livre de sucre et six jaunes d'œufs, et deux œufs entiers. Ajoutez ensuite trois onces de farine, six blancs d'œufs battus en neige, et travaillez cette pâte de manière à ce qu'elle soit bien molle. Mettez cette pâte dans des moules, beurrez, et opérez, du reste, comme pour les biscuits ordinaires.

Biscuits aux pistaches.

Émondez, faites rafraîchir et pilez une demi-livre de pistaches et deux onces d'amandes douces. Versez de temps en temps, et sans cesser de piler, un peu de blanc d'œuf dans le mortier. Lorsque les pistaches et amandes seront pilées de manière à former une pâte bien unie, vous mettrez quatre jaunes d'œufs et une demi-livre de sucre en poudre dans une terrine, et vous les battrez bien; ajoutez-y les amandes et pistaches pilées, et mêlez bien le tout. D'autre part, vous fouetterez huit blancs d'œufs en neige, mêlez ces blancs avec les jaunes, en y ajoutant une once de farine et un peu d'écorce de citron râpée. Il ne faut ajouter ces derniers ingrédiens que peu à peu, et en remuant toujours la préparation. La pâte terminée, opérez comme il est dit plus haut, à l'article *Biscuits en caisse.*

Biscuits aux avelines.

Émondez une demi-livre d'amandes d'avelines, et une demi-once d'amandes amères; faites-les rafraîchir, égouttez-les, puis vous les pilerez dans un mortier de marbre, avec un peu de blanc d'œuf. D'autre part, vous battrez trois jaunes d'œufs avec dix onces de sucre, puis vous y ajouterez les avelines pilées et formant une pâte bien unie. Fouettez six blancs d'œufs en neige; mêlez-y un peu d'écorce de citron râpée et une once de farine bien tamisée. Mêlez bien les jaunes et les blancs, et, la pâte étant terminée, vous opérerez comme pour les biscuits en caisse (*voir cet article plus haut*).

Biscuits à la crème.

Cassez six œufs et séparez les jaunes d'avec les blancs ; mettez avec les jaunes une demi-livre de sucre en poudre, dont deux onces parfumées au citron, d'après la méthode que nous avons indiquée au commencement de cet ouvrage. Travaillez bien ce mélange avec une spatule pendant huit ou dix minutes ; puis vous fouetterez les six blancs, et lorsqu'ils seront en neige bien ferme, vous y mêlerez trois onces de belle farine, bien tamisée, et sept ou huit cuillerées de crème fouettée. Ce mélange ne doit pas se faire brusquement ; pour bien réussir, il faut mettre la farine dans un tamis, que l'on tient au dessus des œufs en neige, et que l'on remue à mesure que l'on continue à fouetter. Mêlez ensuite les jaunes et les blancs, et, la pâte étant terminée, vous en garnirez de petites caisses de papier, que vous mettrez au four doux. Donnez vingt minutes de cuisson, ou un peu plus, si les biscuits n'avaient pas pris assez de couleur, puis vous les défournerez, et vous les poserez sur le côté, car, si vous négligiez de prendre cette précaution, ils seraient bientôt affaissés.

Biscuits à la fécule.

Tamisez une demi-livre de fécule de pomme de terre bien sèche, tamisez également une livre de sucre en poudre, et mettez cette fécule et ce sucre dans une terrine, avec douze jaunes d'œufs. Travaillez ce mélange pendant dix minutes, en y ajoutant un peu de zeste d'orange râpé et une pincée d'iris en poudre. Battez douze blancs d'œufs en neige, puis vous les mêlerez au reste de la préparation, et vous en remplirez des petits moules, que vous aurez beurrés. Donnez vingt minutes de cuisson au four doux, puis vous les défournerez, et vous les glacerez de la même manière que les biscuits ordinaires (*voir cet article plus haut*).

Biscuits de fécule à la vanille.

Opérez comme il est dit à l'article précédent, en supprimant le zeste d'orange et la poudre d'iris, et en ajoutant un bâton de vanille pilée et tamisée.

Biscuits au riz.

Tamisez bien une demi-livre de farine de riz, et mettez-la dans une terrine avec une livre de sucre en poudre et une douzaine de jaunes d'œufs, et travaillez ce mélange pendant quelques minutes. D'autre part, vous fouetterez en neige quinze ou dix-huit blancs d'œufs ; puis vous mêlerez les blancs et les jaunes. La pâte étant faite, vous la mettrez dans des moules, que vous aurez beurrés. Faites cuire au four doux. Lorsque vos biscuits auront pris couleur, vous les défournerez, et vous les glacerez avec une glace composée d'un blanc d'œuf et quatre onces de sucre, dont une once parfumée au citron ou à tout autre parfum, puis vous les remettrez au four pendant une demi-minute. Défournez de nouveau et démontez les biscuits.

Biscuits provençaux.

Mettez dans une petite terrine huit jaunes d'œufs et une demi-livre de sucre en poudre, et travaillez ce mélange pendant huit ou dix minutes. D'autre part, vous aurez émondé, rafraîchi et pilé deux onces d'amandes douces et une égale quantité d'amandes amères. Ces amandes étant bien réduites en pâte, vous les mêlerez avec des jaunes d'œufs, et vous y ajouterez deux cuillerées de fleur d'oranger pralinée et réduite en poudre, et un peu de zeste de citron râpé.

Fouettez huit blancs d'œufs en neige, mêlez bien les jaunes et les blancs ; cette pâte terminée, vous la mettrez dans des moules bien beurrés, et vous enfournerez au four modéré ; puis, lorsque vos biscuits seront cuits, vous les défournerez, et les démoulerez. Pendant que vos biscuits refroidiront, vous mettrez dans une petite terrine un blanc d'œuf, quatre onces de sucre, et un petit verre de rhum ; mêlez bien ces ingrédiens de manière à en faire une glace bien unie, avec laquelle vous glacerez vos biscuits sur toutes les faces. Remettez ces biscuits au four pendant quelques secondes, pour faire sécher la glace, puis vous les défournerez et les déposerez dans un endroit sec.

Biscuits suisses.

Faites la fontaine avec une livre de farine bien tamisée, et mettez dedans une once de cannelle, une muscade, une demi-once de clous de girofle, le tout bien pilé ; trois onces de zeste de citron râpé, un petit verre de rhum, autant de kirsch, et une demi-livre de beau miel, que vous aurez fait bouillir, et clarifié. Faites la détrempe, rassemblez la pâte, et travaillez-la de manière à ce qu'elle soit très dure. Faites avec cette pâte une abaisse qui n'ait pas tout à fait deux lignes d'épaisseur, et découpez-la en morceaux de deux pouces de long sur un pouce et demi de large. Faites cuire vos biscuits au four gai, sur des plaques saupoudrées de farine. Lorsqu'ils seront cuits, ce que vous reconnaîtrez si, en soufflant dessus, ils ne s'affaissent pas, vous les défournerez, et vous les glacerez avec du sucre clarifié et cuit à la nappe, puis vous les remettrez au four pendant quelques instans, pour faire sécher la glace, et vous les conserverez dans un endroit où ils n'auront rien à craindre de l'humidité.

Biscuits en rubans.

Faites une pâte à biscuits ordinaires (*voir plus haut*), et vous en étendrez une partie à la hauteur d'un demi-pouce

dans un moule de fer-blanc, que vous aurez, au préalable, enduit d'une légère couche de cire vierge. Mettez ce moule au
four gai pendant deux ou trois minutes seulement, c'est à
dire jusqu'à ce que le dessus du biscuit ait pris un peu de
couleur. Défournez, et semez dessus un lit de pistaches émondées et hachées, puis, sur ces pistaches, vous ferez une couche
de nouvelle pâte, et sur cette pâte vous semerez du chocolat
râpé. Enfournez de nouveau le biscuit, afin de faire fondre
le chocolat; puis vous le défournerez presque aussitôt, vous
couvrirez le chocolat avec une nouvelle couche de pâte;
mettez sur cette pâte un lit de sucre coloré, puis une nouvelle couche de pâte, et vous remettrez le biscuit au four,
où vous le laisserez jusqu'à ce qu'il soit cuit. Démoulez-le,
après l'avoir défourné pour la dernière fois; laissez-le refroidir, et coupez-le par bandes de six lignes d'épaisseur.

Cette espèce de biscuit demande de grands soins pour être
bien fait et cuit à point. On peut le parfumer soit au citron,
soit à l'orange, soit à la vanille, etc.

Biscuits aux confitures.

Pilez dans un mortier de l'écorce de citron confit avec une
pincée de fleur d'oranger pralinée; ensuite vous y mettez
deux cuillerées de marmelade d'abricots, trois onces de sucre
fin, quatre jaunes d'œufs frais. Mettez les blancs à part, mêlez le tout ensemble et le passez dans un tamis en le pressant avec une cuiller, jusqu'à ce qu'il ne reste plus rien dans
le tamis; après, vous y mettez les quatre blancs d'œufs fouettés, que vous mêlerez avec le reste.

Dressez les biscuits en long sur du papier blanc, comme
ceux à la cuiller; jetez un peu de sucre fin dessus pour
les glacer, et les faire cuire dans un four doux.

Biscuits en macédoine.

Ils se préparent comme il est dit à l'article précédent;

mais, au lieu de les coucher comme les biscuits à la cuiller, on les met en caisse, et on les glace comme il est dit à l'article *Biscuits ordinaires* (*voir plus haut*).

Biscuit de Savoie.

Séparez avec soin les jaunes de douze œufs, et mettez-les dans une terrine avec une livre et demie de sucre en poudre et un zeste de citron râpé; battez le tout ensemble, en y mêlant une demi-livre de fécule de pomme de terre ou de farine passée au tamis de soie, un peu de fleur d'oranger pralinée hachée fin. Fouettez dans une autre terrine les blancs d'œufs jusqu'à ce qu'ils soient en neige; mêlez ces blancs avec les jaunes, en continuant de fouetter avec la poignée d'osier. Beurrez un moule ou une casserole, après avoir saupoudré votre beurre de sucre râpé; mettez votre pâte dans ce moule ou dans cette casserole, de sorte qu'elle n'en remplisse que la moitié. Placez cet ustensile sur un feu doux, et faites un feu vif sur le couvercle ou sur le four de campagne. Un four est préférable. Quand le biscuit jaunit et qu'il a acquis la consistance convenable, retirez-le du four, renversez-le sur le plat, et servez.

Biscuits soufflés.

Passez au tamis de soie une livre de sucre en poudre, puis vous fouetterez en neige six blancs d'œufs; mêlez le sucre en poudre et les blancs d'œufs; ajoutez-y deux onces de fleur d'oranger pralinée, pilée et tamisée. Le tout étant bien mêlé, vous mettrez cette préparation dans des caisses de papier que vous ne remplirez qu'à moitié. Semez sur ces biscuits du sucre en poudre tamisé, puis vous les mettrez dans un lieu humide, et lorsque vous verrez que le sucre, semé dessus, commence à fondre, vous les enfournerez au four doux. Si la pâte a été faite d'après la recette que nous indiquons, les biscuits s'élèveront bientôt au dessus de la caisse ; laissez-leur prendre couleur, et défournez-les.

Biscuits soufflés aux pistaches.

Jetez de l'eau bouillante sur une demi-livre de pistaches, afin de les émonder facilement ; puis vous les diviserez en deux parties égales ; vous hacherez l'une bien menu, et vous couperez l'autre en filets. Fouettez en neige six blancs d'œufs bien frais. Lorsqu'ils seront bien fermes, vous y mêlerez, en battant légèrement, une livre de sucre en poudre bien tamisé, et les quatre onces de pistaches coupées en filets. Mettez cette préparation dans des caisses de papier que vous n'emplirez qu'à moitié ; saupoudrez-les de sucre en poudre, et mettez-les dans un endroit frais, afin que le sucre fonde promptement. Dès que la surface des biscuits commencera à être humide et luisante, vous semerez dessus les quatre onces de pistaches hachées, et vous ferez cuire vos biscuits au four doux.

Biscuits soufflés aux avelines.

Opérez comme il est dit à l'article précédent, en substituant des amandes d'avelines aux pistaches.

Gâteau de sable.

Maniez bien une demi-livre de beurre, et mettez-le dans un mortier avec une égale quantité de sucre en poudre ; pilez bien ce mélange, puis vous y ajouterez huit onces de farine bien sèche et tamisée, et six jaunes d'œufs ; le tout au fur et à mesure que cette préparation s'amalgamera, et sans cesser de piler ; ajoutez encore deux cuillerées de fleur d'oranger pralinée. Le tout étant bien mêlé et formant une pâte bien unie, vous fouetterez en neige trois blancs d'œufs bien frais, et lorsqu'ils seront bien fermes, vous les mêlerez à la pâte. Mettez cette préparation dans une tourtière que vous aurez bien beurrée, et faites-les cuire au four doux, puis défournez le gâteau, et laissez-le refroidir.

Biscuits manqués.

Faites tiédir une demi-livre de beurre bien frais, et mettez-le dans une terrine avec une demi-livre d'amandes douces émondées et pilées, une livre de sucre en poudre, une livre et demie de farine, une pincée de sel, deux ou trois cuillerées d'eau de fleur d'oranger, une douzaine de jaunes d'œufs et quatre œufs entiers. Mêlez le tout, et faites-en une pâte bien unie, puis vous fouetterez en neige une douzaine de blancs d'œufs, et vous les mêlerez à cette pâte en remuant doucement. Mettez cette préparation dans des caisses de papier, et enfournez au four doux. Lorsque les biscuits seront à moitié cuits, vous les défournerez, et les masquerez avec une glace composée comme il suit : deux blancs d'œufs, une demi-livre de sucre en poudre, et une demi-livre d'amandes douces émondées et coupées par filets, le tout bien battu ensemble. Vos biscuits étant masqués, vous les remettrez au four, et les en ôterez lorsqu'ils seront d'une belle couleur blonde.

Bouchées de dames.

Faites une pâte bien unie avec les ingrédiens suivans, que vous mettrez dans une terrine : une demi-livre de sucre en poudre, une douzaine d'œufs, trois onces de fécule de pomme de terre, une cuillerée de fleur d'oranger pralinée et pilée, et une pincée de sel. Cette pâte étant bien travaillée, vous la mettrez dans une tourtière que vous aurez beurrée, et vous donnerez vingt minutes de cuisson au four doux. Lorsque cette pâte sera cuite, vous la défournerez, et vous la diviserez avec un coupe-pâte rond, d'un pouce et demi de diamètre; puis vous glacerez ces bouchées avec une glace préparée comme il est dit à l'article *Biscuits ordinaires* (*voir plus haut*). Remettez ces bouchées dans le four, pendant quelques secondes, pour faire sécher la glace, et vous les conserverez dans un endroit bien sec.

Bouchées de dames accouplées.

Faites une pâte comme pour les biscuits à la cuiller, et couchez cette pâte en donnant à chaque bouchée une forme ronde de dix-huit lignes de diamètre. Opérez pour la cuisson, comme il est dit à l'article *Biscuits à la cuiller*, et détachez-les de dessus le papier aussitôt qu'elles seront cuites. Vous laisserez ces bouchées refroidir, puis vous étendrez de la marmelade d'abricots ou de la gelée de groseilles sur le côté qui était adhérent au papier, et vous poserez deux de ces bouchées l'une sur l'autre, de sorte que les confitures ne se voient pas. Faites une glace comme il est dit à l'article *Biscuits ordinaires* (*voir plus haut*), et masquez entièrement les bouchées avec cette glace. Remettez-les au four pendant quelques instans pour sécher la glace, puis vous les défournerez et les mettrez à l'abri de l'humidité.

Bouchées de dames glacées à la rose.

Opérez comme il est dit à l'article précédent. Quand il s'agira de glacer vos bouchées, vous ajouterez à la glace dont nous avons parlé un peu d'eau de rose et de carmin liquide.

Bouchées de dames glacées au chocolat.

Faites des bouchées de dames accouplées comme il est dit plus haut, et glacez-les avec la même glace, à laquelle vous aurez ajouté six onces de chocolat à la vanille, râpé et fondu; semez un peu de gros sucre sur cette glace, et faites sécher à la bouche du four.

CHAPITRE IV.

—

DES PETITS SOUFFLÉS ET PETITES MÉRINGUES.

—

Petits soufflés à la flamande.

Mettez dans un mortier de marbre deux livres de sucre en poudre bien blanc et six blancs d'œufs, et pilez ce mélange jusqu'à ce que cela forme une pâte unie et bien ferme ; alors vous la mettrez sur une table de marbre, et vous en ferez, avec un rouleau, une abaisse d'une ligne d'épaisseur. Découpez cette abaisse avec un coupe-pâte rond, ou ovale, ou en étoile. Rangez la moitié de ces morceaux sur un plafond légèrement enduit de cire vierge ; puis vous en mouillerez la superficie avec un peu de rhum ou de kirsch, et vous ajusterez sur chaque morceau un morceau pareil, de manière à ce que l'on ne s'aperçoive que les deux parties aient été divisées. Il faut pour cel opérer avec beaucoup de soin et de dextérité, afin

de ne pas laisser l'empreinte des doigts sur la pâte. Enfournez
ces soufflés au four perdu. Ils ne doivent pas prendre de couleur ; mais il est aisé de reconnaître s'ils sont cuits en passant
l'ongle dessus. Défournez-les dès qu'ils seront fermes, et détachez-les de dessus le plafond.

Petits soufflés au chocolat.

Fouettez en neige une douzaine de blancs d'œufs ; lorsqu'ils
seront bien fermes, vous y mêlerez une livre et demie de sucre en poudre, une demi-livre de chocolat que vous aurez râpé, fait fondre et délayé avec un peu de blanc d'œuf, et un
bâton de vanille pilée et tamisée. Ce mélange doit être fait
avec précaution, et en remuant légèrement les blancs. Jetez
un peu de sucre en poudre sur le tour, et mettez cette pâte
dessus, puis vous la roulerez en bandes grosses comme le petit doigt, et vous diviserez ces bandes par petits morceaux de
quatre lignes de haut ; mettez ces morceaux de pâte dans des
caisses de papier du même calibre, mouillez-en la surface
avec un peu d'eau fraîche, et posez dessus des amandes douces émondées et coupées en filets ; semez un peu de sucre en
poudre pour remplir les vides qui se trouvent entre les filets
d'amandes, puis vous ferez cuire vos soufflés au four doux.
Défournez-les dès que les amandes commenceront à se colorer ; démoulez-les et laissez-les refroidir.

On peut aussi dresser les soufflés d'une autre manière ; il
faut, pour cela, mettre la pâte dans une seringue à dresser,
et coucher les soufflés sur des plaques enduites de cire vierge,
en leur donnant deux pouces de longueur. La cuisson est la
même que pour les soufflés en caisse.

Petits soufflés à la rose.

Passez au tamis une livre de sucre en poudre, mettez - le
dans une terrine avec une cuillerée d'eau de rose, deux blancs

d'œufs et un peu de carmin liquide; mêlez bien le tout avec une spatule, jusqu'à ce que cela forme une pâte très ferme. Vous jetterez alors un peu de sucre en poudre sur le tour, et vous mettrez la pâte dessus. Roulez cette pâte en bandes de la grosseur du doigt; coupez les bandes par petits morceaux de six lignes de haut, mettez-les dans de petites caisses de papier, mouillez la surface des soufflés avec un peu d'eau fraîche, et faites-les cuire au four doux.

Petits soufflés printaniers.

Mettez, avec une livre de sucre en poudre, deux blancs d'œufs et un peu de vert d'épinards (*voir* au commencement de ce volume pour les couleurs). Vous ajoutez un peu de zeste de citron râpé; travaillez ce mélange pour en faire une pâte ferme, et vous opérerez, du reste, comme il est dit pour les petits soufflés au chocolat.

Petits soufflés aux avelines.

Mettez dans une terrine une livre de sucre en poudre bien tamisé, trois blancs d'œufs, et six onces d'amandes d'avelines préparées comme il suit : vos amandes d'avelines doivent être belles, c'est à dire grosses, d'une couleur rougeâtre et point ridées. Mettez ces avelines dans un poêlon d'office, que vous poserez sur un feu un peu vif; remuez sans cesse les avelines avec une cuiller de bois : vous verrez bientôt se détacher la pellicule rougeâtre qui les couvre; alors vous n'aurez qu'à les vanner un peu en soufflant dessus pour les en débarrasser tout à fait. Laissez vos avelines sur le feu jusqu'à ce qu'elles commencent à prendre couleur; alors vous les ôterez, vous les laisserez refroidir, et vous les râperez.

Les avelines étant râpées, vous les joindrez au sucre et au blanc d'œuf dans la proportion que nous avons indiquée, et vous travaillerez ce mélange avec une spatule jusqu'à ce que cela forme une pâte bien compacte. Finissez comme les petits soufflés au chocolat.

Petits soufflés au citron.

Ils se préparent comme ceux indiqués aux articles précédens; la seule différence consiste à parfumer au citron le quart du sucre que l'on emploie.

Petits soufflés à la vanille.

Opérez comme il est dit plus haut pour les petits soufflés au chocolat : vous y mettrez la même dose de vanille, et n'y mettrez pas de chocolat.

Petits soufflés panachés.

Émondez et pilez une demi-livre d'amandes douces, mettez-les dans une terrine avec une égale quantité de sucre en poudre tamisé et un blanc d'œuf. Travaillez ce mélange pour en faire une pâte bien ferme, que vous mettrez sur une table de marbre après l'avoir saupoudrée de sucre; faites-en, avec le rouleau, une abaisse d'une ligne d'épaisseur, et découpez cette abaisse avec un emporte-pièce rond et d'un pouce de diamètre. D'autre part, vous fouetterez en neige huit ou dix blancs d'œufs, que vous parfumerez avec du rhum ou du kirsch-wasser. Rangez vos petites abaisses sur une plaque enduite de cire vierge, et mettez-les au four doux. Lorsqu'elles seront presque cuites, vous les défournerez, et sur chacune vous dresserez une petite pyramide de blanc d'œuf, puis vous masquerez ce blanc d'œuf avec du sucre de couleur, les unes en rouge, les autres en bleu, etc. Remettez les petits soufflés au four pendant quelques instans, défournez-les de nouveau, et détachez-les de dessus la plaque.

Petits soufflés au punch.

Émondez et pilez une demi-livre d'amandes douces; mettez-les dans une terrine avec une livre de sucre en poudre tamisé et deux blancs d'œufs; travaillez ce mélange pendant dix minutes, puis vous y ajoutez deux petits verres de bon rhum et le zeste de deux citrons râpés; travaillez de nouveau la pâte, puis vous la mettrez dans la seringue à dresser, et vous la dresserez par petites portions d'un pouce et demi de long, sur des plaques légèrement enduites de cire vierge. Faites cuire au four doux et défournez aussitôt que les petits soufflés seront devenus fermes au toucher.

Petits soufflés masqués au gros sucre.

Faites des petits soufflés à la rose comme il est dit plus haut; lorsqu'ils seront dressés, vous mettrez du gros sucre dessus, et vous l'appuierez un peu avec le doigt. Faites cuire comme il est dit ci-dessus.

Petits soufflés masqués aux pistaches.

Faites ces petits soufflés à la rose (*voir plus haut cet article*); mais ne leur donnez pas de couleur. Lorsqu'ils seront dressés, vous les masquerez avec des pistaches que vous aurez émondées et hachées bien menu, et vous les appuierez un peu, afin qu'elles tiennent. Faites cuire comme les précédens.

Petits soufflés masqués au raisin de Corinthe.

Choisissez du raisin de Corinthe bien petit, lavez-le, faites-le sécher à la bouche du four, et opérez comme il est dit à l'article précédent, en substituant ce raisin aux pistaches.

Petits soufflés à la fleur d'oranger pralinée.

Mettez dans une terrine une livre de sucre en poudre tamisé, deux blancs d'œufs et une once de fleur d'oranger pralinée. Travaillez la pâte, faites-en une abaisse d'une ligne et demie d'épaisseur, et divisez-la avec un emporte-pièce de la forme qui vous conviendra ; posez vos petits soufflés sur une plaque légèrement enduite de cire vierge, et faites cuire au four doux.

Petits soufflés au safran.

Faites une décoction de quelques feuilles de safran dans le quart d'un verre d'eau. Préparez votre pâte à soufflés comme il est dit aux articles précédens, puis vous les colorerez avec cette décoction : finissez comme pour les autres soufflés.

Petits soufflés à la française.

Mêlez bien une demi-livre de sucre en poudre avec quatre blancs d'œufs, puis vous y ajouterez une demi-livre de belle farine bien tamisée, et un peu d'eau de rose. Le tout étant bien mêlé, couchez vos soufflés comme des croquettes à la parisienne, en vous servant d'une cuiller à café, ce qui leur donnera à peu près la forme d'une olive. Lorsqu'ils seront couchés, vous les déposerez dans un endroit chaud, où vous les laisserez pendant quatre heures au moins, puis vous les ferez cuire au four très doux, attendu qu'ils ne doivent pas prendre de couleur.

Rosières soufflées.

Fouettez trois blancs d'œufs en neige bien ferme, puis vous y mêlerez huit onces de sucre en poudre, dont deux onces parfumées à la vanille. Mettez cette préparation dans la seringue, et dressez-la sur des plaques légèrement enduites de cire vierge : vous en ferez des couronnes de deux pouces de diamètre. D'autre part, vous aurez coupé en losanges des amandes douces et émondées. Posez ces amandes sur les couronnes, de manière à figurer des feuilles, et, entre chaque morceau d'amande, vous mettrez, avec le cornet à perler, une perle de glace royale, à laquelle vous aurez ajouté un peu de carmin liquide. Enfournez au four per du, afin que vos rosières ne changent pas de couleur.

Petites méringues à la rose.

Mettez dans un vase une demi-livre de sucre cuit au grand lissé (*voir plus loin, pour la cuisson du sucre*), six blancs d'œufs battus en neige, un peu de carmin liquide et un peu d'essence de rose. Mêlez ces divers ingrédiens, en fouettant légèrement, puis vous dresserez vos méringues avec une cuiller sur du papier blanc, en leur donnant la forme et la grosseur d'un œuf de pigeon. Faites cuire au four très doux ; dès qu'elles auront pris couleur, vous les défournerez et les détacherez de dessus le papier. Mêlez un peu de sucre dans de l'eau gommée, étendez un peu de cette préparation sur vos méringues, du côté où elles touchaient au papier, et collez-les deux par deux.

Petites méringues aux fruits.

Faites prendre en neige une douzaine de blancs d'œufs, et mêlez-les, en continuant à battre légèrement, avec trois quarterons de sucre en poudre tamisé et un peu de citron vert râpé. Couchez ces méringues comme il est dit à l'article précédent, mais en leur donnant une forme ronde. Faites cuire de la même manière. Aussitôt qu'elles seront défournées, vous les détacherez de dessus le papier, puis vous enfoncerez doucement le dessous, de manière à pouvoir y loger une cerise confite, une framboise, ou une fraise. Joignez deux par deux les méringues ainsi garnies, en les collant avec un peu de blanc d'œuf mélangé d'eau et de sucre.

Petites méringues au safran.

Opérez comme pour les petites méringues à la rose, en remplaçant l'essence de rose et le carmin par une décoction de feuilles de safran, et un peu de citron vert râpé.

Petites méringues au cacao.

Mettez dans une demi-livre de sucre cuit au grand lissé trois onces de cacao et six blancs d'œufs fouettés en neige. Mêlez bien ces ingrédiens, et finissez comme les petites méringues à la rose.

Petites méringues printanières.

Opérez comme pour les petites méringues à la rose, en remplaçant le carmin par du vert d'épinards, et l'eau de rose par de la vanille.

Plaisirs.

Faites une pâte à gaufre (*voir plus haut, dans la première partie*), et faites cuire de la même manière, en vous servant d'un fer rond et uni. Roulez les plaisirs en sortant du fer, à l'aide d'un morceau de bois ayant la forme d'un cornet. On peut ajouter à la pâte des amandes ou des avelines pilées, et lui donner le parfum qui convient.

Amandes glacées à la royale.

Émondez une demi-livre d'amandes douces, et faites-leur prendre couleur au four doux. D'autre part, vous mettrez dans une terrine une demi-livre de sucre et deux œufs, et vous

les mêlerez bien avec une spatule , pendant huit ou dix minutes ; ajoutez à cette glace un peu de carmin liquide , remuez de nouveau , puis vous roulerez vos amandes dans cette
préparation , de manière qu'elles en soient bien masquées.
Dressez-les ensuite sur du papier , en les groupant en forme
d'étoiles. Mettez ces amandes au four doux ; défournez-les
lorsqu'elles auront pris couleur , laissez-les refroidir , et détachez-les de dessus le papier.

Avelines glacées à la royale.

Opérez comme pour les amandes, en supprimant le carmin.

Pistaches glacées à la royale.

Elles se glacent absolument comme les amandes.

Noix vertes glacées à la royale.

Séparez des noix vertes en deux , épluchez bien chaque
moitié ; faites-les sécher au four , laissez-les refroidir , et glacez-les comme les amandes.

CHAPITRE V.

—

Cuisson du sucre. — Confitures. — Conserves.

—

Choix du sucre.

Les pâtissiers de boutique se servent ordinairement, pour faire les sirops et même le sucre gelé, de cassonade plus ou moins blanche ; c'est un grand tort : car la cassonade donnant beaucoup plus d'écume que le sucre en pain, il n'y a pas d'économie, et, par conséquent, les inconvéniens que présente l'emploi des cassonades ne sont rachetés par aucun avantage. M. Carême, qui est la plus grande autorité culinaire que nous puissions citer, dit pourtant que les belles cassonades de la Havane et de la Martinique peuvent convenablement remplacer le sucre en pain. Il est cependant que la cassonade cuite simplement ou cassée ne peut être employée pour le filage du sucre ; il faut la faire cuire un peu plus ; mais alors elle brunit, et ce n'est plus que du caramel. Il est vrai que l'on peut blanchir un peu ce sucre cuit au delà du cassé, en y jetant du sucre de citron ; mais, dans tous les cas, le sucre en pain est infiniment préférable, et un véritable artiste n'en doit pas employer d'autre. Ce sucre en pain doit être dur, bien cristallisé et d'une grande blancheur.

Manière de clarifier le sucre.

Mettez dans une terrine un blanc d'œuf et un verre d'eau, battez ce mélange pendant quelques instans, puis vous y ajouterez un litre d'eau. Mettez les quatre cinquièmes de cette préparation dans une bassine avec quatre livres de sucre, choisi comme nous l'avons dit plus haut, et concassé. Mettez la bassine sur le feu, et commencez à écumer le sucre un peu avant l'ébullition. Dès que le sucre commencera à bouillir, vous y ajouterez un peu de mélange d'eau et de blanc d'œuf que vous aurez conservé, et vous continuerez à écumer jusqu'à ce que votre mélange soit épuisé et qu'il ne se présente plus d'écume sur le sucre. Passez ce sucre dans une chausse au fond de laquelle vous aurez mis des coquilles d'œufs écrasées.

Différentes cuissons du sucre.

Chaque cuisson de sucre a son usage, suivant l'emploi que l'on en veut faire ; elles se suivent toutes à mesure qu'il continue à bouillir. Après l'avoir fait clarifier, vous le remettez sur le feu pour le faire bouillir.

Vous connaissez qu'il est au *petit lissé*, qui est sa première cuisson, en trempant un doigt dedans, l'appuyant contre un autre, et les ouvrant tous les deux, s'il se fait un petit fil qui se casse et se retire en goutte sur les doigts.

La seconde, qui est le *grand lissé*, a un bouillon de plus ; le fil ne se casse pas si facilement et s'étend plus long dans les doigts.

La troisième, qui est le *petit perlé*, a un bouillon de plus, et se connaît en faisant la même opération, si le fil ne se casse pas.

La quatrième, qui est le *grand perlé*, se connaît en ce que le sucre, en bouillant, forme des perles rondes et élevées.

La cinquième est la *petite et grande queue de cochon,* qui se connaît en lui faisant faire un bouillon de plus : prenant du sucre avec l'écumoire, le laissant tomber, il forme la queue de cochon ; s'il tombe gros, c'est la grande queue de cochon.

La sixième cuisson, c'est le *soufflé,* que vous connaissez en continuant de le faire bouillir ; en trempant l'écumoire dans le sucre, puis soufflant à travers les trous, il en sort des étincelles de sucre ou des espèces de petites bouteilles.

La septième, qui est la *petite et grande plume,* se connaît de la même façon que la précédente, à la différence que les espèces de petites bouteilles doivent être plus fortes ; et pour la grande plume, vous trempez l'écumoire dans le sucre d'un revers de main : il en doit sortir des étincelles longues qui se tiennent ensemble en s'élevant en l'air.

La huitième, qui est le *petit et gros boulet,* se connaît en lui faisant faire quelques bouillons de plus. Vous mettez de l'eau fraîche auprès de vous, vous y trempez deux doigts en prenant promptement du sucre avec, et les remettez promptement dans de l'eau ; le sucre que vous avez pris, vous le roulez dans les doigts : il doit se ramasser comme une pâte pour en faire une petite boule, qui reste molle quand elle est refroidie : pour le gros boulet, elle doit être plus ferme.

La neuvième cuisson est le *cassé ;* elle se connaît de la même façon que le gros boulet, à cette différence que la petite boule que vous avez étant rafraîchie dans l'eau, il faut qu'elle se casse en la pressant dans les doigts.

La dixième, qui est le *caramel,* est peu différente de celle du cassé. Il y a le caramel foncé qui se fait différemment ; il faut seulement mettre du sucre avec de l'eau et le faire bouillir à grand feu jusqu'à ce qu'il soit au degré de couleur que vous le voulez.

Quand on a manqué le degré des cuissons que l'on veut faire, l'on remet un peu d'eau dans le sucre, et on le fait revenir à son point en la faisant bouillir.

Marmelade d'abricots.

Pelez les abricots, ôtez-en les noyaux ; pour une livre de fruit, trois quarterons de sucre que vous clarifierez, comme il est expliqué ci-devant ; ensuite faites-les cuire au gros boulet, que vous connaîtrez en mettant votre écumoire dans le sucre, puis le retirant, soufflez dessus. Si vous voyez voler votre sucre, cela marque qu'il est à son point de cuisson ; alors vous y mettrez vos abricots, et les ferez bouillir en remuant toujours avec une spatule de bois, jusqu'à ce que la marmelade soit collante dans vos doigts : c'est une marque que vous pouvez la mettre tout de suite dans les pots.

Autre marmelade d'abricots.

Coupez, le plus mince que vous pourrez, six livres d'abricots point trop mûrs, et les mettez à mesure dans un chaudron bien propre ; cassez les noyaux, ôtez-en la peau et les coupez très fin pour les mettre aussi avec les abricots ; pilez quatre livres et demie de sucre pour le mettre aussi avec les abricots ; mettez votre chaudron sur un feu clair, et remuez toujours avec une écumoire, de crainte que la marmelade ne s'attache au fond. Lorsque la cuisson des abricots est avancée, vous descendez de temps en temps le chaudron pour écraser les morceaux d'abricots qui ne se mettent point en marmelade ; faites-la cuire jusqu'à ce qu'elle se colle dans vos doigts sans trop de résistance, en prenant de cette marmelade dans les doigts, et les appuyant l'un contre l'autre ; vous la mettez ensuite dans les pots.

Gelée de groseilles.

Écrasez, sur un tamis de crin, quatre livres de groseilles rouges, deux livres de groseilles blanches, et deux livres de framboises. Lorsque le tout sera bien écrasé et pressé, vous mettrez le jus produit dans une bassine de cuivre rouge avec six livres de sucre concassé. Posez la bassine sur le feu, écumez soigneusement. Lorsque l'ébullition deviendra serrée, vous mettrez un peu de cette confiture sur une assiette, et vous la laisserez refroidir; si elle se prend en gelée, vous ôtez la bassine de dessus le feu, et vous mettez la gelée dans les pots; vous la laisserez refroidir pendant vingt-quatre heures, puis vous appliquerez sur la surface de gelée un rond de papier trempé dans de bonne eau de vie, et vous couvrirez les pots avec du parchemin. La gelée de groseilles ne se conserve bien que dans un endroit sec.

Gelée de pommes.

Il faut faire clarifier votre sucre, comme il est expliqué ci-devant; vous prendrez des groseilles que vous mettrez dans la poêle, et les ferez fondre sur le feu en leur faisant faire un bouillon ou deux; vous les mettrez ensuite égoutter sur un tamis; vous mesurerez votre jus de groseilles, et vous mettrez autant de pintes de sucre clarifié dans une autre poêle bien propre, que vous ferez cuire au café comme le précédent; vous y mettrez votre jus de groseilles faire deux bouillons couverts, vous l'écumerez bien et mettrez ensuite votre gelée dans vos pots.

Gelée de pommes rouges.

Elle se fait de même que celle de groseilles, à cette différence près, qu'il faut tirer le jus de la pomme en la faisant bouillir dans un peu d'eau; vous la passerez après dans un linge blanc, vous la presserez un peu, et vous vous servirez de ce jus pour mettre dans votre sucre. La cuisson est la même que celle des groseilles : vous connaîtrez quand elle sera cuite, en mettant votre écumoire dans votre poêle, que vous retirerez; et si en la levant et la tenant un peu penchée votre gelée tombe en perles, cela marque qu'elle est assez cuite : vous la mettrez tout de suite dans les pots.

Cette gelée se fait comme la précédente, en y mettant de la cochenille pour la rendre rouge.

Gelée de coins.

On les prend presque mûrs, on ôte la peau et les cœurs, et l'on coupe la chair par morceaux pour la faire bouillir dans de l'eau ; on passe au tamis, et on la finit comme celle de groseilles.

Gelée blanche de poires.

Elle se fait comme celle de pommes.

Gelée rouge de poires.

Elle se fait comme celle de pommes, à cette différence, que l'on fait cuire les poires avec du vin rouge en place d'eau, et que l'on y met de la cochenille.

Marmelade de prunes.

Otez les noyaux des prunes que vous voulez employer, prenez-en la quantité que vous jugerez à propos, faites-les bouillir sur le feu, avec un peu d'eau, jusqu'à ce qu'elles se mettent en marmelade ; passez-les dans un tamis, remettez sur le feu ce que vous aurez passé, et faites-les bouillir jusqu'à ce que cette marmelade soit près de s'attacher à la poêle ; ensuite, vous la pesez, et mettez autant de sucre pesant que vous avez de marmelade ; mettez le sucre sur le feu avec un bon demi-setier d'eau, et faites-le bouillir et bien écumer. Vous connaîtrez quand il sera cuit, en trempant deux doigts dans de l'eau fraîche, ensuite dans le sucre, et après dans la même eau. Si le sucre qui reste à vos doigts casse net, alors vous y mettrez votre marmelade

pour la délayer avec le sucre, en les remuant ensemble
sur le feu, seulement jusqu'à ce qu'elle frémisse : mettez-la
dans les pots quand elle est froide, et jetez un peu de sucre
fin dessus.

Confitures de prunes.

Prenez telles prunes que vous jugerez à propos, comme
perdrigeons, reines-claudes, mirabelles ou autres sortes;
faites-les blanchir. Quand elles seront bien mollettes sous
les doigts, vous les retirerez avec une écumoire, et les mettrez dans de l'eau fraîche.

Vous clarifierez cinq livres de sucre pour un cent de
prunes; vous les mettrez dans un vase bien propre, une à
une, pour qu'elles ne s'écrasent pas, et vous y mettrez votre
sucre un peu plus que tiède. Tous les jours, soir et matin,
pendant quatre ou cinq jours, vous mettrez égoutter vos
prunes sur un tamis, vous ferez bouillir votre sucre, que
vous écumerez toutes les fois, et remettrez vos prunes dans
votre vase, et votre sucre par dessus, toujours un peu plus
que tiède. Il faut que vos reines-claudes soient vertes et les
autres prunes de leur couleur. A la fin, si vous voyez que
votre sucre ne soit point assez en sirop à la dernière cuisson,
vous le ferez assez cuire, en y mettant deux verres d'eau
pour le dégraisser; alors vous le jetterez tout bouillant sur
vos prunes.

Confitures d'abricots entiers, ou par moitié.

Les confitures d'abricots entiers, ou par moitié, se font
de la même façon que les confitures de prunes.

Confitures de poires de rousselet.

Les confitures de poires de rousselet se font de la même
façon que les confitures de prunes.

Marmelade de poires.

Faites cuire dans de l'eau, jusqu'à ce qu'elles soient tendres dessous, la quantité de poires de rousselet que vous jugerez à propos ; ôtez-en la peau, et n'en prenez que la chair, que vous passerez dans un tamis ; mettez-la sur le feu, et la remuez toujours, jusqu'à ce qu'elle soit près de s'attacher à la poêle ; ensuite vous la pesez, et mettez autant de sucre dans une poêle avec un demi-setier d'eau : faites bouillir et écumer. Continuez de faire bouillir jusqu'à ce que, trempant l'écumoire dedans et la secouant, il s'élève de longues étincelles qui se tiennent ensemble ; mettez-y la marmelade pour la délayer avec le sucre sur le feu. Quand elle commencera à frémir, vous la mettrez dans les pots ; et, quand elle sera froide, vous mettrez par-dessus un peu de sucre fin.

Confitures de verjus entier.

Pour une livre de fruit, une livre de sucre en poudre, mettez le tout dans une poêle, et faites-le cuire sur un bon feu ; faites-lui faire trois ou quatre bouillons couverts ; et, si votre verjus n'est pas bien vert, il faut laisser cuire à petit bouillon jusqu'à ce qu'il le soit ; mettez-le tout de suite dans les pots.

Marmelade de verjus.

Mettez dans une eau prête à bouillir quatre livres de verjus presque mûr dont vous aurez ôté la grappe : lorsqu'il est prêt à bouillir, vous l'ôtez du feu, et le couvrez pour le faire reverdir. Laissez-le dans la même eau jusqu'à ce qu'elle soit froide ; retirez-le pour le passer au tamis, et en tirer le plus de marmelade que vous pourrez, en le pressant fort avec une cuiller ; mettez cette marmelade dans une poêle, pour la faire dessécher sur le feu, jusqu'à ce qu'elle soit bien épaisse. Sur une livre, vous ferez cuire une livre de sucre à la grande plume ; vous y mettrez la marmelade pour la bien délayer avec le sucre : remettez-la sur le feu, seulement pour faire chauffer, en la remuant toujours jusqu'à ce qu'elle soit prête à bouillir ; alors vous la mettrez dans les pots.

Marmelade de verjus à la bourgeoise.

Prenez la quantité de verjus que vous jugerez à propos, qu'il ne soit pas tout à fait assez mûr ; ôtez-en la grappe, et le mettez dans de l'eau qui est sur le feu, prête à bouillir. Lorsque le verjus commence à pâlir, et qu'il a monté sur l'eau, jetez-y un peu d'eau fraîche, et descendez-le du feu. Couvrez-le jusqu'à ce qu'il redevienne vert ; et, au cas qu'il ne le devienne point assez, vous le laissez dans la même eau, que vous faites chauffer jusqu'à ce qu'il le soit suffisamment : après, vous l'égouttez et le passez au travers d'un tamis, en le pressant à force avec une cuiller de bois. Pesez cette marmelade, pour la mettre dans une poêle avec autant pesant de sucre fin ; faites-les bouillir ensemble jusqu'à ce que, trempant un doigt dans la marmelade, et l'appuyant contre un autre, les deux doigts se collent ensemble, sans cependant beaucoup de résistance : vous la mettrez dans les pots après qu'elle sera un peu refroidie.

Gelée de muscat et verjus.

La gelée de muscat et de verjus se fait de la même façon que celle de groseilles à la bourgeoise : vous n'avez qu'à vous y conformer.

Marmelade de fraises.

Épluchez et lavez une demi-livre de fraises ; faites-les égoutter, et passez-les dans un tamis pour les mettre en marmelade. Mettez sur le feu une livre de sucre, avec un verre d'eau, et faites-le bouillir et bien écumer ; continuez de le faire bouillir jusqu'à ce que, trempant l'écumoire dedans et la secouant, il en sorte de longues étincelles. Mettez-y votre marmelade de fraises pour la délayer avec le sucre, en la remuant toujours sur un moyen feu sans qu'elle bouille, et mettez-la dans des pots : vous vous réglerez sur cette dose pour la quantité que vous voulez faire.

Marmelade de framboises.

Faites cuire une livre de sucre de la même façon que pour les fraises. Quand il est à son point de cuisson, vous y mettez les framboises préparées de cette façon : épluchez deux livres de framboises, et les passez dans un tamis pour les mettre en marmelade ; mettez cette marmelade sur le feu, pour la faire dessécher jusqu'à ce qu'elle soit près de s'attacher à la poêle ; ensuite vous la mettrez dans le sucre, et lui ferez faire quelques bouillons en la remuant toujours ; vous la mettrez après dans vos pots.

Marmelade de cerises.

Faites cuire deux livres de sucre de la même façon que pour la marmelade de fraises ; ensuite vous y mettrez quatre livres de cerises, après leur avoir ôté les noyaux et les queues ; remuez-les avec le sucre, et faites-les bouillir ensemble jusqu'à ce que le sirop se colle dans vos doigts : ôtez-la du feu pour la mettre dans les pots.

Marmelade de fleur d'oranger.

Mettez cinq quarterons de sucre dans une poéle, avec un demi-setier d'eau, et faites-le bouillir et bien écumer : après, vous continuez à le faire bouillir jusqu'à ce que trempant l'écumoire dedans et la secouant sur le sucre, en soufflant au travers des trous, il en sorte de petites étincelles de sucre. Vous y mettrez ensuite votre fleur d'oranger préparée de cette façon : prenez une demi-livre de fleur d'oranger éplu-chée, et faites-la bouillir un demi-quart d'heure dans l'eau. Descendez cette eau du feu, et jetez-y une petite pincée d'alun. Mettez d'autre eau sur le feu, et quand elle bouillira, pressez-y le jus d'un citron, et mettez-y votre fleur d'oran-ger, que vous retirez avec l'écumoire, en laissant égoutter : faites-la bouillir dans l'eau de citron jusqu'à ce qu'elle soit bien tendre sous les doigts. Après, vous la mettrez une demi-heure dans l'eau fraîche avec un peu de jus de citron ; vous presserez la fleur d'oranger dans un linge pour en faire sortir l'eau, et la pilerez dans un mortier pour la mettre en marme-lade. Mettez cette marmelade dans le sucre pour les délayer ensemble, en versant le sucre plusieurs fois, sur un très petit feu, sans qu'elle bouille, ni même qu'elle frémisse : dressez dans les pots, et jetez par dessus un peu de sucre fin quand elle sera froide.

Marmelade de pêches.

Pelez des pêches ; qu'elles ne soient pas trop mûres : après avoir ôté le noyau, vous les couperez en petits morceaux ; en-suite vous ferez cette marmelade comme celle des abricots, sans façon, que vous trouverez ci-devant.

Marmelade d'épine-vinette.

Faites cuire une livre et demie de sucre de la même façon

que pour la marmelade de poires ; ensuite vous y mettrez de l'épine-vinette préparée de cette sorte : ayez une livre d'épine-vinette tout égrenée, que vous mettez dans une casserole avec un verre d'eau, et faites-la bouillir jusqu'à ce qu'elle soit en marmelade ; passez-la au tamis, et pressez-la fort jusqu'à ce qu'il n'y reste plus que les peaux. Remettez sur le feu ce qui a passé au travers du tamis, et faites-le bouillir, en tournant toujours jusqu'à ce que la marmelade soit près de s'attacher à la poêle ; ensuite vous la mêlez avec le sucre pour les remuer ensemble jusqu'à ce qu'elle soit prête à bouillir : mettez après dans les pots.

Marmelade de coins.

Prenez la quantité de coins que vous jugerez à propos, et faites-les cuire dans l'eau jusqu'à ce qu'ils soient tendres. Mettez-les à l'eau froide jusqu'à ce qu'ils soient tout à fait froids ; coupez-les en quatre pour en ôter les cœurs et les peaux. Écrasez-les et passez-les dans un tamis ; mettez ce que vous avez passé sur le feu, et le tournez toujours jusqu'à ce que la marmelade soit épaisse. Pesez-la et mettez autant pesant de sucre que vous avez de marmelade ; faites-le cuire de la même façon que pour la marmelade de poires, que vous trouverez ci-devant ; ensuite vous mettrez la marmelade avec le sucre, pour les délayer ensemble sur le feu : vous la retirerez quand elle commencera à frémir, pour la mettre dans les pots.

Confitures de campagne.

Prenez du vin doux appelé moût, rouge ou blanc, suivant la quantité de confitures que vous voulez faire. Mettez-le dans une chaudière, et faites-le bouillir sur un feu toujours clair ; faites-le réduire aux deux tiers pour qu'il ait une bonne consistance, et qu'il puisse être de garde. Vous prendrez le fruit que vous voulez confire, soit poires, pommes ou coins, que vous ferez cuire dans l'eau jusqu'à ce qu'il soit un peu amolli; vous le pellerez ensuite, vous le mettrez dans votre sirop de vin doux, et le laisserez bouillir jusqu'à ce qu'il soit cuit : vous aurez soin de le bien écumer. Vous connaîtrez sa cuisson en mettant du sirop sur une assiette; si vous le voyez demeurer en rubis, et qu'il ne coule point en penchant cette assiette, c'est une preuve qu'il faut retirer votre confiture : vous la mettrez dans les pots, et la couvrirez quand elle sera froide.

Confiture au cidre.

Vous prendrez du cidre de poiré fait sans eau pour faire cette confiture : celui de pommes n'est pas assez doux. Vous le faites réduire aux deux tiers avant d'y mettre votre fruit; vous finirez ensuite vos confitures de la même façon que celles de vin doux.

Confitures au miel.

Choisissez le plus beau miel que vous pourrez avoir et servez vous-en en mettant la même dose qu'au sucre, parce que toutes les confitures qui sont expliquées ci-devant pour le sucre se peuvent faire au miel.

Manière de clarifier le miel.

Mettez-le dans une poêle sur un fourneau : quand il bout, il faut le bien écumer; c'est un des principaux points pour sa beauté. Vous connaîtrez sa cuisson en mettant dessus un œuf de poule : s'il enfonce, la cuisson est imparfaite; s'il flotte, c'est signe qu'il est cuit, et vous pouvez vous en servir pour confire toutes sortes de fruits de la même façon que vous faites pour le sucre. Faites attention que le miel est sujet à brûler; qu'il faut le faire cuire à petit feu et avoir soin de le remuer souvent.

Sirop violat.

Sur un quarteron de violettes épluchées, que vous mettrez dans une terrine, versez dessus un demi-setier d'eau bouillante; mettez quelque chose de propre sur les violettes pour les tenir enfoncées dans l'eau; couvrez-les et mettez-les sur la cendre chaude pendant deux heures. Ensuite vous passez les violettes au travers d'un linge, que vous pressez fort pour faire sortir l'eau : cette quantité de violette doit vous rendre près d'une pinte. Si vous en avez une pinte, vous mettrez deux livres et demie de sucre dans une poêle, avec un demi-setier d'eau; faites-le bouillir et écumer. Continuez de le faire bouillir jusqu'à ce que, trempant dans l'eau, le sucre qui tient après vos doigts se casse net; alors vous y versez votre eau de violette : ayez grand soin que votre sirop ne bouille pas. Quand ils seront bien incorporés ensemble, mettez le sirop dans une terrine, couvrez la terrine et mettez-la sur une cendre chaude pendant trois jours : vous entretiendrez une chaleur la plus égale que vous pourrez, sans être trop forte. Vous connaîtrez que le sirop sera fait, en mettant deux doigts dedans, et les détachant l'un de l'autre; s'il se forme un fil qui ne se rompe pas, vous le mettrez dans les bouteilles.

Sirop de cerises.

Prenez deux livres de belles cerises bien mûres et bien saines, ôtez les queues et les noyaux, et mettez-les sur le feu avec un grand verre d'eau; faites-leur faire huit ou dix bouillons, et passez-les au tamis. Mettez deux livres de sucre sur le feu avec un verre d'eau; faites-le bouillir et bien écumer. Continuez de le faire bouillir jusqu'à ce que trempant l'écumoire dedans, la secouant sur le sucre, et soufflant après au travers des trous, il en sorte des étincelles de sucre; vous y mettrez tout de suite le jus de cerises; faites-les bouillir ensemble jusqu'à ce qu'ils aient pris la consistance d'un sirop.

Sirop d'abricots.

Suivant le temps que vous voulez garder le sirop, il faut mettre plus ou moins de sucre. Pour un sirop d'abricots que vous voulez garder d'une saison à l'autre, il faut deux livres de sucre pour une livre de fruit. Pour cet effet, prenez une livre d'abricots bien mûrs, et ôtez-en les noyaux. Après avoir pelé l'amande, vous la coupez par morceaux; coupez aussi les abricots en petits morceaux; mettez deux livres de sucre dans une poêle avec un verre d'eau, et faites-le cuire comme le précédent sirop de cerises. Mettez-y les abricots avec les noyaux, faites-les cuire ensemble à moyen feu, jusqu'à ce que, prenant du sirop avec un doigt que vous appuyez contre un autre, il se forme un fil en les ouvrant, qui se soutienne un peu sans se rompre; alors vous les passez dans un tamis. Vous pouvez encore faire votre sirop de cette façon : après avoir coupé les abricots et les noyaux, comme il a été dit, mettez-les sur le feu avec un verre d'eau, et faites-les bouillir jusqu'à ce qu'ils soient en marmelade. Mettez-les dans un tamis pour en passer tout le jus en l'exprimant fort. Laissez-le reposer et passez-le dans une serviette; vous mettrez ensuite ce jus dans le sucre pour le faire bouillir jusqu'à la consistance d'un sirop fort, en faisant le même essai qu'à la façon précédente.

Sirop de mûres.

Prenez deux cents de belles mûres bien noires, mettez-les

sur le feu avec un grand verre d'eau ; faites-leur faire cinq ou six bouillons, jusqu'à ce qu'elles aient rendu tout leur jus, et passez-les dans un tamis : laissez-les reposer, et passez-les une seconde fois dans un tamis serré. Prenez deux livres de sucre, que vous mettrez sur le feu avec un demi-setier d'eau ; faites-le bouillir et écumer : continuez de le faire bouillir jusqu'à ce que, trempant deux doigts dans l'eau, les mettant dans le sucre, et les retrempant dans l'eau fraîche, le sucre qui vous reste dans les doigts se casse net. Mettez-y votre eau de mûres, et faites chauffer jusqu'à ce qu'elle soit incorporée avec le sucre : ayez attention qu'elle ne bouille point. Vous la verserez après dans une terrine bien couverte, et la mettrez sur la cendre chaude pendant trois jours : vous entretiendrez d'une chaleur égale, le plus que vous pourrez, sans être brûlante. Vous connaîtrez qu'il est à son point, lorsqu'en prenant du sirop avec un doigt, l'appuyant contre l'autre, et les ouvrant tous les deux, il se forme un fil qui ne se rompe pas aisément. Vous le mettrez dans des bouteilles, et ne les boucherez que quand il sera tout à fait froid.

Sirop de verjus.

Prenez deux livres de sucre, que vous mettrez sur le feu avec un demi-setier d'eau : faites bouillir et écumer. Continuez de le faire bouillir jusqu'à ce que, trempant l'écumoire dans le sucre, la secouant dessus, et soufflant au travers des trous, il en sorte du sucre qui s'envole comme des étincelles. Mettez-y du verjus préparé de cette façon : prenez deux livres de verjus bien vert et gros, ôtez-en les grappes et pilez-le : exprimez-en le jus en le passant dans un tamis serré. Laissez-le reposer et tirez-le au clair. Mettez-le dans la cassonade pour les faire bouillir ensemble jusqu'à ce qu'ils soient réduits en sirop fort ; ce que vous connaîtrez quand il se formera un fil dans vos doigts comme le précédent.

Sirop de coins.

Prenez une douzaine de coins très mûrs, ôtez-en les cœurs et les peaux ; pilez la chair, et mettez-la dans un gros torchon pour la tordre à force de bras ; par ce moyen, vous en tirerez tout le jus. Laissez reposer le jus, et tirez-le au clair. Sur un demi-setier, vous prendrez une livre de sucre ; que vous ferez cuire de la même façon que celle de sirop de verjus. Quand votre cassonade aura son degré de cuisson, vous y mettrez le jus de coins, que vous ferez bouillir ensemble jusqu'à ce que le sirop ait la même consistance que le précédent.

Sirop de guimauve.

Faites cuire une livre de sucre de la même façon que celle pour le sirop de verjus ; ensuite vous y mettrez une eau de guimauve faite de cette façon : faites cuire dans une chopine d'eau trois quarterons de racines de guimauve hachées. Après les avoir ratissées et lavées, laissez-les bouillir jusqu'à ce que l'eau se colle après les doigts ; ensuite vous les mettrez dans un torchon pour les tordre à force de bras. Laissez reposer l'eau et tirez-la au clair ; prenez-en le plus clair pour le mettre dans le sucre, et faites-les bouillir ensemble jusqu'à ce qu'ils aient la consistance d'un sirop fort comme les précédens.

Sirop de pommes.

Prenez un quarteron de pommes de reinette bien saines, coupez-les par tranches, le plus mince que vous pourrez, et faites-les cuire avec un demi-setier d'eau. Quand elles sont en marmelade, vous les mettez dans un torchon pour les tordre fort, afin d'en exprimer tout le jus ; laissez reposer ce jus et tirez-le au clair. Sur un demi-setier, vous ferez cuire une livre de sucre de là même façon que celui pour le sirop de cerises. Quand il sera au point de cuisson, mettez-y votre jus de pommes, et faites-les bouillir ensemble jusqu'à ce que, prenant du sirop avec un doigt, l'appuyant contre l'autre, et les ouvrant tous les deux, il se forme un fil qui ne se rompe pas aisément.

Sirop de capillaire.

Prenez une once de feuilles de capillaire et mettez la dans une chopine d'eau bouillante ; retirez-la dans le moment pour la mettre infuser au moins douze heures sur la cendre chaude, et la passez dans un tamis : ensuite vous la mettrez dans un sucre préparé de cette façon : mettez une livre de sucre dans une poêle, avec un bon verre d'eau ; faites-le bouillir et écumer. Continuez de le faire bouillir jusqu'à ce que, trempant deux doigts dans de l'eau fraîche, ensuite dans le sucre, et les retrempant promptement à l'eau fraîche, le sucre qui reste à vos doigts se casse net. Mettez-y votre eau de capillaire sans la faire bouillir ; vous les ôterez aussitôt qu'ils seront mêlés ensemble, pour les mettre dans une terrine que vous couvrez et mettez sur de la cendre chaude ; vous entretiendrez d'une chaleur égale sans être brûlante, pendant trois jours. Vous connaîtrez que le sirop sera fait, lorsqu'en prenant de ce sirop avec un doigt, l'appuyant contre l'autre, et les ouvrant tous les deux, il se forme un fil qui ne se rompe pas aisément. Vous le mettrez dans des bouteilles, et ne les boucherez que lorsqu'elles seront tout à fait froides.

Sirop d'orgeat.

Suivant la quantité que vous voulez faire de sirop, vous

vous réglerez sur la dose qui va être marquée. Sur une demi-livre d'amandes douces, vous mettrez deux onces de graines des quatre-semences froides, et une demi-once d'amandes amères. Mettez les amandes amères dans de l'eau bouillante et retirez-les du feu : vous les ôterez quand la peau s'ôtera facilement, et, à mesure que vous ôterez les peaux, jetez-les dans l'eau fraîche. Faites-les égoutter pour les mettre dans un mortier avec des semences froides ; pilez le tout ensemble jusqu'à ce qu'elles soient bien fines, et, pour empêcher qu'elles ne tournent en huile, vous y mettez de temps en temps une demi-cuillerée à bouche d'eau ; ensuite vous la délayez dans un bon demi-setier d'eau tiède. Mettez-les sur la cendre chaude, et faites infuser pendant trois heures ; passez-les dans une serviette ouvrée, en les bourrant avec une cuiller de bois, pour faire sortir toute l'expression des amandes ; ensuite vous prenez une livre de sucre, que vous faites cuire comme celui du sirop de capillaire, et finissez-le de la même façon sur de la cendre chaude.

Pâte d'amandes pour faire de l'orgeat.

Prenez une livre d'amandes douces, que vous émonderez en les mettant un peu tremper dans l'eau chaude ; vous ôterez la peau de dessus, et après, vous les ferez bien piler en y mettant de temps en temps un peu d'eau, pour qu'elles ne tournent pas en huile. Quand elles seront bien pilées, vous y mettrez une demi-livre de sucre aussi pilé ; vous ferez une pâte du tout. Quand vous voudrez vous en servir, vous en prendrez un morceau gros comme un œuf, que vous délaierez dans trois demi-setiers d'eau, et que vous passerez dans une serviette.

Conserve de violette.

Prenez une feuille de papier blanc, que vous laissez en

double, et pliez-la tout autour pour lui faire un bord de la hauteur d'un bon pouce, comme si vous vouliez faire une caisse. Ayez une livre de sucre, que vous mettez dans une poêle, avec un verre d'eau ; faites bouillir et écumer. Continuez de le faire bouillir jusqu'à ce que, trempant l'écumoire dedans et la secouant d'un revers de main, il s'élève en l'air de longues étincelles qui se tiennent ensemble. Vous l'ôtez du feu, et, quand il sera demi-froid, vous y mettrez de la violette préparée de cette façon : prenez deux onces de violette épluchée, que vous pilez très fin dans un petit mortier ; délayez-la bien avec le sucre, en la remuant promptement avec une cuiller de bois ou une spatule, sans la remettre au feu, et versez-la tout de suite dans le moule de papier. Quand elle sera presque froide, vous passerez le couteau par dessus, en marquant des façons en carré ou en long ; et quand elle sera tout à fait froide, vous n'aurez plus qu'à la rompre pour vous en servir.

Conserve de groseilles.

Prenez une livre de groseilles rouges, ôtez-en les grappes et mettez-les sur le feu avec un verre d'eau. Faites-les cuire jusqu'à ce qu'elles aient rendu leur eau ; passez-les dans un tamis en les pressant fort, afin qu'il n'en reste plus que les peaux. Mettez sur le feu tout ce que vous aurez passé, et faites réduire jusqu'à ce que cela vous forme une marmelade épaisse. Mettez une livre de sucre dans une poêle avec un verre d'eau ; faites bouillir et écumer. Continuez de faire bouillir jusqu'à ce que, trempant les doigts dans de l'eau, ensuite dans le sucre, et les remettant dans de l'eau, le sucre qui reste à vos doigts se casse net. Otez-le du feu et y mettez votre marmelade de groseilles ; remuez-les ensemble jusqu'à ce que vous voyiez qu'il se forme une petite glace dessus ; dressez-la dans un moule de papier, comme celle de violette.

Conserve de framboises.

Faites cuire une livre de sucre de la même façon que pour la conserve de groseilles, et mettez-y de la framboise préparée de cette façon : écrasez et passez au tamis une livre de framboises rouges, le tout épluché, et mettez ensuite ce qui a passé au tamis dans une poêle sur le feu, pour le faire dessécher : vous la mettrez après dans le sucre, et finirez votre conserve comme celle de groseilles.

Conserve de cerises.

Faites cuire une livre de sucre de la même façon que pour la conserve de groseilles. Prenez une livre de belles cerises, ôtez-en les queues et les noyaux, et mettez-les sur le feu pour leur faire rendre leur eau ; ensuite vous les passez dans un tamis en les pressant fort pour qu'il n'y reste plus que les peaux. Mettez sur le feu tout ce que vous avez passé pour le faire dessécher, et finissez votre conserve comme celle de groseilles.

Conserve de fleur d'oranger.

Mettez une livre de sucre dans une poêle avec un grand verre d'eau ; faites bouillir et écumer ; continuez de faire bouillir jusqu'à ce que, trempant l'écumoire dans le sucre et la secouant d'un revers de main, il s'envole des étincelles qui se tiennent l'une à l'autre ; ensuite vous l'ôtez du feu et y mettez de la fleur d'oranger préparée de cette façon : prenez quatre onces de feuilles de fleur d'oranger bien blanches ; coupez-les de quelques coups de couteau, et mouillez-les avec le jus de la moitié d'un citron. Mettez-les dans le sucre et remuez-les sans être sur le feu, jusqu'à ce que le sucre devienne blanc autour de la poêle : alors vous versez la conserve tout de suite dans le moule de papier, comme les précédentes.

Conserve d'abricots.

Faites cuire une livre de sucre de la même façon que celui de la conserve de violette. Quand il est à son point, mettez-y un quarteron pesant de marmelade d'abricots faite de cette façon : prenez quinze ou dix-huit abricots, suivant leur grosseur, qui ne soient pas tout à fait mûrs, ôtez-en les noyaux et les peaux ; coupez-les par morceaux et faites cuire avec un peu d'eau, jusqu'à ce qu'ils soient en marmelade bien desséchée et épaisse ; mettez-la dans le sucre, et finissez la conserve comme celle de groseilles.

Conserve de pêches.

Elle se fait de la même façon que celle d'abricots.

Conserve de verjus.

Faites cuire une livre de sucre de la même façon que celui de la conserve de violette. Quand il sera à son point de cuisson, vous l'ôterez du feu et le remuerez environ deux minutes ; ensuite vous y mettrez une marmelade de verjus faite de cette façon : prenez une livre de verjus mûr et ôtez-en la grappe ; mettez-le sur le feu pour le faire cuire jusqu'à ce qu'il soit en marmelade, et mettez-le dans un tamis pour le presser fort, jusqu'à ce qu'il n'y reste plus que les peaux et les pepins. Remettez la marmelade sur le feu pour la faire dessécher, afin qu'elle soit bien épaisse ; vous la mettez dans le sucre et les remuez bien ensemble, jusqu'à ce que le sucre commence à blanchir sur les bords de la poêle : versez-la tout de suite dans le moule comme celle de violette.

Conserve de guimauve.

Coupez en très petits morceaux environ une livre de guimauve, après l'avoir ratissée et lavée ; faites-la cuire dans un pot avec un peu d'eau jusqu'à ce qu'elle soit en marmelade ; passez-la dans un tamis en la pressant fort ; remettez sur le feu ce que vous avez passé ; remuez toujours jusqu'à ce qu'elle soit bien épaisse ; faites cuire une livre de sucre de la même façon que celui de la conserve de groseilles, mettez-y de la marmelade, et remuez-la jusqu'à ce que le sucre commence à blanchir sur les bords de la poêle ; versez-la dans le moule comme les précédentes.

Conserve de raisin.

Ordinairement, pour toutes sortes de confitures de raisin, l'on prend du muscat, parce qu'il est le meilleur. Prenez une livre et demie de raisin, ôtez-en la grappe, et mettez-le sur le feu pour le faire crever ; ensuite vous le passez à force dans un tamis, jusqu'à ce qu'il n'y reste plus que les peaux et les pepins. Mettez tout ce que vous avez passé sur le feu et faites-le dessécher jusqu'à ce que votre marmelade soit bien épaisse. Faites cuire une livre de sucre de la même façon que celui de la conserve de groseilles : quand il est à son point de cuisson, mettez-y la marmelade, et finissez-la de même.

Conserve d'orange.

Mettez une demi-livre ou trois quarterons de sucre dans une poêle avec un demi-verre d'eau ; faites-le bouillir sans l'écumer, jusqu'à ce que, trempant l'écumoire dans le sucre et soufflant au travers des trous, il en sorte de grandes étincelles de sucre : ôtez-le du feu. Quand il sera à moitié froid, vous aurez toute prête l'écorce d'une orange douce et râpée très fin, que vous mettrez dedans, et la remuerez avec le sucre jusqu'à ce qu'il commence à s'épaissir : vous verserez la conserve dans le moule.

Les conserves de citrons et de bigarades se font de même.

Conserve de café.

Mettez une livre de sucre dans une poêle avec un verre d'eau ; faites bouillir et écumez. Continuez de faire bouillir jusqu'à ce que, trempant l'écumoire dans le sucre et soufflant au travers des trous, il en sorte de petites étincelles de sucre. Ôtez-le du feu, et laissez-le un peu refroidir. Mettez-y une once de café moulu, et remuez-les ensemble. Quand ils seront bien mêlés, vous verserez votre conserve dans le moule.

Conserve de chocolat.

La conserve de chocolat se fait de même, à cette différence qu'il ne faut qu'une demi-once de chocolat râpé très fin pour une livre de sucre.

Pralines.

Mettez dans un poêlon une livre d'amandes douces bien émondées avec une livre de sucre et quelques cuillerées d'eau ; faites chauffer le tout sur un feu ardent ; retirez votre poêlon du feu et remuez bien avec une spatule ; ôtez une partie du sucre et remettez le reste sur le feu en remuant toujours. Quand les amandes auront repris le sucre, ajoutez-en d'autres, et ainsi de suite, jusqu'à ce qu'elles en soient bien couvertes.

Fleur d'oranger pralinée.

Mettez dans l'eau une livre de fleur d'oranger émondée, et laissez-la ensuite égoutter. Faites-la bouillir dans du sucre clarifié, passez-la au tamis pour la mettre dans du sucre en poudre et faites-la sécher en la frottant avec les mains; après l'avoir de nouveau passée au tamis, mettez-la à l'étuve, puis dans un bocal fermé hermétiquement.

Troisième Partie.

—

PATISSERIE PITTORESQUE.

—

CHAPITRE PREMIER.

—

Imitations diverses.

Non seulement cette partie de l'art du pâtissier présente de grandes difficultés d'exécution, mais elle demande d'assez longues études, beaucoup de goût et des connaissances artistiques très variées. Ainsi il serait impossible qu'un pâtissier produisît quelque chose de remarquable en ce genre s'il ne savait un peu de dessin et d'architecture. Il faut, en outre, une longue pratique, et c'est particulièrement pour cette partie de l'art du pâtissier que la théorie est insuffisante. « Cette brillante partie, » dit M. Carême, « ne souffre point de médiocrité, et, sous ce rapport, je compare un bon pâtissier de colifichets à une modiste distinguée, douée d'un goût parfait et d'une imagination inventive, dont les doigts industrieux font, avec peu d'étoffe, des choses charmantes qui séduisent et captivent la vue. »

Cette partie de la pâtisserie pourrait donner matiére à plusieurs volumes, si l'on voulait décrire tous les objets qui peuvent être imités, et entrer dans quelques détails sur la construction de chacun d'eux.

Nous nous bornerons donc, après avoir parlé des matériaux à employer pour les pièces montées, à donner plusieurs exemples. Il serait d'ailleurs tout à fait inutile d'entrer dans de longs détails sur plusieurs pièces du même genre. Certes l'artiste qui aura su faire un rocher ou des ruines fera bien une chaumière avec les mêmes matériaux ; celui qui aura fait un trophée militaire en saura faire un de marine. Encore une fois, c'est là une affaire de goût ; l'art a des règles, mais le génie n'en a point : on peut enseigner à un homme à tracer des lignes correctes, à copier une figure quelconque ; on ne lui apprendra jamais à donner de la vie aux personnages.

Au reste, la liste suivante des entremets de pâtisserie, que nous empruntons au célèbre M. Carême, qui a porté son art au plus haut point de perfection ; cette liste, disons-nous, pourra en quelque sorte servir de guide aux praticiens trop timides pour créer, et assez forts néanmoins pour suivre les indications données par ce grand maître.

Liste des entremets de pâtisserie d'après M. Carême.

Croque en bouche de quartiers d'orange.

— de génoises glacées au gros sucre.

— feuilletage à blanc.

— de marrons glacés au caramel.

— de noix vertes glacées au caramel.

Biscuit glacé à la royale.

— à la parisienne.

— aux confitures et méringues.

— fourré à la pâtissière et méringue.

— à l'italienne.

Corbeille à la française.

— à l'anglaise.

— à la génoise.

Coupe en pâte d'amandes ornée d'une sultane.

Charlotte à la parisienne.

— à la française.

— à l'italienne.

— aux macarons d'avelines.

— aux gaufres, aux pistaches.

— de pommes d'api.

— de pommes de reinette.

— d'abricots.

— de pêches.

Méringues montées et au gros sucre.

Vase garni de noix en pâte d'amandes.

Coupe garnie d'un ananas en pâte d'amandes.

Corbeille garnie de pommes d'api en pâte d'amandes.

Ballon en sucre filé.

Corbeille en sucre filé, garnie de méringues.

Entremets monté à trois gradins.

Coupe montée sur une cassolette.

Vase garni d'une palme.

Sultane montée sur une cassolette.
Gerbe de blé ornée de sucre filé.
Vase formant cascade.
Arbuste portant des petits paniers.
Rotonde à palmier.
Petit temple en pâte d'amandes.
Petit pavillon turc orné de sucre filé.
Petite ruine dans une île.
Petit cabinet chinois.
Petite rotonde en ruines.
Choux pralinés aux avelines.
 — grillés aux amandes.
Gimblettes grillées aux amandes.
Choux au gros sucre.
 — à la Mecque.
 — aux anis blancs.
Petits choux à la Saint-Cloud.
 — à la Vincennes.
Choux soufflés à l'orange et au cédrat.
 — en caisse et au cédrat.
Petits-pains à la duchesse.
Choux glacés.
Pains aux avelines.
Choux aux avelines.
Petits-pains au chocolat.
 — à la reine.
 — à la rose.
 — à la paysanne.
 — au raisin de Corinthe.
 — glacés au caramel.
 — glacés aux pistaches.
 — glacés aux anis roses.
 — glacés au raisin de Corinthe.
 — glacés au gros sucre.

14

Profiteroles au chocolat.
Madeleines au cédrat.
— au raisin de Corinthe.
— aux pistaches.
— au cédrat confit.
— aux anis blancs.
— en surprise.
Génoises à l'orange.
— à la rose.
— à la vanille.
— au chocolat.
— au raisin de Corinthe.
— au cédrat confit.
— aux anis roses.
— au marasquin.
— aux pistaches.
— aux avelines.
— aux amandes amères.
— en couronne perlées.
— perlées aux pistaches.
— perlées au raisin de Corinthe.
— à la dauphine.
Gâteaux d'amandes amères.
— aux avelines.
— au cédrat.
Gaufres aux pistaches.
— au raisin de Corinthe et au gros sucre.
— à la parisienne.
— à la française.
— mignonnes aux avelines.
— d'office à la vanille.
— à la flamande.
Nougats à la française.
— au sucre rose à la vanille.

Nougats au raisin de Corinthe et au gros sucre.

— aux avelines garnis de crème fouettée.

Méringues à la bigarade.

— aux pistaches et au gros sucre.

Petites méringues moelleuses pour assiette de dessert.

Petits-pains de châtaignes.

— de pommes de terre.

— aux avelines.

— aux amandes amères.

— aux anis de Verdun.

— des quatre fruits.

— d'oranges.

Darioles au café-moka.

— soufflées au cédrat.

Talmouses au sucre et au fromage de Viry.

— ordinaires au fromage de Brice.

Petits soufflés de riz au zeste de citron.

— au lait d'amandes.

Mirlitons à la fleur d'oranger.

— aux avelines.

— aux pistaches.

— aux amandes.

— au zeste de citron.

Fanchonnettes à la vanille.

— au lait d'amandes.

— au café-moka.

— au chocolat.

— au raisin de Corinthe.

— aux pistaches.

— aux avelines.

— d'abricots.

Tartelettes d'abricots.

— de pêches.

— de prunes de reine-claude.

Tartelettes de prunes de mirabelle.
— de cerises.
— de groseilles vertes ou rouges.
— de groseilles rouges.
— de groseilles blanches.
— de fraises.
— de pommes de reinette.
Timbales de riz au lait d'amandes.
— de riz au lait d'avelines.
— de riz à la moelle.
— de riz au café-moka.
— de riz au cédrat confit.
— de riz au raisin de Corinthe.
— de riz au raisin muscat.
— de riz aux pistaches.
— de riz aux marrons.
— de nouilles à l'orange.
— de vermicelle au citron.
— aux pommes de terre et au zeste de bigarade.
Gâteaux de riz aux rognons.
— de Pithiviers aux avelines.
— aux amandes amères.
— au cédrat.
— à la fleur d'oranger pralinés.
— au raisin de Corinthe.
— au raisin muscat.
— des quatre fruits.
— au rognon.
— à la moelle et à la vanille.
— anglo-français.
— aux pistaches et aux avelines.
Gâteaux fourrés de crème au café-moka.
— de marmelade de pêches.
— à la d'Artois.

Gâteaux à la parisienne.
— aux pommes et raisin.
— aux pommes et pistaches.
— aux abricots.
— aux pêches.
— aux prunes de mirabelle.
— aux prunes de reine-claude.
— aux prunes de Sainte-Catherine.
— aux cerises douces.
— aux fraises.
— aux groseilles rouges ou blanches.
— aux groseilles vertes.
Flans de pommes au beurre et au cédrat.
— — à la portugaise.
— aux cerises de Montmorency.
— de prunes de reine-claude.
— de prunes de mirabelle.
— d'abricots glacés.
— de crème pâtissière glacés.
Tourte d'entremets de fruits.
— d'abricots glacée.
Vole- au-vent d'abricots.
— garni de pêches.
Tourtes d'entremets de fruits confits.
— de marmelade d'abricots pralinées.
— à la moelle pralinées.
— aux rognons de veau et aux pistaches.
— de crème aux épinards pralinées.
— de crème manière anglaise.
Petits gâteaux aux pistaches glacés.
— fourrés de riz au raisin de Corinthe.
— — à la manière anglaise.
— — à la crème aux épinards.
— — de marmelade d'abricots.

Petits gâteaux fourrés de groseilles rouges.
Petits gâteaux de fraises ou de framboises.
   — d'abricots glacés.
   — de marmelade de pommes de reinette.
   — de pommes aux pistaches.
   — de pommes bandées.
   — de pommes aux amandes pralinées.
   — de Pithiviers pralinés.
   — de Pithiviers aux avelines.
Gimblettes d'abricots aux avelines.
   — de prunes aux amandes.
   — de pêches aux pistaches.
Petits vole-au-vent à la Chantilly à la violette.
   — glacés au gros sucre, garnis de fraises.
   — printaniers.
   — à la crème plombière au café.
Petits vole-au-vent au fromage bavarois, aux abricots.
   — garnis de gelée fouettée.
Petits puits-d'amour aux pistaches.
   — au gros sucre.
Mosaïques glacées au sucre rose.
   — aux pistaches.
   — aux avelines et au gros sucre.
Tartelettes mosaïques à la marmelade de pêches.
   — de cerises confites.
   — aux pistaches glacées.
   — aux avelines glacées.
   — aux amandes amères glacées.
   — au raisin de Corinthe glacées.
   — de pommes pralinées à la vanille.
Petits gâteaux renversés à la gelée de groseille.
   — glacés aux pistaches.
Canapés garnis d'abricots.
   — aux pistaches garnis de gelée de pommes.

Petits gâteaux d'abricots.
Petits livrets d'abricots.
Petits cannelons glacés et garnis de gelée de pommes.
— pralinés aux avelines.
— au gros sucre.
— méringués aux pistaches.
— méringués au raisin de Corinthe.
— méringués.
Petites bouchées glacées à la pâtissière.
— méringuées aux pistaches.
— perlées.
— perlées au raisin de Corinthe.
— perlées aux pistaches.
— au gros sucre.
— au raisin de Corinthe.
— aux pistaches.
— aux anis roses de Verdun.
— aux anis blancs.
— glacées à la royale au chocolat.
Petites fantaisies aux pistaches.
Petites fantaisies au gros sucre.
Petits quadrilles aux quatre fruits.
— pralinés aux avelines.
Petites rosaces au gros sucre.
Petits trèfles perlés aux pistaches.
— perlés au gros sucre.
— pralinés aux avelines.
Petites étoiles au gros sucre.
— aux pistaches.
Petites couronnes aux pistaches.
Petites feuilles de chêne perlées.
Petits paniers au gros sucre.
— pralinés aux avelines.
Petits diadèmes aux pistaches.

Panachés en diadèmes au gros sucre.
— perlés au raisin de Corinthe.
— aux pistaches et au gros sucre.
— ronds aux pistaches.
— au raisin de Corinthe.
Petits gâteaux royaux à la vanille.

—

IMITATION DE FLEURS, FRUITS, etc.

Pensées.

Émondez une demi-livre d'amandes douces, faites-les rafraîchir et égoutter, puis vous les pilerez en les mouillant de temps en temps avec un peu de blanc d'œuf, pour éviter qu'elles ne tournent en huile. Lorsqu'elles seront pilées de manière à présenter une pâte bien unie, vous y joindrez une demi-livre de sucre en poudre tamisé et un peu de poudre d'iris, et vous mêlerez bien le tout ensemble. Mettez cette pâte sur une table de marbre saupoudrée de sucre, et faites-en une abaisse d'un peu plus d'une ligne d'épaisseur. Alors, à l'aide d'un coupe-pâte en forme de pensée, vous découperez cette abaisse, puis vous mettrez les pensées ainsi découpées sur des plaques légèrement enduites de cire vierge, et vous les mettrez au four doux. La cuisson en sera prompte, car il suffira qu'elles soient seulement un peu fermes, et moins elles seront cuites, meilleures elles seront.

D'autre part, vous fouetterez en neige deux blancs d'œufs, et quand ils seront bien fermes, vous les mêlerez avec six onces de sucre en poudre tamisé et une pincée de poudre d'iris. Ce mélange achevé, cela formera une espèce de pâte à méringue, que vous mettrez dans un cornet à perler, dont l'ouverture inférieure ait à peu près le même diamètre que les feuilles du haut de la pensée, qui doivent être un peu plus grandes que celles du milieu. Faites les feuilles de pensée avec cette dernière pâte, en commençant par celles du haut, puis vous ferez immédiatement, et le plus promptement possible, deux feuilles du bas, et vous couvrirez aussitôt ces quatre feuilles avec du sucre violet en grain fin ; faites les deux feuilles du milieu, couvrez-les de sucre jaune, et mettez vos pensées à la bouche du four, pour qu'elles sèchent promptement et que les couleurs ne se mêlent pas. Le four, au moment où l'on fait sécher les pensées, doit être presque froid.

On pourra faire de la même manière des myosotis, vulgairement appelés *pensez-à-moi*, et beaucoup d'autres fleurs du même genre.

Raisin.

Fouettez en neige une demi-douzaine de blancs d'œufs ; quand ils seront bien fermes, vous les mêlerez avec une livre de sucre en poudre et quelques cuillerées d'esprit de vin, puis vous mettrez cette pâte dans une seringue à dresser, dont l'ouverture doit avoir le diamètre d'un grain de raisin. Dressez les grains sur des feuilles de papier, en les groupant de la manière suivante : vous tiendrez la seringue bien droite, et vous pousserez par secousses, de manière qu'à chaque coup la pâte casse après avoir formé le grain. Dressez d'abord deux grains l'un près de l'autre, puis deux autres à la suite, un seul au bout et deux par dessus. Toute votre pâte étant employée, vous couvrirez vos grains de raisin avec du sucre bleu (vous aurez eu soin d'ajouter un peu de carmin au bleu), puis vous mettrez vos feuilles ainsi garnies sur des planches mouillées, et vous enfournerez au four presque froid. Lorsque les raisins seront cuits, vous les défournerez, et vous figurerez les queues des grappes avec de l'angélique.

Abricots.

Fouettez en neige une douzaine de blancs d'œufs ; mêlez-y

deux livres de sucre en poudre tamisé, et colorez cette pâte avec du safran, ou une décoction de fleurs de souci ; dressez cette pâte sur des feuilles de papier, en donnant à chaque partie la forme d'une moitié d'abricot ; mettez sur chaque moitié quelques petits grains de chocolat, pour figurer les points noirs qui se voient sur les abricots, puis vous les couvrirez de sucre en poudre rose ; lorsque ce sucre sera assez fondu, c'est à dire lorsque les moitiés d'abricots paraîtront un peu humides, vous enfournerez au four doux. Détachez vos moitiés d'abricots de dessus le papier, quand elles seront cuites, et soudez-les, deux par deux, avec un peu de blanc d'œuf mêlé avec du sucre en poudre, ou avec du sucre cuit à la nappe, et vous figurerez la queue avec de l'angélique.

Les pêches, prunes, pommes, etc., se font absolument de la même manière.

Marrons.

Jetez de l'eau bouillante sur huit onces d'amandes douces, afin de les émonder facilement ; puis vous les ferez rafraîchir et égoutter, et vous les pilerez avec un bâton de vanille, en ajoutant de temps en temps un peu de blanc d'œuf pour qu'elles ne tournent pas en huile. Mettez cette pâte avec trois quarterons de sucre en poudre tamisé. Cela formera une pâte très ferme que vous couperez par morceaux de la grosseur d'une châtaigne. Donnez à chaque morceau la forme convenable, ce qui est très facile en faisant avec un couteau la petite cavité que présente un marron émondé ; puis vous poserez cette pâte ainsi préparée et moulée sur un tamis de crin, que vous mettrez sur le four, où il devra passer au moins douze heures. Au bout de ce temps vous placerez vos marrons sur des plaques légèrement enduites de cire vierge, vous les dorerez, et les ferez cuire au four gai. Ayez soin de laisser entre chaque marron un espace de dix lignes au moins. Surveillez les marrons pendant la cuisson, et lorsqu'ils auront la couleur de marrons grillés ordinaires, vous les défournerez. Il faut que les marrons soient un peu saisis au four, afin que l'intérieur ne devienne pas ferme.

Radis.

Fouettez en neige bien ferme trois blancs d'œufs, et mêlez-y une demi-livre de sucre en poudre tamisé, et deux ou trois gouttes de néroli. Mettez une partie de cette préparation dans une seringue, dont le bout soit d'un diamètre convenable pour dresser la pointe des radis, et vous dresserez ces pointes sur des feuilles de papier. Mettez ensuite l'autre partie de la pâte dans une seringue propre à former le corps des radis que vous saupoudrerez avec du sucre rose ; vous figurerez ensuite la verdure avec de l'angélique confite. Faites cuire ces radis au four doux, et défournez-les dès qu'ils se détacheront de dessus le papier. Dressez-les ensuite, en les groupant d'une manière gracieuse.

Pommes de terre.

Faites une pâte semblable à celle indiquée dans l'article précédent, en supprimant le néroli et ajoutant un peu de vanille. Dressez cette pâte sur des feuilles de papier, en la divisant par petites parties, de la longueur et du diamètre des petites pommes de terre rouges, ce qui est très facile, attendu que la forme des pommes de terre est très irrégulière. Faites, à la surface, de petits crans ; puis vous mêlerez du chocolat râpé et du sucre rose, par égales parties, et vous en saupoudrerez les pommes de terre. Mettez les feuilles de papier sur des planches mouillées, et enfournez au four doux. Opérez, du reste, comme pour les radis.

Faites une pâte semblable à celle indiquée pour les pommes de terre, en supprimant la vanille et ajoutant du zeste d'orange en assez grande quantité pour colorer la préparation.

Dressez ensuite, à l'aide d'un cornet, sur des feuilles de papier ; saupoudrez les carottes de sucre jaune, et opérez, du reste, comme il est dit ci-dessus.

Nous devons dire que la théorie, pour dresser ces sortes d'imitations, est tout à fait insuffisante ; la pratique est indispensable, et tous les livres imaginables ne sauraient la remplacer dans ce cas. Hâtons-nous d'ajouter, toutefois, qu'il ne sera pas nécessaire d'avoir pratiqué long-temps pour obtenir des résultats satisfaisans, lorsqu'on sera d'abord pénétré des principes que nous tâchons d'enseigner.

Petites saucisses.

Jetez de l'eau bouillante sur une livre d'amandes douces, afin de les émonder facilement, puis vous les ferez rafraîchir, égoutter, et vous les pilerez en mettant de temps en temps un peu de blanc d'œuf dans le mortier, afin d'empêcher que les amandes ne tournent en huile. Lorsque les amandes seront bien pilées, vous ajouterez trois quarterons de sucre en poudre tamisé, un peu de cannelle et de girofle, également en poudre, et vous mêlerez bien le tout ensemble. Divisez cette pâte en deux parties égales, et mettez dans l'une de ces parties un quarteron de chocolat, que vous aurez râpé et fait fondre à la bouche du four. Mêlez doucement les deux parties de pâte, de manière à ce que le tout présente çà et là de petites taches noires et blanches. Vous diviserez ensuite cette pâte par petits morceaux, auxquels vous donnerez, en les roulant, la forme de saucisses longues, et que vous rangerez sur des plaques légèrement enduites de cire vierge. Posez ces plaques au dessus du four, et laissez-les-y pendant dix ou douze heures. Au bout de ce temps, vous les mettrez au four doux. Lorsque les saucisses seront cuites, vous tiendrez les plaques sur le devant du four, et avec un pinceau vous étendrez du blanc d'œuf sur les saucisses, afin de les rendre luisantes.

Avant qu'elles ne soient refroidies, vous en lierez les extrémités avec un bout de fil, que vous ôterez quand elles seront sèches.

Cette imitation est très facile, et ne demande pas beaucoup de pratique.

Rochers.

Délayez, avec trois blancs d'œufs, une demi-livre de chocolat que vous aurez d'abord râpé et fait fondre ; ajoutez-y une livre d'amandes pilées et autant de sucre en poudre. Cette pâte, sans être trop ferme, doit pourtant l'être assez pour pouvoir être dressée, en forme de rocher, sur une plaque enduite de cire vierge, ou, ce qui vaut mieux, sur une feuille d'hostie. Semez sur ces rochers de la nonpareille brune, et faites-les cuire au four doux. Lorsqu'ils seront cuits et refroidis, vous hacherez bien fin des pistaches émondées, et vous les placerez çà et là sur les rochers, en les collant avec un peu d'eau gommée.

Imitation de la mousse.

On fait un grand usage de cette imitation dans la pâtisserie pittoresque pour les rochers, les ruines, les gradins, etc.

Faites une pâte d'amandes, de la manière que nous avons indiquée plus haut, et colorez-la en vert foncé. Faites-en une égale quantité, que vous colorerez en vert tendre. Mettez ces pâtes sur un tamis un peu clair, et pressez-les avec une spatule. Cette pâte, ainsi mêlée et pressée, sortira en petits filets d'un vert varié qui figurera parfaitement la mousse.

Sucre filé.

C'est surtout pour le filage que le choix du sucre est important, car cette opération présente de grandes difficultés qu'il est presque impossible de surmonter lorsque le sucre n'a pas toutes les qualités requises. Le sucre que l'on emploiera devra donc être très blanc, parfaitement cristallisé, il se cassera franc, et lorsque vous le mettrez dans l'eau, il devra se fondre promptement sans laisser au fond du vase aucun corps étranger. Ainsi que nous l'avons dit plus haut, lorsque nous nous sommes occupés de la cuisson du sucre, le sucre de qualité inférieure est gros à la cuisson, et l'on ne peut le filer qu'en le faisant cuire un peu plus qu'au cassé, ce qui le brunit, de sorte que l'on ne surmonte une difficulté que pour être arrêté par une autre. Il est vrai que le sucre inférieur, un peu bruni par excès de cuisson, peut se blanchir par l'addition du suc de citron ; mais cette blancheur n'approche pas de celle que le sucre de première qualité possède.

La température et le plus ou moins d'humidité du lieu où l'on opère sont aussi des choses fort importantes. Si le temps est humide, par exemple, s'il pleut ou s'il fait du brouillard, le sucre se filera plus difficilement, et lorsqu'il sera filé, il ne pourra se conserver ; il faudra donc, dans ce cas, ne le filer que quelques instans avant de servir la pièce à la confection de laquelle il doit être employé.

Le temps étant convenable et le sucre bien choisi, vous mettrez quatre onces de ce sucre dans un poêlon d'office et le quart d'un verre d'eau filtrée ; mettez le poêlon sur le feu, et faites cuire le sucre au cassé selon le procédé que nous avons indiqué (*voir, plus haut, cuisson du sucre*). Otez le poêlon du feu, dès que le sucre sera cuit, et laissez-le refroidir. Il ne faut pas attendre pourtant que le sucre soit tout à fait froid, car il ne pourrait plus se filer ; de même que, s'il était trop chaud, il se diviserait trop facilement en gouttelettes qui produiraient un effet désagréable : il faut donc qu'il soit d'une chaleur modérée.

Le sucre étant à la température nécessaire, vous prenez

de la main gauche le moule sur lequel vous voulez filer le sucre, et que vous avez d'abord légèrement huilé; tenez ce moule à hauteur de ceinture. De la main droite, vous tiendrez le poêlon que vous éleverez vers la poitrine en le penchant doucement pour que le sucre vienne au bord du goulot. Avancez alors le bras droit vers le moule, retirez-le brusquement et continuez ce mouvement tant que le sucre filera. S'il devenait trop froid, vous le feriez chauffer un peu, mais sans le faire bouillir, puis vous recommenceriez jusqu'à ce que le moule fût bien masqué de sucre filé, et que le bas fût plus épais que le haut. Vous pourrez alors détacher la pièce du moule.

On file encore le sucre d'une autre manière, que l'on appelle *filage à la fourchette*. Pour filer le sucre, d'après cette méthode, on pose sur le bord d'une table le poêlon dans lequel se trouve le sucre cuit ou cassé, et ayant le degré de chaleur convenable. De la main gauche on tient un couteau à la hauteur de la poitrine, de la main droite on tient deux fourchettes, comme on tiendrait une plume pour écrire; alors on trempe les fourchettes dans le sucre, on les élève au dessus du couteau, et l'on donne deux ou trois mouvemens du poignet; puis on trempe de nouveau les fourchettes dans le poêlon, qu'il serait bon de poser sur de la cendre chaude pour maintenir le sucre au degré de chaleur convenable, et vous continuez ainsi jusqu'à ce que tout le sucre soit employé. Alors vous détachez de la lame du couteau l'espèce de chevelure de sucre qui s'y trouve suspendue. Coupez ces filets de sucre en deux, après les avoir étendus sur une table, et mettez ces deux parties l'une sur l'autre, la plus épaisse en dessous.

Lorsque vous voudrez employer le sucre ainsi filé, vous le diviserez d'après la longueur des pièces que vous voudrez faire. Si vous voulez lui donner une forme ronde, vous le roulez; mais si vous en voulez faire des lignes droites comme des cordes de harpe, des crinières de casques, ou des cascades (*voir* les figures à la fin de ce volume), vous les laissez longües, et vous les soudez au besoin, en approchant des deux parties que l'on veut réunir un charbon ardent maintenu dans une petite pince.

Pastillage.

Jetez dans de l'eau tiède six onces de gomme-adragant; lorsque cette gomme sera fondue, vous passerez le liquide dans un linge blanc. Mettez cette eau de gomme dans un mortier avec six livres de sucre en poudre et une livre d'amidon. Pilez ces divers ingrédiens jusqu'à ce qu'ils forment une pâte un peu ferme. Si elle était trop molle, on pourrait y ajouter du sucre en poudre et un peu d'amidon. Mettez cette préparation dans des moules à pastilles, et vous obtiendrez des pastilles blanches. Pour en faire de toute autre couleur, il vous suffira d'employer du sucre coloré.

Les pastilles servent à décorer une foule de pièces ou pâte d'office. Cette pâte étant étendue, on appuie dessus le moule de la fleur ou du dessin que l'on veut avoir, puis on nuance ce dessin avec des pastilles de couleurs diverses.

CHAPITRE II.

—

DES ENTRÉES FROIDES MONTÉES.

—

Des socles d'entrées.

Les socles d'entrées se font en sain-doux fondu, travaillé et coloré, et en beurre ou naturel, ou travaillé et coloré. C'est surtout ici que l'artiste a besoin de joindre à beaucoup d'adresse des connaissances positives en dessin, en sculpture et architecture ; aussi traiterons-nous très brièvement cette partie pour laquelle la théorie est sinon inutile, au moins tout à fait insuffisante. Cela est à ce point que nous n'avons l'espoir d'être compris que par les praticiens, et ceux-là, il faut l'avouer, s'ils ont l'amour de leur art, n'ont pas besoin de nos leçons, auxquelles manque la démonstration physique.

Toutefois, nous ne laisserons pas de consigner les premiers élémens de l'art, sans lesquels notre ouvrage ne serait pas complet. Nous avons dit que les socles d'entrées froides se font en sain-doux et en beurre, et nous allons entrer, à ce sujet, dans quelques détails indispensables.

Socles en beurre.

Taillez un pain de mie de manière à lui donner la forme du socle que vous voulez faire, puis, après avoir manié la quantité de beurre nécessaire, vous en ferez une abaisse d'un peu moins d'un pouce d'épaisseur ; vous la taillez convenablement, et l'appliquez sur le socle en mie de pain; faites ensuite les moulures , et votre socle est terminé.

On peut, ainsi que nous l'avons dit, se servir de beurre coloré ou de beurre d'écrevisses (*voir* le chapitre *des sauces et garnitures.*)

Socles en sain-doux non fondu.

Hachez bien menu cinq livres de graisse de mouton, faites-la fondre en y ajoutant un peu d'eau, puis vous y mêlerez quatre livres de sain-doux. Mêlez bien le tout, passez-le, puis vous le laisserez refroidir. Moulez votre socle avec cette préparation. Si vous voulez colorer le socle, vous pourrez vous servir de quelque graisse que ce soit, la couleur que vous ajouterez devant remédier au défaut de blancheur.

Socles en sain-doux fondu.

Faites fondre cinq livres de graisse de mouton, passez-la ; ajoutez ici une égale quantité de sain-doux fondu à part; passez le tout, et mettez-le dans un vase que vous poserez sur de la glace pilée. Opérez avec ce sain-doux comme pour les socles en beurre (*voir plus haut*).

Moulage des socles.

Le pied du socle étant taillé avec de la mie de pain, vous

posez cette mie de pain sur une base de sain-doux ou de beurre, puis vous la masquez entièrement avec la même matière, puis vous faites le profil bien droit.

Décors des socles.

Les socles ainsi moulés se décorent avec des fleurs naturelles, ou en pastillage sur pâte d'office, comme nous l'avons dit plus haut, ou en beurre coloré. Les socles étant moulés et décorés, vous les creusez un peu au milieu pour y poser votre entrée froide.

Hatelets de socles.

Ces hatelets sont de petites brochettes à l'aide desquelles on fixe sur les socles une foule d'ornemens, tels que trophées militaires, emblèmes de chasse, d'amour, d'amitié, etc. Ces ornemens peuvent être comestibles ou ne l'être pas, attendu que presque jamais les convives n'entament le socle qui porte une entrée.

CHAPITRE III.

ENTREMETS MONTÉS.

Socles d'entremets.

Ces socles sont d'autant plus faciles à faire qu'ils se composent de pièces diverses, qu'avec un peu d'adresse on ajuste très facilement. Ainsi, les moutons sont ordinairement faits en pâte d'office, les gradins sont figurés avec une foule de pièces de petit four, et le dessus porte la pièce principale. Sur les montans que vous aurez masqués de sucre coloré, vous collerez des bordures de fantaisie. On comprend que c'est surtout ici que la démonstration matérielle est indispensable, et que tous nos efforts seraient insuffisans pour y suppléer. Aussi, nous osons affirmer que l'excellent ouvrage de M. Carême, sur cette matière, ne peut être compris que par d'excellens praticiens.

Puisque nous citons de nouveau M. Carême, nous parlerons des socles en fer-blanc, dont on lui doit l'invention. Ces socles très légers se masquent avec du sucre de couleur. On garnit les gradins avec une foule de productions de petit four, et l'on pose sur la plate-forme la pièce principale, qui peut être un temple, une chaumière, un moulin, etc. (*Voir ces figures à la fin de cet ouvrage.*)

Croque-en-bouche.

Les croque-en-bouche sont un composé de plusieurs sortes de gâteaux en pâte à choux, pâte à la duchesse, gâteaux feuilletés, etc., que l'on monte dans un moule à jour, en forme d'arcades ou d'anneaux, et que l'on glace avec du sucre cuit ou cassé. À mesure que l'on a placé une rangée de gâteaux, on en place une autre dessus, en mettant entre elles un peu de caramel pour rendre l'édifice solide. Lorsque le moule est garni on le renverse avec précaution, et l'on pose le croque-en-bouche sur son socle.

Gâteau de mille feuilles.

Faites des gâteaux feuilletés comme il est dit à cet article (*voir plus haut*); laissez-les refroidir, puis dressez-les sur socle, en mettant entre chaque rangée une couche de confitures différentes; vous mettez au sommet une grosse méringue.

Gâteau de mille feuilles au fromage bavarois.

Faites un gâteau bavarois, comme il est dit à cet article, puis vous ferez une certaine quantité de gaufres, et vous les dresserez sur un socle en mettant entre chaque gaufre une couche de fromage bavarois.

Gâteau de mille feuilles à la crème.

Remplacez les gaufres par des abaisses taillées dans un biscuit de Savoie, et garnissez avec de la crème fouettée et diversement colorée.

Sultanes.

On appelle sultanes les pièces de pâtisserie au sucre filé. On couvre d'abord le moule avec de la pâte d'amandes ; puis on file le sucre dessus. Mais, nous le répéterons pour la dernière fois, la théorie est ici tout à fait insuffisante.

CHAPITRE IV.

—

DES PASTILLES.

—

Pastilles de vanille.

On coupe par petits morceaux quatre onces des gousses de la meilleure vanille du Mexique, que l'on jette dans un mortier de fonte avec un demi-gros d'ambre gris et une once de sucre blanc, puis on pile jusqu'à ce que ces substances commencent à poudrer ; alors on passe au travers du tambour de soie, on pile encore ce qui n'a pas pu passer, et on continue de piler et de passer dans le même tambour, jusqu'à ce que le tout soit réduit en poudre impalpable ; on met cette poudre dans un vaisseau de verre ou de faïence, que l'on tient bien bouché, puis on jette une demi-once de gomme-adragant dans un mortier de marbre, et on pile en observant d'arroser de temps à autre, et peu à peu, avec de l'eau de rivière, jusqu'à ce que cette gomme soit totalement fondue et convertie en un mucilage épais que l'on passe au travers d'un linge ; on délaie d'abord la poudre de vanille dans ce mucilage que l'on agite fortement avec une cuiller de bois, et on y jette peu à peu du sucre blanc que l'on a également fait réduire en poudre impalpable, et quand le liquide a acquis assez de solidité, on le pétrit avec du sucre en poudre, jusqu'à ce qu'il ait la même consistance que la pâte du pain, puis on sépare cette pâte par petits morceaux, que l'on roule ensuite sur le marbre avec les doigts, ou bien on en fait des abaisses que l'on étend l'une après l'autre sur le marbre avec un rouleau de buis, et lorsqu'elles sont suffisamment étendues, on y imprime de petits carrés avec un rouleau crénelé ; on enlève ces abaisses avec un couteau dont la lame est large et flexible ; on les met chacune sur une feuille de papier blanc, et lorsqu'elles sont un peu ressuyées, on les coupe avec des moules de fer-blanc ; on et le ces pastilles pendant douze ou quinze heures sur d'autres feuilles de papier blanc ; on les jette ensuite dans des tamis de crin ; on les fait sécher à l'étuve, et lorsqu'elles sont refroidies, on les met en réserve dans des vaisseaux de verre que l'on tient bien bouchés, pour en user au besoin.

Pastilles de safran.

Lorsque l'on a fait un bon choix des fleurs de safran du Gatinais, on en pèse deux onces, que l'on jette dans un mortier de fonte, avec deux onces de sucre demi-gros d'ambre gris, et deux onces de tiges d'angélique confites au sucre et tirées au sec ; on pile ces substances jusqu'à ce qu'elles soient réduites en poudre impalpable, et, comme il vient d'être dit, on jette encore une demi-once de nouvelles fleurs de safran dans trois demi-setiers d'eau froide, on approche le vaisseau du feu ; on échauffe et on entretient le liquide, pendant six heures, à deux degrés de chaleur au dessous de l'eau bouillante ; on laisse refroidir, on coule la liqueur au travers d'un tamis de crin, et, quand le marc est égoutté, on le rejette comme inutile ; on expose cette teinture de safran pendant vingt-quatre heures à un air libre, puis on jette six gros de gomme-adragant dans un mortier de marbre, on pile en observant d'arroser de temps à autre, et en versant peu à peu de la teinture de safran, et jusqu'à ce que cette gomme soit bien divisée, et qu'elle forme une espèce de mucilage épais, que l'on passe ensuite au travers d'un linge; on délaie d'abord la poudre du safran dans cette teinture mucilagineuse, que l'on agite fortement avec une cuiller de bois, et si ce mélange paraît plus fluide que celui de la vanille, on laisse le vaisseau pendant vingt-quatre heures à un air libre, en observant d'agiter de temps à autre, et pour le surplus, on suit exactement les mêmes procédés que pour les pastilles de vanille.

Pastilles de cannelle.

On pèse quatre onces de cannelle appelée *lettre-rouge*; on casse ces écorces par morceaux, que l'on jette dans un mortier de fonte avec un demi-gros d'ambre gris et une demi-once de gousse de vanille coupée par petits morceaux, on pile et on passe ces substances à travers un tambour de soie, autant de fois qu'il est nécessaire, pour être totalement réduites en poudre impalpable; on met cette poudre de cannelle dans un vaisseau que l'on tient bien bouché, puis on jette six gros de gomme-adragant dans un mortier de marbre, on pile et on arrose au fur et à mesure avec notre eau de cannelle orgée, et jusqu'à ce que cette gomme soit fondue, divisée uniformément, et qu'elle forme un mucilage épais comme de la bouillie, que l'on passe au travers d'un linge.

Cette opération étant finie, on jette peu à peu la poudre de vanille dans ce mucilage, on agite fortement avec une cuiller de bois, et on ajoute ensuite autant de sucre en poudre qu'il en faut pour donner à cette pâte la même consistance que celle du pain, puis on la sépare par petits morceaux, auxquels on donne telle ou telle autre forme que l'on juge à propos ; et, quand ces portions de pâte sont ressuyées, on les fait sécher à l'étuve, on les laisse refroidir, et on les met à part dans un vaisseau de verre que l'on tient bien bouché.

Pastilles d'œillets.

Quand on a fait réduire du sucre blanc en poudre impalpable, on verse une chopine de notre eau d'œillets aromatisée de girofles, dans un pot de faïence dans lequel on met une once de gomme-adragant que l'on laisse fondre naturellement, en observant d'agiter ce liquide deux ou trois fois le jour, avec une cuiller d'argent, et de tenir le vaisseau bien bouché. Lorsque cette gomme est bien fondue, on passe et on exprime ce mucilage aromatique à travers un linge, puis on fait triturer sur le marbre une demi-once de carmin, avec environ une demi-livre de sucre qui a été préparé, et que l'on mêle ensuite avec le mucilage, en observant d'agiter fortement avec une cuiller de bois ; on ajoute trois ou quatre gouttes de notre essence éthérée d'ambre, et autant de poudre de sucre qu'il est nécessaire, pour donner à cette pâte la même consistance qu'à celle du pain : on la divise par petites portions auxquelles on donne la forme qu'on veut qu'elles aient ; on les fait ressuyer, sécher à l'étuve, et on met ces pastilles en réserve dans un vaisseau de verre que l'on tient bien bouché, pour en user au besoin.

Pastilles de roses.

Ces pastilles, qui ont l'odeur naturelle de la rose, et dont la saveur est très agréable, se font avec la même quantité de notre eau de rose qui est entrée dans nos pastilles d'œillets, et on suit encore exactement les mêmes procédés que pour ces pastilles.

Pastilles de girofle.

Lorsque l'on a fait un bon choix du girofle, on en jette une once dans un mortier de fonte, avec un gros d'écorce de cannelle et un demi-gros de macis; on pile et on passe au tambour de soie, jusqu'à ce que ces substances soient réduites en poudre impalpable, que l'on renferme ensuite dans un vaisseau de verre ou de faïence, puis on jette six gros de gomme-adragant dans un mortier de marbre, et on pile cette gomme, en observant d'arroser de temps à autre; et quand on y a fait entrer, en versant peu à peu, un poisson d'eau de rivière, on continue d'arroser avec un demi-setier de notre eau d'œillets aromatisée de girofle; on passe ensuite ce mucilage au travers d'un linge, et on y délaie d'abord, avec quelques gouttes de notre essence éthérée d'ambre, la poudre de girofle qui a été mise en réserve, et à laquelle on ajoute peu à peu du sucre blanc, que l'on a également fait réduire en poudre impalpable; on agite fortement avec une cuiller de bois, et quand ce liquide a acquis assez de solidité, on le pétrit avec la poudre de sucre, jusqu'à la même consistance que la pâte du pain, et on sépare cette première pâte par petits morceaux, auxquels on donne la forme du clou de girofle, et que l'on fait ressuyer et sécher comme ci-devant.

Par ce qui a été dit des pastilles, on voit clairement qu'au moyen d'un mucilage préparé convenablement avec la gomme-adragant, dans laquelle on pourrait également faire entrer les huiles essentielles de cédrat, d'orange, de bergamote, de citron, etc., ainsi que les eaux et les poudres aromatiques d'une infinité d'autres substances; on voit, dis-je, que la classe des pastilles est susceptible d'être aussi variée que celle de nos liqueurs spiritueuses, et que ces pastilles doivent avoir les mêmes vertus que les médecins ont attribuées aux trochisques, pourvu, toutefois, comme il arrive souvent, qu'elles ne soient pas infectées d'amidon.

Pastille à la goutte.

Pour faire des pastilles à la goutte, on délaie de beau. sucre, bien blanc et bien cristallisé, dans le suc exprimé, l'infusion, l'eau ou l'esprit distillé de certains aromates, ou même dans l'eau simple, dont on fait une pâte un peu ferme, que l'on aromatise avec de l'huile essentielle, si elle est faite à l'eau simple. Cette pâte se fait ensuite liquéfier au feu dans un petit poêlon à bec, duquel on l'a fait couler tout doucement, et au moyen de la moitié d'une aiguille à tricoter, emmanchée d'un petit morceau de bois, on la divise par petites portions, qui tombent en forme de gouttes, d'où ces pastilles ont pris leur nom.

Pastilles à la fleur d'oranger.

On pile dans un mortier de marbre la quantité de sucre cristallisé qu'on veut mettre en pastilles, on le passe dans un tamis de crin assez gros ; on en retire ensuite la portion la plus fine, au moyen d'un tamis de soie, qu'on met de côté pour l'employer à d'autres usages. On délaie le sucre resté sur le tamis de soie dans un vase de faïence bien propre, avec de bonne eau de fleur d'oranger double, en la remuant avec une petite spatule d'ivoire, et y ajoutant peu à peu l'eau, jusqu'à ce qu'elle ait acquis une consistance telle, qu'en en prenant un peu avec la spatule et la penchant, elle s'en détache d'elle-même : alors on en met trois ou quatre onces dans un petit poêlon à long bec, qu'on place sur un fourneau proportionné à la grandeur du poêlon, qui contient un peu de charbons allumés : on remue la pâte avec la spatule, et quand elle commence à frémir, on retire le poêlon du feu ; on agite un instant la pâte, et on la coule sur des plaques de fer-blanc, en la divisant comme nous l'avons dit.

Pour cela on prend le poêlon de la main gauche, et penchant très doucement son bec, on en fait couler la pâte, et, au moyen de l'aiguille, qu'on tient de la main droite, on la coupe en petits morceaux, qui tombent sur la plaque, et, dirigeant ensemble le poêlon et l'aiguille, on aligne sur la plaque des rangées de pastilles, jusqu'à ce qu'elle en soit couverte. Après cette première, on en couvre une autre et ainsi de suite, jusqu'à ce que les premières pastilles faites soient bien refroidies ; alors on les enlève de dessus les plaques au moyen d'un couteau pliant, et on les met sur un tamis garni de papier blanc. Quand on a fini, on met toutes ces pastilles à l'étuve à une douce chaleur, où il ne faut pas les laisser plus de vingt-quatre heures. A la sortie de l'étuve, on les enferme dans des bocaux de verre.

Nota. Si la pâte se refroidit pendant l'opération, on remet un instant le poêlon sur le feu ; si elle s'attache par petits grains au bec du poêlon, on l'en détache au moyen d'une petite éponge légèrement imbibée d'eau.

Les pastilles à la rose se font de la même manière, si ce n'est que l'on colore la pâte avec du carmin liquide.

Pastilles au café.

On prend quatre onces de bon café en poudre pour chopine d'eau ; on lui fait jeter deux ou trois bouillons ; on couvre le vase, on laisse infuser quelques heures ; on tire la liqueur à clair et on s'en sert pour faire la pâte, qu'on coule en pastilles comme les précédentes.

Pastilles à l'épine-vinette.

On choisit de l'épine-vinette bien mûre, on l'égrène, on la pile légèrement dans un mortier de marbre ; on exprime le marc dans un linge très serré, pour en extraire le jus, dont on se sert pour délayer le sucre, préparé comme nous l'avons dit, et en former la pâte. Il faut avoir soin de ne mettre à chaque fois, dans le poêlon, que la quantité de pâte qui peut se conserver chaude pendant qu'on la coule, car, s'il y en restait de froide, elle graisserait celle qu'on y remettrait, et les pastilles n'auraient point le brillant cristallin qu'on y désire.

Pastilles au safran.

On prend une pincée de safran gatinais, c'est à dire à peu près un demi-gros pour un demi-setier d'eau, on fait bouillir l'eau, on la verse sur le safran, on couvre le vase ; quand le mélange est froid, on l'exprime, et on se sert de la teinture pour délayer le sucre, et en former une pâte qu'on coule en pastilles comme les précédentes.

Pastilles à la violette.

On prend une livre de fleurs de violettes, mondées de leurs queues et de leurs calices, pour quatre livres de sucre préparé à l'ordinaire ; on met les fleurs de violettes dans une cucurbite d'étain, après les avoir légèrement pilées dans un mortier de marbre ; on verse dessus une chopine ou trois demi-setiers d'eau bouillante, on couvre la cucurbite, et on la laisse à l'étuve douze heures ; alors on exprime l'infusion à la presse dans un linge propre ; on met la liqueur dans un vase étroit, on la laisse déposer, on la tire à clair, et on s'en sert pour délayer le sucre, et en former une pâte que l'on coule en pastilles.

Pastilles à la vanille.

On pulvérise une once de vanille pour trois livres de sucre, on la passe au tamis de soie ; on la mêle bien avec le

sucre (dont on a employé une petite partie à faciliter la pul-
vérisation de la vanille) ; on délaie le mélange dans l'eau
simple, et on en fait des pastilles à la goutte.

Nota. On en peut faire aussi sans vanille en poudre, en
mettant une once de forte teinture de vanille à l'esprit de
vin, par livre de sucre.

Pastilles de menthe.

Pour faire les pastilles de menthe, on se sert de l'huile
essentielle de cette plante, à la dose à peu près d'un demi-
gros par livre de sucre, pour aromatiser la pâte, que l'on
fait ordinairement à l'eau simple. C'est particulièrement pour
ces pastilles qu'il faut avoir le plus beau sucre possible ; il
faut aussi avoir grand soin de se procurer de véritable essence de menthe anglaise, ce qui n'est pas très facile ; car il
s'en vend beaucoup sous ce nom qui n'en est pas, et avec laquelle on ferait des pastilles âcres et très désagréables au
goût.

Pastilles à l'orange.

On râpe l'écorce jaune de deux belles oranges d'Italie pour
une livre de sucre, sur un morceau de ce même sucre,
que l'on gratte de temps en temps avec un couteau, pour
faire tomber les raclures qui s'y attachent ; on délaie ce sucre avec d'autre préparé à l'ordinaire, dans de l'eau simple ;
on en fait une pâte que l'on coule en pastilles.

Les pastilles au citron se font de la même manière, en
substituant ce fruit à l'orange. On peut aussi faire les unes
et les autres, en délayant le sucre à l'eau simple, et aromatisant la pâte avec les huiles essentielles de ces fruits : les
pastilles n'en sont que plus belles, mais le goût n'en est pas
si agréable, parce que les essences ont toujours plus ou moins
d'âcreté.

Pastilles au vinaigre.

On délaie le sucre, préparé comme nous l'avons dit, dans de bon vinaigre blanc , on en forme une pâte que l'on coule en pastilles. Si l'on veut colorer la pâte avec un peu de carmin liquide , on a des pastilles roses ; et c'est sous cette couleur que les confiseurs les vendent ordinairement.

Pastilles à l'ananas.

On pile bien un ou plusieurs ananas , suivant la quantité de pastilles que l'on veut faire ; on en exprime tout le jus ; on y ajoute à peu près quantité égale d'eau simple, on y délaie le sucre préparé , et on en forme une pâte, que l'on coule en pastilles de la grandeur à peu près d'une pièce de 24 sous ; on les fait sécher à l'étuve à une douce chaleur, et on les conserve dans un bocal exactement bouché.

Nota. Les différentes recettes de pastilles que nous venons de donner suffisent pour démontrer que l'on peut faire des pastilles à la goutte avec le suc exprimé de tous les fruits juteux ; avec l'infusion, avec l'eau ou l'esprit distillé des végétaux aromatiques, ou même avec l'eau simple, en aromatisant la pâte avec des huiles essentielles. Ces mêmes recettes peuvent servir de modèles et de règles pour toutes celles que nous n'avons pas décrites.

CHAPITRE V.

GLACES ET SORBETS.

Cette partie nous semble être le complément indispensable de l'art du pâtissier. En effet, il s'agit de l'emploi des mêmes substances, et la manière de les rendre solides est seule différente.

Une autre considération nous décide à terminer notre ouvrage par ce chapitre : dans les grandes villes, certains pâtissiers renommés entreprennent la fourniture des soirées, bals, etc. Eh ! que serait un bal sans glaces et sorbets ?

On appelle sorbets toutes les liqueurs que nous destinons à être converties en glaces; ces liqueurs sont composées, les unes, avec la crème douce, dans laquelle on fait entrer, en plus ou moins grande quantité, du sucre, des amandes douces et amères, ou bien des avelines, des pistaches, du thé, du chocolat, du café, de la vanille, du safran, de la cannelle, ainsi que toutes autres substances aromatiques qui y sont analogues; et les autres espèces de sorbets sont composées avec le suc des fruits acides, dans lequel on fait fondre une quantité déterminée de sucre en pains ou clarifié, et auquel on ajoute encore des substances aromatiques.

Sorbet de fraises.

Quand on a fait choix des fraises, comme ci-dessus, on les monde de leurs queues; on en pèse quatorze onces, que l'on écrase comme il a été dit; puis on y mêle une pinte d'eau; on verse le liquide dans un vaisseau, on y ajoute une grande cuillerée à café d'esprit acide de citron, avec la même quantité de bonne eau de fleur d'oranger, et on laisse infuser pendant deux ou trois heures; on pèse dix-huit onces de sucre blanc, que l'on jette dans un autre vaisseau; on le couvre d'un gros linge, à travers lequel on coule le liquide; on exprime le marc sous la presse, et lorsque le sucre est totalement fondu, on filtre au travers de la chausse de drap, jusqu'à ce que la liqueur soit bien limpide.

Sorbet de framboises.

On choisit les framboises fraîchement cueillies, bien odorantes, d'une belle couleur écarlate, vive, un peu foncée; on les monde de leurs queues, on en pèse quatorze onces, que l'on écrase dans un mortier de marbre, et on y verse la même quantité d'eau et d'esprit acide que pour le sorbet de fraises; on laisse infuser pendant deux ou trois heures; on coule le liquide au travers d'un gros linge; on exprime le marc sous la presse, puis on pèse dix-huit onces de sucre blanc, et quand ce sucre est totalement fondu, on filtre au travers de la chausse de drap.

Si on écrase huit onces de ce fruit avec douze onces de groseilles, on a encore une espèce de sorbet framboisé fort agréable; mais il convient d'y ajouter deux ou trois onces de sucre de plus, et de supprimer l'esprit acide de citron.

Sorbet de groseilles et d'épine-vinette.

Quand on a fait un bon choix de la groseille, on en pèse quatre livres, auxquelles on ajoute huit onces de framboises; on jette le tout dans un mortier de marbre, on écrase ces fruits avec la même précaution que ci-devant, et on y verse une pinte d'eau : on laisse infuser pendant une heure; on coule le liquide au travers d'un gros linge, et on exprime le marc sous la presse, comme ci-devant, puis on pèse vingt-huit onces de sucre, on le jette dans la liqueur, et quand il est totalement fondu, on filtre au travers de la chausse de drap.

Le sorbet d'épine-vinette se prépare suivant la même méthode, toutefois en supprimant la framboise, parce que ce fruit absorberait le parfum de l'épine-vinette, et en n'y faisant entrer que vingt-quatre onces de sucre.

Sorbet de cerises.

Lorsqu'on a fait un bon choix de cerises, on les monde de leurs queues; on en sépare les noyaux, que l'on met en réserve, et on en pèse cinq livres, que l'on jette dans un mortier de marbre, et que l'on écrase comme pour l'eau de cerises; on y verse une chopine d'eau bien limpide, avec deux cuillerées à café d'esprit acide de citron, ou trois, si les cerises sont bien mûres; on laisse infuser pendant deux ou trois heures, puis on lave et on frotte fortement les noyaux les uns contre les autres, et lorsque la pellicule qui recouvrait le bois est totalement détachée, on les écrase dans un mortier, et on les jette avec vingt-deux onces de sucre dans un vaisseau de grès que l'on couvre d'un gros linge; on coule le liquide au travers, on exprime le marc sous la presse, on agite fortement ce liquide avec une cuiller de bois; et quand le sucre est totalement fondu, on filtre au travers de la chausse de drap, jusqu'à ce que la liqueur soit bien limpide.

Des différens sorbets de crème et des fromages glacés.

On distinguait autrefois les fromages glacés des glaces, parce que ces fromages n'étaient composés que de crèmes douces, de sucre, d'eau de fleur d'oranger, et qu'on y faisait entrer une plus grande quantité de jaunes d'œufs, c'est à dire qu'on ne mettait qu'un seul jaune pour chacune des pintes de crème qu'on destinait aux glaces, et qu'on en mettait trois dans celles qui devaient constituer les fromages. Or, comme nous avons remarqué que cette dernière crème nous donnait des glaces plus moelleuses, nous avons non seulement continué d'y faire entrer indistinctement la même quantité de trois jaunes d'œufs, mais nous avons encore trouvé le moyen de ramener tous les sucs des fruits au même degré de consistance que cette crème; si bien que nous sommes enfin parvenus à faire également des fromages glacés avec toutes les espèces de fruits, de manière qu'on ne distingue plus ceux-ci des glaces que par la forme qu'on leur fait prendre dans les moules, et par la saveur naturelle de chacun des fruits dont ils sont composés.

Comme nous ne reviendrons plus sur cet article, on voudra bien se rappeler que nos différentes espèces de sorbets, étant converties en glaces, servent également à former les fromages et les fruits moulés, qu'on représente dans leur couleur naturelle.

On voudra bien encore se rappeler que nous n'entendons parler que de l'espèce de crème que les laitières appellent double, parce que la crème ordinaire est trop maigre, et que ce défaut ne peut encore se réparer qu'en partie par une plus grande quantité de jaunes d'œufs que celle qu'on doit y faire entrer.

Crème blanche.

On délaie les jaunes de six œufs frais dans deux pintes de crème; on y jette une bonne cuillerée à bouche de fleur d'oranger confite au liquide; puis on met le vaisseau sur le feu; et quand cette crème a fait un bouillon couvert, on la coule au travers d'un tamis, on écrase les feuilles de la fleur de manière à les faire également passer au travers du tamis, et on fait fondre dix onces de sucre blanc dans ce liquide, que l'on met en réserve dans un lieu frais, jusqu'à ce qu'on le soumette à la congélation.

Crème brûlée.

On délaie le jaune de six œufs frais dans la même quantité de crème; on y jette deux onces de fleur d'oranger grillée ou pralinée, et une cuillerée de caramel; puis on met le vaisseau sur le feu, on agite sans discontinuer avec une cuiller de bois; et quand ce liquide a jeté quelques bouillons, on le coule dans un tamis, on écrase la fleur comme ci-dessus, on y fait fondre douze onces de sucre, et on le met en réserve, pour le glacer en son temps.

Crème aux pistaches.

On choisit les pistaches de l'année, qui soient bien vertes et nouvellement cassées; on en pèse trois onces et demie, que l'on jette dans l'eau bouillante; et quand la peau se détache des amandes en froissant avec les doigts, on les jette sur un tamis, on les monde de leurs écorces, on les broie sur la pierre, en observant d'y ajouter une once de sucre, et de les arroser avec une quantité suffisante d'eau de fleur d'oranger double. Lorsque cette opération est finie, on délaie le jaune de six œufs frais dans deux pintes de crème; et quand elle a jeté quelques bouillons, on la coule comme ci-dessus; on y fait fondre dix onces de sucre, et on délaie la pâte de pistaches avec une cuiller, en y versant peu à peu une chopine de la même crème toute chaude : on passe ce liquide au travers d'une étamine, on exprime avec les doigts jusqu'à ce qu'il ne reste plus rien; on mêle le tout ensemble; on met en réserve dans un lieu frais, pour glacer au besoin.

Crème au chocolat.

On verse deux pintes de crème dans une chocolatière, on y jette demi-livre de chocolat à deux vanilles, qu'on a préalablement coupé par morceaux; on ajoute quatre onces de sucre, on approche le vaisseau du feu, on échauffe et on entretient le liquide pendant une heure au degré de chaleur de l'eau bouillante, en observant d'agiter souvent et fortement avec le moussoir : on éloigne le vaisseau du feu, et quand la liqueur est à moitié refroidie, on y délaie les jaunes de quatre œufs frais, puis on échauffe encore jusqu'au même degré, et on agite sans discontinuer, parce que le mouvement qu'on donne à ce liquide sert à réunir plus intimement toutes ses parties : on met au frais jusqu'au moment de la congélation.

Crème à la vanille.

On délaie les jaunes de six œufs frais dans deux pintes de crème; on met le vaisseau sur le feu; on agite continuellement le liquide avec une cuiller de bois, et quand cette crème a jeté un bouillon couvert, on la coule au travers d'un tamis de crin; on y fait fondre dix onces de sucre avec deux onces de pastilles de vanille ; on met le liquide dans un lieu frais pour le glacer au besoin.

Les crèmes à la cannelle, au girofle, à l'œillet girofle et au safran se fabriquent suivant la même méthode que celle à la vanille, à l'exception qu'on fait bouillir dans celle au safran une demi-once de tige d'angélique confite.

Il y a des artistes qui tirent la teinture de ces substances par le moyen de leur infusion dans la crème ou dans l'eau ; mais comme nous avons remarqué que ces différentes substances aromatiques étant triturées avec le sucre et converties en pastilles, se divisaient et s'incorporaient non seulement plus uniformément avec la crème, mais encore que la gomme-adragant, qui sert à donner une consistance solide à nos pastilles, communiquait aussi un ton plus velouté à ces crèmes, nous insistons sans balancer sur la préférence qu'on doit donner aux pastilles.

Crème aux amandes.

Lorsqu'on a fait choix de quatre onces d'amandes douces de Provence, et de demi-once de celles d'abricots, on les jette dans l'eau bouillante, et quand la peau se détache en froissant avec les doigts, on les jette sur un tamis, on les monde de leurs écorces ; on les broie sur la pierre avec le cylindre d'acier, en observant d'y ajouter une once de sucre, et d'arroser avec une quantité suffisante d'eau simple ; ensuite on délaie les jaunes de six œufs frais dans deux pintes de crème, auxquelles on fait jeter un bouillon couvert, et que l'on coule comme il a été dit : on y fait fondre douze onces de sucre, et on délaie cette pâte d'amandes avec une cuiller, en y versant peu à peu environ une chopine de la même crème toute chaude, qu'on passe ensuite au travers d'une étamine : on exprime jusqu'à ce qu'il ne reste plus rien ; on mêle le tout ensemble, et on met au frais pour être glacé en son temps.

Autre.

On fait fondre six onces de sucre dans une chopine d'eau, on y jette la même quantité d'amandes que ci-dessus ; on les convertit en pralines, on laisse refroidir, on broie sur là pierre, en observant d'arroser avec une quantité suffisante d'eau de fleur d'oranger, puis on délaie cette pâte dans deux pintes de crème qu'on a préparées comme ci-devant, et dans lesquelles on a fait fondre neuf onces de sucre : on met au frais pour glacer au besoin.

Crème aux noyaux de cerises.

Quand on a fait choix des noyaux de cerises nettoyés et desséchés, comme il a été dit, on en jette six onces dans un mortier de marbre ; on les écrase, on les jette dans un vaisseau de grès avec quatorze onces de sucre, puis on délaie les jaunes de six œufs frais dans deux pintes de crème; on place la poêle sur le feu ; on agite continuellement avec une cuiller de bois, et quand ce liquide a jeté un bouillon couvert, on le jette to ut bouillant sur les noyaux de cerises, on agite encore ; on laisse infuser pendant une heure ; on coule à travers un tamis de crin, et on met en réserve.

On fait également entrer les noyaux de cerises desséchés dans le sorbet qui sert à faire des glaces au marasquin.

Crème au thé.

On délaie les jaunes de six œufs frais dans deux pintes de crème ; on y jette demi-once de thé-hyswin, qu'on a préalablement réduit grossièrement en poudre ; on met le vaisseau sur le feu ; on agite le liquide comme il vient d'être dit ; on le fait bouillir pendant trois ou quatre minutes, et on le

verse dans un vaisseau de grès, on y fait fondre douze onces
de sucre, on couvre bien exactement le vaisseau ; on entretient ce liquide pendant une heure au même degré de chaleur,
puis on coule au travers d'un tamis dont le tissu soit serré ,
on y ajoute une once de sirop de violettes , et on met dans un
lieu frais pour être placé en son temps.

Crème au café.

Quand on a fait choix de demi-livre de café-moka, on le
fait griller suivant les règles de l'art ; on le vanne, tant à l'effet d'en expulser la fumée qui s'en exhale que pour en distraire les pellicules qui se sont détachées pendant la torréfaction : on jette ensuite cette graine toute chaude dans deux
pintes de crème cuite et bouillante, dans lesquelles on a également délayé les jaunes de six œufs frais ; on couvre le vaisseau qui contient ces substances ; on le place dans un bain
qu'on échauffe et qu'on entretient pendant deux heures au
soixantième degré de chaleur du thermomètre de Réaumur,
puis on laisse refroidir ; on coule le liquide au travers d'un
tamis ; on y fait fondre seize ou dix-huit onces de sucre, et on
met au frais.

Sorbet de citrons.

On fait fondre une livre et demie de sucre blanc dans une
pinte d'eau bien limpide, on choisit neuf gros ou onze moyens
citrons d'Italie, on les essuie avec une serviette, et on les
coupe transversalement en deux parties ; on prend l'une après
l'autre chacune de ces moitiés de citrons, on la place entre
le pouce et l'index, on exprime avec l'autre main et de manière à rompre les vésicules qui renferment le suc de ce fruit,
on la plonge dans l'eau sucrée, on la place ensuite entre les
deux paumes des mains, on exprime encore en sens contraire,
et assez fortement, pour rompre les petites cellules qui ren-

ferment les globules d'huile essentielle qui résident dans l'écorce jaune ; puis on coule le liquide au travers d'un tamis de crin dont le tissu soit serré, et on met à part dans un lieu frais.

Nous observons, une fois pour toutes, que si nous nous sommes déterminés à faire entrer le sucre en pain plutôt que le sucre clarifié dans tous nos sorbets qui sont composés avec le suc des fruits, nous n'avons eu d'autre dessein que celui de déterminer avec plus de précision les différentes quantités de cette substance sucrante qu'il convenait de faire entrer dans chacun de ces sorbets ; quoique le sucre ne puisse se séparer du menstrue aqueux pendant la congélation de ces liquides, comme le dit M. Machi, nous avons néanmoins remarqué que le sucre clarifié et cuit à une consistance convenable communiquait un degré de finesse et un velouté de plus à ces différentes espèces de sorbets. Nous observons cependant encore qu'en suivant cette méthode, qui est sans contredit la meilleure, il convient néanmoins que l'artiste soit sur ses gardes, et qu'il sache apprécier la quantité d'eau qui sert à étendre son sirop, afin d'en diminuer d'autant la dose de celle qu'il doit faire entrer dans le suc de ces fruits ; car, si on dépassait les doses que nous avons prescrites, les sorbets qui en résulteraient seraient trop maigres ; comme, s'il arrivait aussi que ces sorbets fussent chargés d'une quantité surabondante de sirop, on éprouverait, au contraire, beaucoup plus de difficultés, lorsqu'il s'agirait de convertir ces liquides en glaces : ces inconvéniens ne peuvent cependant subsister que vis à vis des artistes, moins initiés dans la pratique de leur art ; et nous nous croyons en droit de conclure qu'il est un terme donné, duquel on ne devrait jamais s'écarter.

Du sorbet d'oranges.

On fait fondre vingt-deux onces de sucre blanc dans une pinte d'eau de rivière ; on choisit huit ou neuf oranges de

Portugal et deux citrons d'Italie, on les essuie avec une serviette ; on râpe les écorces d'oranges les plus odorantes et les moins amères, on les coupe transversalement en deux parties, puis on exprime comme il vient d'être dit ; on coule le liquide dans un tamis de crin dont le tissu soit serré, et on met en réserve dans un lieu frais.

Sorbet de bigarades.

On fait également fondre vingt-deux onces de sucre blanc dans une pinte d'eau ; on choisit six ou sept oranges-bigarades, dont les écorces soient jaunes et d'une odeur agréable, on les essuie avec une serviette, puis on les frotte l'une après l'autre sur un morceau de sucre, à l'effet d'enlever la superficie de ces écorces ; et quand le suc en est suffisamment imprégné, on enlève avec la lame d'un couteau cette espèce d'*oleosaccharum*, qu'on jette dans l'eau sucrée ; et après cette opération, on coupe ces fruits transversalement en deux parties ; on coupe de même quatre ou cinq citrons d'Italie, puis on exprime le tout dans l'eau sucrée ; on coule ensuite le liquide au travers d'un tamis, et on le met en réserve, pour glacer lorsqu'on en a besoin.

Sorbet de raisin-muscat.

On jette deux ou trois gros de fleur de sureau desséchée à l'ombre dans une pinte d'eau de rivière, et on en tire la teinture comme celle du thé ; on laisse refroidir cette teinture, puis on écrase trois livres de raisin - muscat, comme on a fait de la groseille ; on y jette la teinture de la fleur de sureau ; on agite le mélange, on le verse dans un vaisseau de grès ; on y fait fondre vingt-deux onces de sucre, et on y exprime le suc de six ou sept citrons d'Italie ; on laisse infuser pendant une heure, on passe le tout au travers d'un tamis de crin moins serré, de manière qu'il ne reste que les pepins et la peau du raisin ; on tient ce liquide dans un lieu frais.

On peut encore composer ce sorbet sans le secours du raisin-muscat.

Pour cet effet, on jette une demi-once de la même fleur de sureau dans une pinte d'eau ; on en tire la teinture, comme il a été dit ; on verse cette teinture dans une terrine de grès, et on y fait fondre une livre et demie de sucre blanc, puis on y exprime le suc de neuf ou dix citrons d'Italie, et on coule le liquide au travers d'un tamis serré.

Sorbet de café à l'eau.

On jette d'abord un scrupule de gomme-adragant la plus blanche dans un mortier de marbre, et on pile en observant d'arroser de temps à autre avec un peu d'eau simple ; on continue de piler, jusqu'à ce que cette gomme soit bien fondue, et qu'elle forme une espèce de mucilage épais, qu'on laisse dans le mortier ; puis on fait choix de six onces de café-moka, on le fait griller suivant les règles de l'art, et on le vanne, tant à l'effet de le débarrasser de la fumée qui s'en exhale que pour en distraire les pellicules qui s'en détachent pendant la torréfaction ; on jette cette graine toute chaude dans une pinte d'eau tiède ; on approche la cafetière du feu ; on échauffe et on entretient le liquide, pendant une heure et demie, environ au soixante-dixième degré de chaleur ; on éloigne le vaisseau du feu, et lorsque le tout est refroidi, on coule cette teinture ; on jette la graine du café comme inutile, et on achève de délayer la gomme-adragant avec un demi-setier de cette teinture de café ; on la passe au travers d'un linge ; on mêle le tout ensemble ; on y fait fondre vingt-deux onces de sucre, et on met au frais, pour en user en son temps.

Sorbet de roses.

On pile un gros de cochenille ; on la fait infuser pendant

vingt-quatre heures dans un demi-setier de notre suc de verjus; on tient le vaisseau bien bouché, et on agite le liquide
de trois en trois heures; on prépare un scrupule de gomme-
adragant, comme ci-devant; on jette vingt-deux onces de sucre blanc dans trois demi-setiers d'eau de rivière, et lorsque
ce sucre est bien fondu, on y verse la teinture de cochénille,
qu'on laisse encore infuser pendant deux heures; on passe le
liquide au travers de la chausse de drap; on y ajoute environ
un poisson de notre eau de rose; on agite fortement le mélange; on le met à part dans un lieu frais, jusqu'à ce qu'on
veuille le soumettre à la congélation.

Sorbet d'œillets.

On prépare le sorbet d'œillets comme celui de roses, et
quand la liqueur a été filtrée par la chausse de drap, on y
verse environ un poisson de notre eau d'œillets aromatisée de
girofle, puis on agite fortement le mélange qu'on met à part
pour en user de la manière susdite.

Sorbet de fleur d'oranger.

On jette dans un vaisseau de grès deux cuillerées à bouche
de fleur d'oranger confite au liquide, puis on l'écrase
avec une cuiller de bois; on y verse trois demi-setiers et un
poisson d'eau tiède; on laisse infuser pendant une heure; on
y jette vingt-deux onces de sucre blanc, et lorsque ce sucre
est totalement fondu, on y ajoute un poisson de notre suc de
verjus, avec une cuillerée à café de bonne eau de fleur d'o-
ranger; on agite fortement le mélange, on le passe au travers
d'un tamis de crin dont le tissu soit serré, et on met cette
liqueur au frais, pour en user en son temps.

Sorbet de pêches.

Quoique toutes les espèces de pêches puissent servir également à composer ce sorbet, nous conseillons néanmoins de donner la préférence à celles appelées *pêche mignonne, pêche-madeleine, et à la garance,* parce que ces trois espèces de pêches contiennent plus de principes aromatiques que les autres espèces. On choisit les pêches qui ont la peau fine, d'une belle couleur de chair, d'un rouge vif clair, et on rejette toutes celles dont la couleur est obscure et verdâtre.

Lorsqu'on a fait un bon choix de ce fruit, soit pêches-madeleines, ou autres d'égale grosseur, on les essuie avec une serviette, puis on en sépare dix ou douze en deux parties ; on arrange les noyaux dans le fond d'une terrine de grès, on les recouvre avec les moitiés de pêches, qu'on dispose les unes contre les autres, et par lits, en observant d'exprimer seulement avec le pouce, qu'on appuie sur la superficie de chacune de ces moitiés de pêches ; on verse ensuite un demi-setier de notre suc de verjus sur ce fruit, et on laisse infuser pendant trois ou quatre heures, puis on enlève les noyaux, que l'on fait encore infuser dans un demi-setier d'eau tiède, et on écrase le fruit avec une cuiller de bois, jusqu'à ce qu'il soit converti en marmelade, que l'on passe ensuite au travers d'un tamis dont le tissu soit moins serré : on jette toutes les pellicules qui sont restées sur le tamis, dans l'eau qui contient les noyaux ; on agite le tout ensemble, on laisse infuser pendant un quart d'heure, et on coule comme ci-devant ; on y jette vingt-deux onces de sucre blanc avec une cuillerée à café de bonne eau de fleur d'oranger ; on agite encore le liquide, jusqu'à ce que le sucre soit totalement fondu, et on a, par ces moyens, un excellent sorbet de pêches, qu'on tient dans un lieu frais, jusqu'à ce qu'on le convertisse en glace.

Sorbets d'abricots.

On choisit les abricots qui ont reçu tous les degrés de coction nécessaires sur l'arbre, et qui sont d'une belle couleur jaune tirant sur le blanc ou sur celle aurore.

Quand on a fait un bon choix de dix-huit ou vingt-quatre
de ces abricots, on les sépare en deux parties; on met les
noyaux en réserve, on arrange chacune de ces moitiés de
fruits dans une terrine de grès, les unes contre les autres, et
par lits, en observant d'exprimer seulement avec le pouce,
qu'on appuie sur la superficie de chacune d'elles; on y
verse ensuite un demi-setier de notre suc de verjus, et on
laisse infuser pendant trois ou quatre heures, puis on écrase
le fruit avec une cuiller de bois, jusqu'à ce qu'il soit converti
en marmelade, que l'on passe ensuite dans un tamis dont le
tissu ne soit pas trop serré; on jette et on fait infuser pendant un quart d'heure, dans un demi-setier d'eau tiède, toutes les pellicules qui sont restées sur le tamis, et l'on passe
comme ci-devant. On fait fondre dans le liquide vingt-deux
ou vingt-quatre onces de sucre blanc, et on y mêle deux
cuillerées à café d'eau de fleur d'oranger; puis on casse sept
ou huit des noyaux qui ont été mis en réserve; on monde les
amandes de leur peau, on les broie avec un peu de sucre sur
la pierre à orgeat, et jusqu'à ce qu'elles soient réduites en
molécules extrêmement fines; on délaie cette pâte, en y versant peu à peu du liquide sucré, on mêle le tout ensemble,
on agite fortement le mélange, que l'on met ensuite rafraîchir.

Sorbet de prunes de reine-claude.

On choisit les prunes qui ont acquis sur l'arbre tous les degrés de maturité nécessaires, dont la couleur soit claire et d'un
vert jaunâtre.

Quand on a fait un bon choix de trente-cinq ou quarante
de ces prunes, on les sépare en deux parties; on réserve les
noyaux pour un autre usage, on arrange dans un vaisseau
de grès les parties de fruit, sur lesquelles on verse un demi-
setier de notre suc de verjus; on laisse infuser pendant trois
ou quatre heures, et on écrase avec une cuiller de bois, jus-

qu'à ce que le fruit soit en marmelade, que l'on passe au travers d'un tamis, et on fait infuser les pellicules comme il vient d'être dit; on passe ce dernier liquide comme ci-devant; on y jette vingt-deux onces de sucre, avec deux cuillerées à café d'eau de fleur d'oranger, on agite fortement le mélange; et, quand le suc est totalement fondu, on met au frais jusqu'au moment de glacer.

Congélation des glaces.

Les liqueurs aromatiques aqueuses se congèlent par le moyen d'un mélange proportionné du sel marin avec la glace pilée; le sucre qu'on fait dissoudre dans ces liquides ne peut en être séparé par l'action de la congélation, et les petits glaçons qu'on y trouve ne doivent pas leur formation à la séparation du sucre, mais proviennent en partie de ce que les liqueurs qu'on soumet à la congélation n'ont pas assez de consistance, comme aussi de l'humidité qui pénètre au travers des pores du vaisseau qui contient le liquide, et plus particulièrement encore des vapeurs que le froid excessif en sépare, et qui s'élèvent jusqu'au couvercle de la sorbetière, où elles se résolvent en liqueur qui coule d'abord et forme ensuite de petits glaçons insipides, qui s'arrangent sur la superficie du liquide que l'on fait congeler; aussi le mouvement que l'on donne, tant au liquide qu'à la sorbetière que l'on tourne rapidement, a non seulement pour objet d'empêcher la formation de ces glaçons et d'accélérer l'opération, mais encore de communiquer aux glaces un degré de consistance de plus. Or, l'opération de convertir nos différens sorbets en glaces étant exactement la même pour tous, nous en prendrons un seul pour exemple : soit celui de crème.

On verse deux pintes de sorbets à la crème, préparés comme il a été dit, dans une sorbetière d'étain ou de fer-blanc; on doit observer que les sorbets de fraises, de framboises, de groseilles, d'épine-vinette et de cerises doivent être glacés dans une sorbetière d'argent, parce que l'étain fait changer la belle couleur rouge du suc exprimé de ces fruits en la couleur de violet cramoisi tirant sur la lie de vin ; on la place au milieu du vaisseau destiné à la contenir ; ce vaisseau est une espèce de seau construit avec des douves de bois de chêne, auquel on donne trois pouces de diamètre, et un demi-pouce d'élévation de plus qu'à la sorbetière ; on y perce un trou immédiatement au dessus du fond, et on tient ce trou bouché avec une bonde qu'on ouvre à volonté ; puis on écrase six livres de glace qu'on met dans une terrine de grès, dans laquelle on jette deux livres de sel marin réduit en poudre, que l'on mêle promptement avec la glace ; on jette ce mélange dans le seau, et lorsque le tout est bien arrangé autour de la sorbetière, on la tourne rapidement pendant quatre ou cinq minutes, puis on détache, avec la cuiller appelée houlette, toutes les parties de glaces qui se sont formées à la circonférence intérieure, et que l'on ramène au centre de la sorbetière. Sitôt après cette opération, on rajuste le couvercle de ce vaisseau que l'on tourne aussi rapidement, et on détache encore les parties de glaces qui se sont formées. Lorsque la liqueur a perdu toute sa transparence, ou plutôt qu'elle s'est convertie en neige, on agite fortement et long-temps ce liquide avec la houlette, et quand la glace est presque totalement fondue, on enlève la sorbetière ; on agite l'eau salée avec une longue spatule de bois, et assez fortement pour détacher et incorporer avec les molécules de glace le sel qui s'est précipité au fond du vaisseau, ce qui sert à augmenter et à perpétuer le degré de froid un quart d'heure de plus ; puis on replace la sorbetière que l'on tourne comme ci-devant, et on agite encore le liquide avec la houlette ; après quoi on tire toute l'eau salée par la bonde, et on regarnit le seau avec les mêmes quantités de sel et de glace pilée comme ci-devant.

Lorsqu'on n'a pas d'intérêt d'accélérer l'opération, on ne

tourne plus la sorbetière, mais on agite encore fortement et long-temps avec la houlette le liquide congelé, parce que ce travail sert à augmenter l'onctuosité des glaces.

Quand on veut transporter une quantité quelconque de ces glaces, on place les sorbetières, ou les moules à fromages, dans des seaux destinés à cet usage, que l'on garnit également de glace pilée et de sel ; on remplit ensuite ces moules des liquides glacés ; et lorsqu'on a dessein de les transporter à deux, trois ou quatre lieues de la ville, on recouvre la sorbetière avec du sel et de la glace pilée, de manière qu'elle excède le couvercle de deux ou trois pouces, et on y ajuste un gros linge mouillé.

CHAPITRE VI.

—

LIQUEURS FRAICHES.

—

Limonade et orangeade.

Quoique toutes les espèces de citrons, ou plutôt de limons, soient propres à faire de la limonade, à cause de l'acidité du suc qu'ils renferment, on doit néanmoins donner la préférence à ceux qu'on nous apporte d'Italie et de Portugal, parce que ces deux espèces de citrons sont d'une qualité bien supérieure à ceux qui nous viennent de la principauté de Monaco, ou de Provence. L'artiste doit être d'autant plus sur ses gardes, lorsqu'il fait choix de ses fruits, qu'on trouve assez communément, dans les deux dernières espèces, des citrons qu'on appelle sauvageons ; car il ne faut qu'un seul de ces fruits, pour communiquer une saveur désagréable à cinquante pintes de limonade ; et ce qui doit paraître encore plus surprenant, c'est que nous ne pouvons indiquer aucun moyen pour distinguer ces sauvageons, parce que leur odeur et leur saveur désagréables ne se manifestent sensiblement qu'après qu'ils ont été exprimés dans l'eau sucrée, et que par leur forme extérieure ils sont encore parfaitement semblables à ceux qui ont été greffés et naturalisés.

A l'égard des citrons d'Italie et de Portugal, on les distingue, non seulement par leur odeur et leur saveur plus agréables, mais encore parce que ces deux espèces de fruits renferment moitié moins de pepins que les autres.

Nous avons déjà prévenu que les mixtes agissent, non seulement en raison des principes qui les constituent, mais encore en raison des moyens qu'on emploie dans leur manipulation. Quoique cette proposition soit applicable à tous les mixtes, il n'y a peut-être point de liquide auquel cette assertion convienne mieux qu'à la limonade et à l'orangeade, parce que les effets des principes qui constituent les écorces, et le suc des citrons et des oranges qui forment le composé de ces deux liquides, diffèrent essentiellement, et de manière que les liqueurs qui résultent de ces fruits sont plus ou moins rafraîchissantes, plus ou moins stimulantes, en raison de la plus ou moins grande quantité d'écorces ou de suc de citrons qu'on y fait entrer, ainsi que des temps et des moyens qu'on a employés dans l'infusion de ces écorces.

De là, il suit que, quand on veut obtenir une liqueur qui soit seulement rafraîchissante, lorsqu'on a fait un bon choix de citrons, on fait fondre cinq onces de sucre blanc dans une pinte d'eau bien limpide ; on essuie légèrement deux ou trois de ces fruits ; on les coupe transversalement en deux parties, puis on place chacune de ces moitiés de citrons entre le pouce et l'index ; on exprime avec l'autre main, de manière à rompre les vésicules qui renferment le suc de ce fruit, qu'on laisse tomber dans l'eau sucrée ; le tout étant ainsi exprimé, on enlève chacune de ces parties d'écorces qu'on place l'une après l'autre, entre les deux paumes des mains, puis on exprime en sens contraires, et assez fortement, pour rompre les petites cellules qui renferment les globules huileux qui résident dans l'écorce jaune de ce fruit : on filtre le liquide au travers de la chausse de drap, et on le met en réserve dans un lieu frais pour en faire usage dans le jour.

Lorsqu'on veut communiquer une vertu moins rafraîchissante à la limonade, on enlève par petites lames très minces la moitié des écorces jaunes de ce fruit, et on les fait infuser dans l'eau sucrée pendant vingt ou trente minutes ; puis on coupe et on exprime le fruit, comme il a été dit ; et quand les écorces de citrons sont desséchées en partie, comme cela arrive ordinairement dans l'arrière-saison, en ce cas on enlevera également par petites lames, et on fera infuser la totalité des écorces jaunes des fruits qui doivent entrer dans la quantité de liqueurs qu'on veut composer.

De la pâte et de la liqueur d'orgeat.

La pâte d'orgeat se compose avec des amandes de Provence, vulgairement appelées amandes *flau*, de la graine de melons d'Italie, et du sucre en poudre.

Pour cet effet, on jette les amandes dans l'eau bouillante, et on agite avec l'écumoire jusqu'à ce que les écorces se détachent, en pressant l'amande avec les doigts : on retire le vaisseau du feu ; on coule le liquide au travers d'un clayon, et on jette les amandes dans l'eau froide ; on les monde de leurs écorces, on les fait sécher, soit à l'étuve, soit en les exposant à l'ardeur du soleil, jusqu'à ce qu'elles soit devenues cassantes. Cette opération préliminaire est d'autant plus nécessaire, qu'elle communique à ces amandes, non seulement une saveur plus agréable, mais elle sert encore à atténuer leur partie huileuse, de manière à la rendre plus soluble avec l'eau ; de sorte que la liqueur qui en résulte est d'autant plus salubre, qu'elle contient le principe onctueux des amandes.

Lorsqu'on veut convertir ces amandes en pâte, on en pèse une demi-livre, et la même quantité de graines de melon d'Italie : on jette le tout dans deux pintes d'eau froide ; cinq ou six heures après, on coule le liquide au travers d'un tamis; on jette dans un mortier de marbre ces amandes, qu'on humecte avec environ un poisson d'eau; puis on les écrase avec le pilon; et, quand elles ont été réduites en pâte, on la broie sur la pierre avec un cylindre d'acier ou de buis, jusqu'à ce que les molécules soient réduites en infiniment petites. Après cette opération, on mêle la pâte avec une livre et demie de sucre en poudre, et on la met en réserve pour en faire usage comme ci-après.

Lorsqu'on veut conserver la pâte d'orgeat plus long-temps, et la mettre en état d'être transportée, même au delà des mers, on réserve environ trois ou quatre onces de sucre en poudre; on sépare cette pâte, et on en fait des rouleaux de huit onces; on les couvre du sucre qui a été mis en réserve, et on les expose à un air libre, jusqu'à ce que l'humidité qu'ils contiennent soit évaporée.

Quand on veut convertir la pâte d'orgeat en liqueur, on en jette six onces dans un mortier; on la pile, on la délaie, en y versant peu à peu une pinte d'eau; on passe le liquide au travers d'une étamine blanche ou d'un linge; on y ajoute quelques gouttes de bonne eau de fleur d'oranger, et on met en réserve, dans un lieu frais, pour en faire usage dans le jour.

L'étymologie du mot *orgeat* vient de ce que nos distillateurs délayaient autrefois la pâte de ces amandes dans l'eau d'orge.

Eau de fraises.

Quand on a fait un bon choix des fraises, comme il a été dit ci-dessus, on les monde de leurs queues; on en pèse cinq onces, que l'on jette dans un mortier de marbre, et on écrase en roulant le pilon, puis on y verse une pinte d'eau bien limpide; on roule encore doucement, mais assez long-temps pour en faire une espèce de bouillie, que l'on verse ensuite dans un vaisseau non vernissé, et on y [ajoute une cuillerée à café d'esprit acide de citron ; on agite doucement le liquide avec une cuiller de bois, et on laisse infuser pendant deux heures ; puis on pèse cinq onces de sucre, que l'on jette dans un pot de grès ou de faïence, et que l'on couvre d'un gros linge ; on coule le liquide au travers ; on exprime le marc sous la presse, et lorsque le sucre est totalement fondu, on filtre la liqueur à travers la chausse de drap ; on la met en réserve, pour en faire usage dans le jour.

Eau de framboises.

On choisit également les framboises fraîchement cueillies, et avant le lever du soleil, bien odorantes, d'une belle couleur écarlate un peu foncée ; on les monde de leurs queues, on en pèse cinq onces, que l'on écrase dans un mortier de marbre, en roulant le pilon de manière à ne pas froisser les pepins ; on y verse la même quantité d'esprit acide que pour l'eau de fraises ; on laisse infuser pendant deux heures ; on coule le liquide au travers d'un linge, on y fait fondre cinq onces de sucre ; puis on filtre la liqueur par la chausse de drap ; on la met en réserve, pour en user comme il vient d'être dit.

Eau de groseilles et d'épine-vinette.

On choisit la groseille d'une belle couleur rouge, mûre, transparente, fraîchement cueillie, d'une acidité agréable et dont les grains ne soient pas trop gros ; on l'égrène, puis on en pèse une livre et demie, que l'on jette dans un mortier de marbre, et que l'on écrase en roulant le pilon de manière à ne pas froisser les pepins de ce fruit ; on ajoute une pinte d'eau, on roule encore, à l'effet de bien unir les deux liquides ensemble, que l'on verse ensuite dans un vaisseau, en laissant infuser pendant une heure ; on pèse six onces de sucre, on le met dans un pot, que l'on couvre d'un gros linge ; on coule le liquide au travers, et on exprime le marc sous la presse : lorsque le sucre est totalement fondu, on filtre la liqueur par la chausse de drap, on la met dans un lieu frais, pour en user dans le jour.

Quand on veut adoucir l'acidité du suc de la groseille, ou lui communiquer une saveur plus agréable, on supprime deux ou trois onces de ce fruit, que l'on remplace par la même quantité de framboises, et on écrase le tout ensemble.

L'eau d'épine-vinette se prépare comme celle de la groseille, à l'exception qu'on ne doit point faire entrer la framboise dans celle-là, parce que le mélange de la framboise absorberait la saveur agréable de l'épine-vinette.

Eau de cerises.

On fait choix d'une livre et demie de cerises d'une belle couleur rouge, transparentes, qui soient bien saines, et d'une saveur agréable ; on les monde de leurs queues, on en sépare les noyaux, que l'on met en réserve, et l'on jette le fruit dans un mortier de marbre ; puis on écrase en roulant le pilon de manière à ne pas trop diviser la pellicule qui renferme le suc de ces cerises ; on verse une pinte d'eau dans ce suc, et on roule encore le pilon le plus doucement, mais assez long-temps pour que les parties soient unies intimement : on verse ensuite le liquide dans un vaisseau non vernissé ; on y ajoute une cuillerée à café d'esprit acide de citron, dont on augmente un peu la dose lorsque la cerise est trop mûre, et on y agite légèrement le mélange avec une cuiller de bois ; on laisse infuser pendant deux heures, puis on lave et on frotte les uns contre les autres les noyaux qui ont été mis en réserve, à l'effet de les dépouiller de la pellicule acerbe qui est fortement adhérente au bois; on les écrase ensuite dans un mortier, et on les jette avec six onces de sucre dans un vaisseau de grès ou de faïence, que l'on couvre d'un gros linge, et on coule le liquide au travers; on exprime ensuite le marc sous la presse, on agite fortement la liqueur, on laisse encore infuser les noyaux pendant quinze ou vingt minutes; on filtre ensuite avec la chausse de drap, et on met la liqueur en réserve dans un lieu frais, pour en user dans le jour.

Il y a des artistes qui fabriquent les eaux de cerises, de fraises et de framboises, sans addition de la petite quantité d'esprit acide que nous faisons entrer dans ces trois différentes espèces de liqueurs fraîches : ils jettent ces fruits dans l'eau bouillante, ou bien ils les écrasent, et les laissent dans leur jus pendant dix, douze ou quinze heures; mais comme nous avons remarqué que cette méthode occasionait l'évaporation de la majeure partie du parfum agréable de ces fruits, nous insistons, sans balancer, sur la préférence que l'on doit donner aux formules ci-dessus, parce que cette manière de procéder nous a toujours parfaitement bien réussi.

Eau de verjus.

On choisit le verjus dont les grains sont gros, bien remplis et d'une acidité agréable; on l'égrène, en observant de détacher et de rejeter le petit bouton fortement adhérent au grain de ce fruit, que l'on jette dans l'eau froide; on le lave, on en pèse vingt onces, que l'on jette dans un mortier de marbre, et on écrase en roulant le pilon de manière à ne pas froisser les pepins; car cette graine communiquerait à la liqueur une saveur amère et désagréable; on y verse une pinte d'eau, on agite doucement et promptement les deux liquides, que l'on jette ensuite dans un linge; on exprime sur-le-champ, et l'on jette le marc comme inutile; on pèse six onces de sucre blanc, que l'on fait fondre dans le liquide, auquel on ajoute une cuillerée de lait cru, et l'on filtre à travers la chausse de drap; lorsque la liqueur est bien limpide, on la met au frais pour en user dans le jour.

Le suc de ce fruit, exprimé suivant la méthode ci-après, nous donne un acide d'autant plus agréable, qu'il est dépourvu de toute odeur et de toute âcreté étrangères, qu'il se conserve plus de deux ans dans son état naturel, et que l'on peut encore y faire entrer des substances aromatiques, sans que leur odeur et leur saveur en souffrent aucune altération. Nous observons encore que cet acide végétal est le seul qui nous offre la faculté de préparer, dans toutes les saisons de l'année, des liqueurs plus ou moins rafraîchissantes, et qui deviennent toniques, cordiales et incisives, en raison de la plus ou moins grande quantité de substances aromatiques qu'on y aurait fait entrer.

CHAPITRE VII.

—

DES SIROPS.

—

Des sirops.

Les sirops sont des espèces de conserves liquides, qui se font généralement avec le sucre, et certains principes d'un grand nombre de végétaux, que l'on extrait par le moyen de l'expression, de l'infusion, de la décoction et de la distillation, soit dans l'eau, le vin ou le vinaigre.

Nous allons donner les recettes de ceux qui sont vulgairement connus sous le nom de sirops d'agrément et dont la manipulation doit être connue du pâtissier de boutique.

Sirop de violette.

Prenez fleur de violette, deux livres; eau bouillante, deux pintes.

On choisit de la violette de jardin, au commencement de la saison; on la monde de sa queue et de son calice;

on en pèse deux livres ; on la contuse légèrement dans un mortier de marbre avec un pilon de bois ; on la met dans une cucurbite d'étain, on verse dessus les deux pintes d'eau bouillante, on couvre exactement le vase, et on le met à l'étuve pendant douze ou quinze heures, on laisse refroidir ; on exprime à la presse, on laisse déposer la liqueur exprimée, on décante, on filtre le dépôt dans un linge serré ; on pèse l'infusion, on la remet dans la cucurbite, qu'on a eu soin de nettoyer. Pour dix-sept onces d'infusion, on pèse deux livres de sucre blanc, on le concasse assez menu, on le met dans l'infusion, on place la cucurbite dans son bain-Marie, on remue de temps en temps le mélange avec une spatule, et quand le sucre est entièrement dissous, on retire la curcubite de son bain, on laisse refroidir le sirop, on le passe au travers d'un linge propre pour en séparer l'écume qui s'est formée à la superficie, et autres corps étrangers s'il y en avait.

On prépare de la même manière les sirops de fleurs de coquelicot, de tussilage et d'œillet, ayant soin d'ajouter, dans ce dernier, un gros de girofle par livre de fleurs.

Sirop de fleur d'oranger.

Prenez fleur d'oranger mondée, deux livres ; sucre, six livres.

On clarifie le sucre, on le fait cuire à la nappe, c'est à dire jusqu'au degré où, en sortant l'écumoire de la bassine, le sirop en retombe en formant une espèce de nappe ; on y met la fleur d'oranger mondée de son calice, on fait jeter quelques bouillons au mélange, on l'ôte du feu, et on le passe à la chausse.

On fait aussi ce sirop à l'eau de fleur d'oranger distillée, en y faisant fondre, au bain-Marie, deux livres de sucre par chopine.

Sirop de groseilles.

Prenez jus de groseilles, deux livres un quart; sucre, quatre livres.

On choisit de belles groseilles rouges, on les égrène, on les pile légèrement dans un mortier de marbre, on jette le marc sur un tamis; quand il est égoutté, on le soumet à la presse; on met le jus dans une terrine de grès, on l'y laisse jusqu'à ce qu'il commence à fermenter; alors on le passe à la chausse de drap; on en pèse la quantité prescrite; on pèse du sucre en proportion, on le clarifie et on le fait cuire à la grande plume, c'est à dire jusqu'à ce qu'en secouant l'écumoire imbibée de ce sucre il s'en détache en grands flocons abondans qui ressemblent à des barbes de plumes; on y jette le jus de groseilles; on fait jeter deux ou trois bouillons, et le sirop est fait.

Le sirop de cerises se fait de la même manière, si ce n'est qu'il n'est pas besoin de laisser fermenter le jus, et qu'on en met une livre juste pour deux livres de sucre.

Ces sirops, ainsi que tous les autres sirops acides, doivent être préparés dans une poêle ou bassine d'argent.

Sirop de framboises.

Prenez framboises, trois livres; sucre, cinq livres.

On choisit des framboises bien mûres, on les monde de leurs queues, on clarifie le sucre et on le fait cuire à la grande plume; alors on y jette les framboises, auxquelles on fait prendre doux ou trois bouillons, on retire la bassine du feu, on laisse un peu refroidir le mélange; on le jette sur un tamis de crin supporté par une terrine, et quand le marc des framboises est bien égoutté, le sirop est fait.

Le sirop de mûres se fait de la même manière, et dans les mêmes proportions.

Sirop de vinaigre framboisé.

Prenez framboises, quatre livres; vinaigre blanc, quatre pintes.

On choisit des framboises bien mûres, on les monde de leurs queues, on les met dans une cucurbite d'étain, on verse le vinaigre par dessus, on remue le mélange avec une spatule ou une écumoire d'argent, on le laisse vingt-quatre heures en digestion, on le passe dans un linge propre avec expression ; on filtre le vinaigre framboisé à la chausse de drap, on pèse le double de sucre, qu'on clarifie et qu'on fait cuire à la petite plume; on y jette le vinaigre framboisé, on fait jeter deux ou trois bouillons au mélange, et le sirop est fait.

Sirop de limons ou de citrons.

Prenez suc de limons ou de citrons, deux livres ; sucre, quatre livres.

On choisit de beaux limons ou citrons, on les coupe par la moitié, on enlève promptement toute la pulpe blanche avec une cuiller d'argent, on l'exprime avec la main sur un tamis supporté par une terrine de grès, on soumet à la presse le marc qui reste sur le tamis, on réunit le jus qu'on en obtient à celui qui est dans la terrine, on l'y laisse jusqu'à ce que la fermentation s'y manifeste par une pellicule superficielle ; alors on le filtre au papier gris, on le pèse, on pèse aussi quantité double de sucre, qu'on clarifie, et qu'on fait cuire à la petite plume, on fait le mélange, on lui fait jeter deux ou trois bouillons et on le retire du feu; quand il est un peu refroidi, on le passe à la chausse, et on l'aromatise, si l'on veut, avec un peu d'esprit d'écorce de citron.

Les sirops d'oranges, de grenades, de bigarades et de verjus se font de la même manière.

Sirop d'orgeat.

Prenez amandes douces, douze onces ; amandes amères, six onces ; eau de rivière ou de fontaine très limpide, trois chopines ; sucre bien blanc, cinq livres ; eau de fleur d'oranger, une once.

On choisit de belles amandes de Provence récentes, douces et amères, dans la proportion prescrite ; on les jette dans l'eau bouillante ; lorsque leur peau s'enlève facilement, on les met sur un tamis, et on les monde le plus promptement possible de leur robe ou écorce, en les jetant à mesure dans l'eau froide. Lorsqu'elles sont toutes mondées, on les pile dans un mortier de marbre, avec une petite quantité de l'eau prescrite. Pour en faire une pâte plus homogène et plus fine, on peut les achever de broyer sur une pierre à chocolat bien propre, avec un rouleau ou cylindre de bois dur ; alors on délaie cette pâte dans la plus grande partie de l'eau de la recette ; on la met dans un linge propre et serré, on l'exprime à la presse ou à force de bras ; on remet le marc dans le mortier, on le redélaie dans le reste de l'eau, et on l'exprime de nouveau ; on réunit le lait d'amandes et le sucre concassé dans une cucurbite d'étain ; on place la cucurbite dans son bain ; on chauffe jusqu'à parfaite dissolution du sucre ; alors on retire la cucurbite de son bain, on laisse refroidir le sirop, en le remuant de temps en temps, pour redissoudre une espèce de pellicule crémeuse qui se forme à la superficie : quand il est à peu près froid, on l'aromatise et on le passe à travers un linge clair, ou un tamis bien propre.

On peut aussi clarifier et faire cuire le sucre à la grande plume, y verser alors le lait d'amandes, et faire prendre un bouillon au mélange. Le sirop fait suivant ce dernier procédé se conserverait plus long-temps ; mais il est un peu moins blanc.

Sirop de guimauve.

Prenez racines de guimauve, huit onces ; sucre, six livres ; eau, trois pintes.

On choisit des racines de guimauve récentes et bien nourries, on les lave et on les ratisse ; on les coupe par tranches, et on les fait bouillir dix ou douze minutes dans les trois pintes d'eau ; on jette le mélange sur un tamis posé sur une terrine ; on nettoie la bassine, on y remet le sucre concassé et la décoction de guimauve ; on fouette un ou deux blancs d'œufs dans une pinte ou trois chopines d'eau, on clarifie et on fait cuire le sirop à la nappe, on le passe tout chaud à travers une chausse ou un blanchet de drap, et, quand il est presque froid, on l'aromatise, si l'on veut, avec une ou deux cuillerées d'eau de fleur d'oranger.

Sirop de capillaire.

Prenez capillaire de Canada mondé de ses tiges, trois onces ; sucre, six livres ; eau, trois chopines.

On choisit du capillaire bien aromatique, on le monde de ses tiges ; on en pèse trois onces, qu'on met dans un vase susceptible d'être couvert ; on fait bouillir l'eau, on la jette dessus et on couvre le vase ; on laisse infuser pendant quelques heures ; on clarifie et on fait cuire le sucre à la grande plume ; on y jette l'infusion de capillaire, qu'on a passée à travers un linge ; on fait prendre un bouillon au mélange et on le passe tout chaud à la chausse de drap ; quand il est presque froid, on l'aromatise avec deux ou trois cuillerées d'eau de fleur d'oranger.

On pourrait encore préparer ce sirop en faisant fondre le sucre au bain-Marie dans l'infusion de capillaire.

Les sirops de menthe, d'absinthe, etc., se font de la même manière.

Sirop de punch.

Prenez rhum, rack ou eau de vie, trois pintes ; jus de citron, trois chopines ; sucre très blanc, neuf livres.

On prépare le jus de citron suivant la méthode décrite au paragraphe du *Sirop de limon* ; on clarifie le sucre, et on le fait cuire à la grande plume, dans un bassin d'argent, comme pour tous les sirops acides ; on y jette le jus de citron, on fait prendre un bouillon au mélange, et on le retire du feu. Quand il est à peu près refroidi, on y ajoute la liqueur spiritueuse, on agite bien le mélange, et on le met en bouteilles. On en fait du punch, en y ajoutant au moins deux parties d'eau bouillante, d'infusion de thé, ou de capillaire dans le même état.

CHAPITRE VIII.

—

DU CHOCOLAT.

—

Bien que la fabrication du chocolat appartienne plus spécialement à l'art du confiseur, les pâtissiers en font un si grand usage, que nous avons cru utile de consigner ici le résultat de nos observations et de nos expériences sur ce sujet.

Il est d'ailleurs si rare de trouver de bon chocolat chez les confiseurs, et même chez les chocolatiers qui ne s'occupent que de la fabrication de cette denrée, que les pâtissiers de grande maison trouveront des avantages précieux à le fabriquer eux-mêmes ou à le faire fabriquer sous leurs yeux.

Fabrication du chocolat.

Lorsqu'on aura fait choix du cacao, on le jettera dans un crible dont les mailles ne soient pas assez larges pour laisser passer les amandes au travers; cette première opération consiste à distraire toutes les amandes entières de la poussière, des pierres, des particules d'amandes qui se sont brisées, et de séparer celles qui sont collées ensemble; après quoi vous vannerez tout ce qui aura passé au travers du crible, à l'effet d'en expulser toute la poussière et les petits cailloux qui font partie de ce mélange; vous étendrez sur une table ce qui sera resté dans le van; vous séparerez avec la main toutes les parties de cacao qui seront bonnes, et vous rejetterez le surplus comme inutile.

Mettez une large poêle de fer sur un fourneau qui soit disposé de manière à donner une chaleur ardente; lorsque cette poêle sera échauffée au point que le fond soit presque totalement rouge, jetez-y environ quatre pouces d'épaisseur de votre cacao trié, remuez avec une longue spatule de bois, et de manière à faire rouler toutes les amandes les unes sur les autres, afin qu'elles se grillent également; et que ce mouvement s'exécute sans que la spatule quitte le fond de la poêle; car, si cela était autrement, on écraserait des amandes, qui se brûleraient au lieu de se griller; entretenez le feu de manière qu'il produise toujours le plus grand degré de chaleur possible, jusqu'à ce que l'écorce ligneuse de ces amandes ait acquis une couleur brune tirant un peu sur le noir (1), jetez et étalez-les dans un van, que vous aurez préalablement placé dans un air libre; remettez la poêle sur le feu, et continuez l'opération avec la même célérité, jusqu'à ce que la totalité de votre cacao soit grillée : sitôt que vous aurez jeté la seconde poêlée dans le van, et pendant que la troisième sera sur le feu, faites vanner fortement les deux premières; tant à l'effet d'en expulser la fumée et toute la poussière qui s'est déta-

(1) Une manière plus simple de torréfier le cacao consiste à le mettre dans un cylindre de tôle nommé brûloir, ainsi qu'on en use pour le café.

chée des écorces , qu'à dessein de refroidir plus promptement les amandes, par le contact extérieur de l'air ; et lorsque la totalité de votre cacao sera grillée , que la poêle sera plus qu'à moitié refroidie , faites griller très lentement , et à un degré de chaleur très modéré, toutes les particules d'amandes que vous aviez triées et mises en réserve ; et quand ces particules auront acquis une couleur jaunâtre, jetez-les sur une table , triez encore avec la main , et rejetez toutes celles qui seront restées blanchâtres , attendu que cette couleur est un signe certain que ces parties d'amandes sont gâtées.

Vingt-quatre heures après avoir grillé votre cacao, mettez ces petites parties à la fois sur une grande feuille de papier étendue sur une table , à l'effet de les écraser très légèrement avec un rouleau de buis, et seulement à dessein d'en détacher les écorces. Comme il y a toujours quelques amandes qui s'échappent du rouleau, ou dont l'écorce est plus fortement adhérente , passez le tout au travers d'un crible destiné à cet usage, et remettez sur le papier, ou bien détachez avec les doigts toutes les écorces qui n'auraient pas été brisées. Quand tout votre cacao aura été passé au travers du crible, vous le vannerez comme on vanne le blé, et le nettoierez si bien qu'il n'y reste aucune partie d'écorce.

Votre cacao étant ainsi disposé, vous le réduirez grossière-ment en pâte et comme il suit :

Ayez un mortier de fonte de la même matière que les clo-ches , car celle de fer étant échauffée communiquerait un goût à la pâte ; et que ce mortier soit assez grand pour piler aisément cinq livres de cacao à la fois : vous échaufferez ce mortier, ainsi que son pilon de fer, en le remplissant à moitié de charbon ardent : pesez ensuite, et mettez cinq livres de cacao qui a été préparé dans votre poêle de fer ; faites-le chauf-fer à un degré de chaleur très modéré; car, si le feu était vif, l'huile végétale contracterait un goût de rance ou de brûlé : remuez sans discontinuer avec une spatule de bois, si bien que la chaleur puisse se distribuer également dans toutes les

parties du cacao ; et lorsqu'après en avoir pris une poignée
dans la main , et qu'en le serrant un peu vous éprouverez
un degré de chaleur qui soit néanmoins encore supportable ,
jetez promptement le cacao dans le mortier qui a été préparé ;
et pendant qu'on réduira cette portion en pâte , pesez quatre
livres et demie du même cacao , que vous ferez chauffer
comme il a été dit. Quand la première partie aura été bien
pilée , vous la mettrez sur une feuille de papier blanc , sous
laquelle on aura préalablement mis une feuille de gros papier
jaune : jetez la seconde partie dans le mortier , et pesez également quatre autres livres et demie de cacao , que vous ferez
chauffer , en suivant toujours la même méthode ; et quand
ces trois parties auront été réduites en pâte , vous en formerez
un pain du poids de quatorze livres.

Si l'on exposait le cacao à l'action du feu avant d'être
nettoyé et avant d'en avoir séparé toutes les amandes cassées , il arriverait non seulement que ces parties d'amandes
seraient trop brûlées , mais encore que les différentes immon-
dices dont les cacaos sont toujours chargés , se trouvant plus
développées par l'ardeur du feu , auraient également la faculté de communiquer une saveur terreuse désagréable aux
amandes qui seraient saines et entières.

Si le degré de chaleur qu'on emploierait à l'effet de griller
le cacao était moins violent et moins soutenu que celui dont
il a été parlé ci-dessus , il arriverait alors que les particules
de feu transporteraient d'abord le principe huileux le plus
délié du cacao , de la circonférence au centre de ces amandes ,
et que , par la même continuité d'action , il résulterait nécessairement la réaction que les particules de feu auraient également la faculté de produire , de sorte que le principe huileux du cacao , étant contraint de refluer du centre vers la
circonférence de ces amandes , lesquelles se trouveraient exposées à l'ardeur immédiate du feu , se décomposerait et
contracterait un goût de brûlé , de manière que la pâte du
chocolat qui résulterait de ces amandes , dont une des parties

les plus essentielles aurait été dénaturée, se trouverait dé-
pourvue de toutes les propriétés qui ont été attribuées à la liqueur du chocolat.

Or, comme l'opération du grillage devrait être finie avant
que les parties intégrantes du feu eussent pénétré jusque
dans l'intérieur du cacao, on concevra aisément combien il
est important que ces amandes ne soient pas exposées trop
long-temps à l'action du feu; et si nos artistes veulent bien
se donner la peine d'observer plus soigneusement et plus at-
tentivement les différens effets qui résultent de cette opération, ils estimeront infailliblement que cette partie de leur
art est assez intéressante pour mériter plus particuliérement
leur attention, et ils concluront avec nous que l'exécution
de cette opération, qui ne peut tendre à d'autre objet qu'à
celui de détacher les écorces de ces amandes, que cette opération, dis-je, doit nécessairement s'exécuter avec toute la
célérité possible, de manière que les principes constitutifs du
cacao soient conservés dans toute leur intégrité.

Nous observons encore que, si l'on négligeait d'étendre
et de vanner fortement les amandes du cacao, sitôt qu'elles
ont été grillées, l'odeur de la fumée qui s'exhale de ces
écorces nouvellement rôties se répercuterait infailliblement
dans l'intérieur des amandes, et que cette fumée leur communiquerait une saveur désagréable; ce qui arriverait encore si on les écrasait avant qu'elles fussent totalement refroidies et exposées, au moins pendant vingt-quatre heures
après le grillage, à un air libre.

On doit observer aussi qu'il serait beaucoup mieux que les
amandes du cacao fussent nettoyées et mondées de leurs
écorces, en les étalant l'une après l'autre avec les doigts;
car, quelque précaution qu'on prenne en les écrasant avec
le rouleau de buis, il en résulte toujours l'inévitable inconvénient que les particules terreuses, qui sont plus adhérentes
aux écorces du cacao, se détachent et se mêlent avec les
particules d'amandes, les noircissent et absorbent une partie
de la saveur naturelle du cacao.

Enfin, tout votre cacao ayant été réduit en pâte et en pains, comme il a été dit, vous préparerez le chocolat de la manière suivante, et conformément aux différentes doses qui sont prescrites ci-après.

On met, le soir, sur la pierre un des pains de cacao dont il a été fait mention, ainsi que le cylindre à broyer le chocolat; on met sous cette pierre deux terrines remplies de charbons ardens et suffisamment couvertes de cendres chaudes, afin que la chaleur soit douce, et dure assez long-temps pour entretenir la pierre chaude et amollir la pâte de cacao : on couvre ensuite cette pierre avec de grandes feuilles de papier blanc, qu'on met d'abord sur la pâte, et qu'on recouvre avec un large morceau de toile.

Le lendemain matin, on enlève le pain de cacao, dont il se trouve environ à moitié de ramollie; on le met sur une petite pierre carrée destinée à cet effet, et on l'entretient modérément chaude, en mettant du feu dessous : au défaut de cette pierre, on met ce cacao dans une poêle; on conserve environ deux livres de cette pâte sur la pierre à broyer, qu'on entretient dans un degré de chaleur très doux; on broie avec le cylindre d'acier tourné et poli. Quand cette partie a été broyée, on la rassemble sur le devant de la pierre; on la broie une seconde fois, jusqu'à ce qu'en roulant on n'aperçoive plus aucune des traînées que les molécules de cacao non broyées laissent sur la pierre. Lorsque cette partie a été suffisamment broyée, on l'enlève, on la met dans une grande poêle qu'on place sur un feu doux, afin d'entretenir la pâte liquide; puis on remet sur la pierre la même quantité de pâte; on broie comme il a été dit, et on continue ainsi de suite, jusqu'à ce que tout le pain de cacao soit broyé. Quand cette opération est finie, afin d'entretenir le cylindre suffisamment chaud, on le laisse sur la pierre, qu'on couvre comme ci-devant, on augmente le feu qui était dessous, de sorte que cette pierre soit échauffée de deux ou trois degrés au dessus

de la chaleur qu'elle avait lorsqu'on a broyé le cacao seul.
On augmente également le feu qui était sous la poêle qui
contient la pâte broyée, dans laquelle on fait entrer, à deux
ou trois reprises, neuf livres de sucre grossièrement réduit
en poudre : on remue ce mélange avec une spatule de bois,
jusqu'à ce que le sucre soit bien incorporé avec le cacao ; on
couvre cette pâte avec de grand papier blanc, et on met un
feu très doux sous la poêle, afin d'entretenir la pâte toujours
liquide : on en met environ deux livres sur la pierre à broyer,
qu'on entretient toujours dans le même degré de chaleur qui
vient d'être dit ; on broie de nouveau, et lorsque ces deux
livres ont été broyées, on les rassemble sur le devant de la
pierre pour être broyées une seconde fois ; après quoi on enlève cette pâte, on la met dans une poêle, et on l'entretient
liquide. Lorsque la totalité du cacao mêlé avec le sucre a été
suffisamment broyée, on y fait d'abord entrer la cannelle, la
vanille et l'ambre, qu'on a réduits en poudre très fine, et pas-
sés au tamis de soie ; on remue avec la spatule ; puis on ajoute
trois livres de sucre en poudre passé également au tamis de
soie : on continue de remuer ce mélange jusqu'à ce que ces
poudres soient divisées et bien incorporées avec la pâte : alors
on la partage, encore toute chaude, par petites masses de
demi-livre, ou d'un quarteron, qu'on roule sur une feuille
de papier blanc, pour en former un cylindre, ou on les met
dans des moules de fer-blanc qui ont la forme de biscuits ;
on agite ces moules en les frappant légèrement sur la table,
jusqu'à ce que le chocolat soit glacé et uniformément étendu ;
on le laisse refroidir dans les moules ; il y durcit et y acquiert
une consistance ferme et solide : on l'en sépare facilement,
soit en frappant les moules, soit en les pressant par les deux
bouts en sens contraire. On enveloppe ces biscuits de chocolat dans un papier blanc, et on les conserve dans un endroit
sec, parce qu'il se moisit à la surface lorsqu'on le renferme
dans un endroit humide.

Le chocolat se conserve plusieurs années ; celui dont on

ne fait usage que six mois après avoir été fabriqué était meilleur que quand on l'employait avant ce terme.

Remarques sur la manière de broyer le cacao.

Si la pierre était plus que tiède lorsqu'on broie le cacao seul, la pâte se noircirait, et se liquéfierait de manière qu'il échapperait toujours une assez grande quantité de molécules de cacao qui ne seraient pas bien broyées, parce que la trop grande liquidité de cette pâte fait que ces molécules glissent sous le rouleau.

Lorsqu'on broie le cacao avec le sucre, on doit, au contraire, entretenir la pierre dans un degré de chaleur à ne pouvoir presque y tenir le dos de la main, parce que le principal objet que l'artiste se propose par cette augmentation de chaleur ne doit consister qu'à atténuer la partie huileuse du cacao, de manière à la rendre plus soluble à l'eau, et qu'il n'y a pas de moyen qui puisse mieux remplir cet objet que celui de la bien triturer avec le sucre, en y appliquant le degré de chaleur qui convient à cette opération.

Le sucre qu'on destine à entrer dans la composition du chocolat doit être blanc, sec et sans odeur ; on pile, et on passe au travers d'un tamis de crin celui qui doit être broyé avec le cacao, et on passe au tambour de soie celui qu'on y fait entrer simplement à dessein de dessécher la pâte et de la rendre plus solide.

On coupe la vanille par petits morceaux ; on casse également la cannelle, on pile le tout ensemble, et on passe souvent à travers le tambour de soie, parce que les parties les plus fines s'évaporeraient en pure perte. Quand on a tamisé environ les trois quarts de cette poudre, on pile l'ambre gris avec ce qui reste, et lorsque l'opération est finie, on agite doucement cette poudre avec une cuiller d'argent, afin que ces trois différentes espèces d'aromates soient plus uniformément mêlées ensemble. Quand on a fait piler à la fois une quantité de ces aromates pour plusieurs journées, ou partage ces poudres par égale portion; car la sécheresse et les particules qui se sont évaporées en pilant ces substances font qu'on ne retrouve plus le même poids.

Si on négligeait de verser de temps à autre un peu d'eau sur la cannelle quand on la pile seule, la sécheresse de cette écorce en ferait évaporer une partie considérable.

Le choix du tambour qui sert à passer ces poudres n'est point indifférent; car, si la soie en est trop lâche, elle laisse passer des molécules qui ne sont pas assez fines, et qui se déposent dans le fond de la liqueur du chocolat.

Si, au contraire, cette soie est trop serrée, la poudre aromatique passerait directement au travers.

Si on broyait encore la pâte du chocolat, après y avoir fait entrer les poudres aromatisées et le sucre passé au tambour de soie, on aurait non seulement beaucoup plus de peine à partager la pâte par petites portions, mais il arriverait que la chaleur de la pierre, le mouvement et la pression du cylindre occasioneraient encore l'évaporation d'une partie assez considérable du principe volatil de ces différens aromates : ainsi, j'estime qu'il vaut beaucoup mieux faire le mélange de ces poudres dans la poêle, en remuant avec la spatule de bois, comme il a été dit.

Quoiqu'on puisse convertir en liqueur tous les chocolats qui ont été nouvellement fabriqués, cette liqueur vaudrait néanmoins beaucoup mieux, si on ne faisait usage de la pâte de ces chocolats que six mois après leur fabrication, parce que, pendant cet espace de temps, le sel doux du sucre aurait la faculté d'atténuer encore d'autant mieux l'huile du cacao, et que les parties aromatiques seraient aussi mieux identifiées avec la pâte, et, par conséquent, moins susceptibles de s'évaporer pendant le temps de l'ébullition qui est nécessaire, lorsqu'on veut convertir ces chocolats en liqueur.

Cette opération, qui est très simple en elle-même, puisque la matière est toute préparée, exige néanmoins plus d'attention qu'on ne croit, ainsi qu'on va le voir.

On divise ordinairement chaque livre de chocolat en douze parties, qui font autant de tasses de liqueurs : on sépare chacune de ces parties par fragmens, qu'on jette dans une chocolatière dans laquelle on a préalablement mis la quantité d'eau relative aux tasses de chocolat qu'on veut faire. Lorsque le mélange commence à bouillir, on l'éloigne un peu du feu, et après avoir fortement agité cette liqueur avec le moussoir, on approche le vaisseau du feu ; on fait bouillir légèrement pendant six ou sept minutes, et on agite encore. Quand on a répété cinq ou six fois cette même opération, on entretient la liqueur pendant deux heures dans un demi-degré de chaleur au dessous de celui de l'eau bouillante, et on continue de l'agiter de temps à autre, parce que ce mouvement sert à lier plus intimement toutes les parties et à rendre la liqueur plus homogène. Cette boisson vaut encore mieux quand on la prépare la veille, et qu'on la tient pendant toute la nuit sur les cendres chaudes ; car on doit encore observer que le chocolat le mieux trituré sur la pierre s'unit encore très difficilement avec l'eau, surtout quand le principe nutritif du cacao a été conservé dans toute son intégrité.

Lorsqu'on veut rendre la boisson du chocolat mousseuse, ce qui n'ajoute cependant rien à sa vertu, on délaie du sucre en poudre avec du blanc d'œuf : on laisse sécher ce liquide jusqu'à ce qu'il ait acquis une consistance beaucoup plus solide ; on en forme de petites boules de la grosseur d'une noisette ; et quand on est prêt à boire le chocolat, on jette dans la chocolatière une de ces petites boules pour chaque tasse de liqueur ; on agite fortement avec le moussoir, et lorsque ces boules sont fondues, on verse le chocolat par inclination, en attirant avec le bâton à chocolat la mousse qui s'est formée sur la superficie de la liqueur.

CHAPITRE IX.

—

REMARQUES ET OBSERVATIONS.

—

Nous empruntons les recettes, remarques et observations suivantes, au savant M. Carême, qui lui-même les a empruntées à plusieurs auteurs, tels que MM. Edlin, Waffer, Fouques, Jean-Férapie Dufieu, etc.

Levûre de pommes de terre.

Faites cuire des pommes de terre farineuses jusqu'à ce qu'elles soient bien molles. Pressez, écrasez-les, et versez-y assez d'eau chaude pour leur donner la consistance de la levûre de bière ordinaire. Ajoutez pour chaque demi-kilo-

gramme (une livre) de pommes de terre, six décagrammes
(deux onces) de mélasse; et quand le tout est chaud, ajoutez-
y pour chaque demi-kilogramme de pommes de terre deux
grandes cuillerées à soupe de bière. Gardez le tout chaudement jusqu'après la fermentation, et en vingt-quatre heures,
la levûre sera prête à être mise en usage. Un demi-kilogramme
de pommes de terre produit environ un litre (une pinte) de
levûre, et elle se conserve trois mois. Cette levûre remplit si
bien le but, qu'on ne peut distinguer le pain qui en contient
de celui qui est fait avec la levûre de bière.

Méthode ordinaire de faire le pain.

Mettez un demi-boisseau de farine (ou six livres) sur le
tour. Faites une fontaine au milieu, dans laquelle vous mettez un demi-quarteron de levûre. Faites votre détrempe à
l'eau tiède; faites en sorte qu'elle soit de la consistance de la
pâte à brioche, et travaillez bien votre pâte, en y joignant
deux onces de sel fin délayé dans un peu d'eau tiède. Couvrez
et mettez-la chaudement pour qu'elle puisse fermenter et lever. La bonté du pain dépend des soins donnés à cette partie
de l'opération. Après avoir laissé la pâte en cet état une
heure ou deux, selon la saison, vous la pétrissez de nouveau,
la couvrez et la laissez encore deux heures dans cet état. Pendant ce temps, chauffez le four lorsque vous l'avez nettoyé,
divisez la pâte en huit parties égales, et formez-en des pains
de la forme que vous croyez la plus agréable. Placez-les dans
le four le plus promptement possible. Lorsqu'ils sont cuits,
vous frottez la croûte avec un peu de beurre; cela leur donne
une belle couleur jaune.

Pain français en rouleau.

Mettez sur le tour à pâte (car nous ne connaissons d'autre

pétrin que celui-là) un demi-boisseau (six livres) de farine tamisée. Pétrissez-la avec deux pintes de lait, trois quarts de beurre tiède, un demi-quarteron de levûre et deux onces de sel. Quand le tout est mêlé, pétrissez-le avec une quantité suffisante d'eau chaude. Le tout bien travaillé, couvrez la pâte et laissez-la deux heures pour l'épreuve; ensuite moulez-la en rouleaux que vous placez sur des plaques ou plafonds étamés, et laissez-les sur le four ou dans une étuve chaleur molle, afin qu'ils puissent s'apprêter; une heure après, placez-les dans un four très chaud pendant vingt minutes. Râpez-les lorsqu'ils sont cuits. On peut les mettre de préférence sur du papier fort et beurré : ils n'en font que plus d'effet en les cuisant, ce qui les rend infiniment plus légers.

Pain à la terrine ou à la grecque.

Mettez dans une grande terrine de bois ou dans une terrine ordinaire un demi-boisseau de belle farine. Faites en sorte que le vase et la farine soient un peu chauds (mettez sur le four ou à l'étuve une heure avant de faire le pain), et mettez trois onces de levûre et une quantité d'eau et de lait suffisante pour que votre pâte soit mollette (ajoutez deux onces de sel) comme le solilèmne. Étant bien travaillée, tenez-la couverte, pendant trois heures, sur le four ou dans une étuve, et coupez-la en huit pains, que vous mettez dans des terrines beurrées. Mettez de suite au four très chaud. Quand le pain est à peu près cuit, ôtez-le des terrines, et placez-le sur des plaques ou plafonds pendant quelques minutes, afin que la croûte puisse prendre couleur; ensuite enveloppez-le de flanelle. Lorsque vos pains sont froids, vous les chapelez.

Le pain préparé de la sorte est beaucoup plus léger que celui des boulangers, et lorsqu'il est coupé, il a la figure d'une ruche. Il importe de remarquer que la pâte doit être aussi travaillée et aussi molle que celle du solilemne.

Observations sur le riz.

Le riz vient principalement de la Chine et de la Caroline méridionale ; il se sème après l'équinoxe du printemps. Il réussit dans les terrains bas et marécageux, et doit être semé dans les sillons éloignés de douze pouces ; il demande à être submergé par cinq ou six pouces d'eau à quatre ou cinq reprises différentes. Quand il est mûr, la paille jaunit, et on le moissonne avec une faucille en septembre ; puis on le soigne, à tout égard, comme le froment et l'orge.

Ce graminé est l'aliment principal de la moitié du globe ; seul il nourrit plus d'hommes que toutes les autres substances prises collectivement.

Manière de procéder pour obtenir la farine de pommes de terre.

Lavez et brossez quinze livres de pommes de terre farineuses (ce qui donnera deux livres de farine). Vous les râpez au dessus d'un vase large, profond et plein d'eau. Ce travail fini, vous changez l'eau ; et, au bout de trois heures (ce qui ôtera le goût terreux de la pomme de terre), vous la lavez de suite à deux eaux différentes ; vous l'égouttez sur un tamis de soie, et la mettez sécher sur le four ou dans l'étuve. Si vous en avez besoin de suite, vous pouvez la faire sécher sur un plafond que vous mettez quelques minutes dans le four, ou bien dans une casserole que vous posez sur des cendres chaudes. Bientôt vous obtenez de la farine très blanche et d'un goût agréable : avant de vous en servir, vous la passez au tamis de soie.

Des truffes.

Nous lisons dans un auteur moderne :

« Je regarde la truffe comme un végétal vivipare; ce ne sont pas, à proprement parler, des graines que l'on voit dans les cellules de sa chair réticulée, mais de petites truffes toutes formées, attendu qu'elles ont la même forme et la même couleur que celles qui leur ont donné naissance; qu'elles ont aussi comme elles leur surface relevée de petites éminences taillées en pointe; que, pour parvenir à leur accroissement complet, elles ne se développent pas comme graines, mais qu'elles croissent par une simple extension des parties comme fœtus. C'est par les petites pointes dont leur surface est hérissée, lesquelles se prolongent en filets courts qui font l'office d'autant de cordons ombilicaux, qu'elles tirent de la mère-truffe les sucs nécessaires à leur accroissement; ce sont ces mmes filets qui, lorsque la mère-truffe est détruite, s'implantent immédiatement dans la terre, et y remplissent les fonctions de racines. Ces jeunes truffes, parvenues à la grosseur d'un pois, conservent encore visiblement ces petits filets; ce n'est qu'avec l'âge qu'ils disparaissent.

» C'est particulièrement dans les forêts plantées de chênes et de châtaigniers que se plaît la truffe comestible; c'est aussi dans les terrains graveleux, dans les terres légères en général, qu'on la rencontre le plus ordinairement. Elle est commune dans les provinces méridionales de la France, et particulièrement dans le Languedoc, la Provence, le Dauphiné, l'Angoumois, le Périgord, la Guienne. On en trouve aussi de fort bonnes en Bourgogne, en Lorraine, en Franche-Comté, dans la Champagne; il est probable qu'on en pourrait trouver dans toute la France.

» La truffe comestible est ordinairement recouverte de trois à quatre pouces de terre; quelquefois cependant elle se trouve jusqu'à quinze pouces de profondeur, et quelquefois aussi elle est presque à fleur de terre. L'odeur pénétrante qui s'exhale de cette espèce de truffe et de ses variétés fait qu'on se sert avec succès, pour les découvrir, de petits roquets stylés à ce genre de chasse, ou d'un porc que l'on mène en laisse. Les bons chercheurs de truffes reconnaissent aussi les truffiers à certaines crevasses qui se trouvent à la terre; d'autres, plus attentifs encore, les découvrent au moyen d'un insecte ailé qui voltige dans leur voisinage; ils regardent ce signe comme certain, quand la terre, au dessus de laquelle rôdent des essaims de ces insectes, est dépouillée de végétaux.

« Cette truffe varie beaucoup dans ses dimensions. Cependant, quoiqu'elle soit fort pesante en raison de son volume, il est rare que son poids soit de plus de sept à huit onces. Nous trouvons les truffes d'un poids extraordinaire, quand elles pèsent jusqu'à une livre; et il y a encore loin de celles-là à celles qui, au rapport de Haller, d'après Bresl et Keisler, pesaient quatorze livres.

» *Rapprochement.* Au premier coup-d'œil, on pourrait confondre la truffe comestibles noire avec la truffe musquée; mais cette dernière a sa surface lisse et sa chair mollasse. On pourrait aussi trouver quelques rapports entre la variété de la truffe comestible, qui est d'une couleur cendrée, et la truffe blanche; mais, outre que la truffe blanche a une base radicale, sa surface n'est jamais relevée d'éminences prismatiques.

» *Usages.* On fait un fréquent usage de la truffe comestible comme assaisonnement, et même comme aliment. On mange les truffes au court-bouillon, au vin de Champagne, en potages, en ragoûts gras et maigres, en pâtés, en tourtes; on en fait des crèmes, et les grands amateurs de truffes les préfèrent cuites sous la cendre et sans apprêt. Plus les truffes sont mûres, c'est à dire plus leur chair est marbrée, plus elles ont de parfum, et plus elles sont agréables au goût. Celles de certaines provinces sont aussi plus estimées; elles sont de meilleur goût, elles ont plus de parfum, ce qui paraît dépendre de la nature du sol.

» La truffe restaure, fortifie l'estomac, et excite les ardeurs de Vénus. »

Procédé pour clarifier le miel.

Prenez miel, six livres; eau, une livre douze onces; craie réduite en poudre, deux onces quatre gros; charbon pulvérisé, lavé et desséché, cinq onces; trois blancs d'œufs battus dans trois onces d'eau par chaque livre de miel.

On met le miel, l'eau et la craie dans une bassine de cuivre, dont la capacité doit être d'un tiers plus grande que le volume de mélange : on le fait bouillir pendant deux minutes; ensuite on jette le charbon dans la liqueur, on le mêle avec une cuiller, et on continue l'ébullition pendant deux autres minutes. Alors on retire la bassine du feu, on laisse refroidir la liqueur pendant à peu près un quart d'heure, et on la passe par une étamine, en ayant soin de remettre sur l'étamine les premières portions qui filtrent, par la raison qu'elles entraînent toujours avec elles un peu de charbon. Cette liqueur, ainsi filtrée, donne un sirop convenablement cuit.

Une portion de sirop reste sur l'étamine adhérente au charbon, à la craie et au blanc d'œuf; on l'en sépare par l'un des deux procédés suivans :

Premier procédé.

On verse de l'eau bouillante sur les matières, jusqu'à ce qu'elles n'aient plus de saveur sucrée; on réunit toutes les eaux du lavage, et on les fait évaporer à grand feu jusqu'à consistance de sirop : ce sirop, ainsi cuit, contracte une saveur de sucre d'orge, et ne doit point être mêlé, par cette raison, avec le premier.

Deuxième procédé.

On verse à deux reprises, sur les matières précédentes, autant d'eau bouillante qu'on en emploie pour purifier la quantité de matière sur laquelle on a opéré ; on la laisse filtrer et égoutter ; on soumet le résidu à la presse ; on réunit toutes les eaux, et l'on s'en sert pour une autre clarification.

Observations. 1°. Le sirop fait par le procédé qu'on vient d'indiquer est d'autant meilleur, que le miel dont on se sert est de qualité supérieure : celui qu'on obtient avec le miel du Gatinais, et à plus forte raison avec celui de Narbonne, ressemble beaucoup au sirop de sucre ; celui qu'on obtient avec le miel de Bretagne n'est pas bon.

2°. Avant de se servir de l'étamine lorsqu'elle est neuve, il est nécessaire de la laver à plusieurs reprises avec de l'eau chaude ; autrement elle communiquerait une saveur désagréable au sirop, parce que dans cet état elle contient toujours un peu de savon.

3°. Il faut que le charbon qu'on emploie soit bien pilé, lavé et desséché ; sans cela, l'opération ne réussirait qu'en partie.

La récolte annuelle et périodique de la ruche pyramidale, lorsqu'elle est parvenue à quarante pouces d'élévation sur seize de diamètre, est de quatre-vingt-dix à cent livres de miel, et quatre de cire.

Remarques curieuses sur la glace.

Pendant l'hiver de 1740, qui fut très rigoureux, surtout en Russie, où le froid surpassa celui de 1709, on construisit à Saint-Pétersbourg un palais de glace de cinquante-deux pieds et demi de longueur sur seize de largeur et vingt de hauteur, sans que le poids des parties supérieures et du

comble, qui était aussi de glace, parût endommager le moins
du monde le pied de l'édifice. La Néva, où la glace avait
deux ou trois pieds d'épaisseur, en avait fourni les matériaux.

Les blocs de glace qu'on en tirait étaient d'abord taillés
avec soin, embellis d'ornemens, et posés ensuite selon
toutes les règles de l'architecture. Il y avait au devant du
bâtiment six canons de glace, faits sur le tour avec leurs
affûts et leurs roues, pareillement de glace, et deux mortiers
à bombes dans les mêmes proportions que ceux de fonte. Les
canons étaient de ceux de trois livres de poudre de charge,
ce qui répond au moins à six livres de balle ; mais on ne les
chargeait que d'un quarteron de poudre, après quoi on y
faisait couler un boulet d'étoupe, et même quelquefois de
fer. L'épreuve d'un de ces canons fut faite un jour en pré-
sence de toute la cour ; le boulet perça une planche de deux
pouces d'épaisseur à soixante pas d'éloignement.

Seconde remarque. Plusieurs anciens n'ont pas cru que
la mer pût se geler ; mais la mer Baltique et la mer Blanche
se gèlent presque tous les ans, et les mers plus septentrio-
nales se gèlent tous les hivers. Le Zuyderzée même se gèle
souvent en Hollande.

Waffer rapporte que, près de la Terre-de-Feu, il a ren-
contré plusieurs glaces flottantes très élevées qu'il prit d'abord
pour des îles : quelques unes, dit-il, paraissaient avoir une
lieue ou deux de long ; et la plus grosse de toutes lui parut
avoir quatre ou cinq cents pieds de haut.

REMARQUES ET OBSERVATIONS

SUR LE CAFÉ.

Les pâtissiers faisant une certaine consommation de café, les observations suivantes pourront leur être d'une grande utilité.

Des différentes qualités du café.

Indépendamment des cafés qui nous viennent par la voie du commerce de l'Inde, on nous apporte aussi, par la même voie, ceux qu'on recueille aux îles de France et de Bourbon, et ce sont nos négocians, ou des particuliers, qui font venir les cafés de la Martinique, de Cayenne, la Guadeloupe et Saint-Domingue; à l'égard des cafés que les Hollandais récoltent, et font venir de Batavia ou de Java, s'il en passe quelque partie en France, ce ne peut être que sous une autre dénomination; car on ne trouve plus de cette espèce de café dans le commerce.

Tous ces différens cafés se distinguent, soit par leurs qualités spécifiques, soit par leur couleur, soit encore par la forme, ou les différentes grosseurs de leurs grains. Les cafés de Bourbon et de Java ressemblent néanmoins si parfaitement, quant à la couleur et à la grosseur des grains, à celui qui nous vient de l'Arabie-Heureuse, que celui-ci ne peut être distingué de ces deux autres espèces que par son odeur et sa saveur, qui sont plus pénétrantes et plus agréables. Lorsqu'on met ces trois espèces de café à côté l'une de l'autre, et qu'on les observe avec la plus grande attention, on remarque dans le café d'Arabie une teinte plus brillante, qui couvre la superficie de ses grains, et que ce coloris est tout à fait particulier à cette espèce ; mais, lorsque ce café est mêlé avec ceux de Bourbon et de Java, l'œil le plus attentif pourrait encore s'y tromper, à moins que ce mélange ne fût exposé dans un jour assez favorable pour que les rayons de la lumière fissent sortir la couleur brillante du café d'Arabie. A l'égard des cafés de la Martinique, Saint-Domingue, Cayenne et la Guadeloupe, on peut aisément les distinguer des cafés moka, de Bourbon et de Java, par la seule inspection, parce que les grains de ces quatre premières espèces sont plus gros, et que leur couleur est d'un vert terne plus brun que jaunâtre, quelques uns tirant un peu sur la couleur grise, et les autres sur la blanchâtre ; mais ces quatre espèces sont, en général, de couleur fort obscure.

Le café de Saint-Domingue se distingue plus particulièrement par la forme de ses grains, qui sont plus aplatis, ainsi que par leur volume, qui est plus alongé : on distingue encore cette espèce de café par une saveur qui lui est toute particulière, et en vertu de laquelle, dit-on, les négocians du Nord nous achètent ce café, de préférence à ceux de la Martinique et de Cayenne, quoique ceux-ci soient d'une qualité supérieure au café de Saint-Domingue, qu'on doit ranger dans la dernière classe.

A l'égard des cafés de la Martinique, la Guadeloupe et Cayenne, comme leurs grains sont presque tous égaux dans leur proportion, on ne peut distinguer la meilleure qualité que par la couleur, qui est d'un vert clair plus jaunâtre, à peu près semblable à celle du café de Bourbon, et lorsque les grains sont bien nourris et la peau bien tendue.

On doit regarder comme médiocres, ou de mauvaise qualité, tous les cafés dont les grains sont de la couleur d'un vert brun, gris obscur, ou blanchâtre, dont la peau paraît lâche et pour ainsi dire ridée, attendu que ces signes apparens sont presque toujours une marque certaine que ces cafés ont été cueillis avant d'avoir atteint le degré de maturité nécessaire ; ce qui fait que ces espèces de cafés ont toujours un goût âcre et acerbe.

Pour ce qui concerne la disproportion qu'il peut y avoir entre la grosseur des grains de café, je me suis assuré que leur volume n'influait aucunement sur la qualité ; mais je ne puis trop répéter que la couleur de cette graine doit toujours être d'un vert clair jaunâtre, même plus jaune que vert, que les grains en soient bien nourris, que la pellicule qui leur sert d'enveloppe soit bien lisse et tendue de manière qu'ils paraissent brillans, parce que ces signes extérieurs sont les seuls qui font connaître que cette graine a mûri suffisamment sur l'arbre, et qu'elle a subi les degrés de coction nécessaires. Mais les pluies abondantes, disent encore les Américains, qui tombent dans l'arrière-saison, ne nous permettent pas de laisser nos cafés plus long-temps sur l'arbre. Cette objection, toute spécieuse qu'elle paraît être, semble, néanmoins, mériter peu de considération de la part de ceux qui voudront répéter l'expérience suivante.

Expérience sur le café en grain non grillé.

Je jetai, dit M. Dubuisson, une once de café en grain et non grillé dans douze onces d'eau froide ; je plaçai mon vaisseau près du feu, de manière que l'eau pût s'échauffer par gradation; je fis bouillir pendant cinq minutes, et j'entretins la liqueur pendant un quart d'heure à deux degrés au dessous de l'eau bouillante; je versai toute la liqueur par inclination dans un autre vaisseau, et je remarquai que cette décoction était médiocrement mucilagineuse, et qu'elle était imprégnée de la couleur, de l'odeur et de la saveur douce et naturelle du café cru; je mis cette décoction en réserve, et j'exposai les grains du café à un air libre, jusqu'à ce qu'ils fussent ramenés au point de siccité; je remarquai alors que ces grains de café avaient pris une couleur brune fort obscure, et que la pellicule qui leur servait d'enveloppe était devenue semblable à celle du parchemin; je torréfiai ce café, et je le fis griller de manière que, par rapport à sa couleur brune, il paraissait avoir deux ou trois nuances de torréfaction de plus qu'à l'ordinaire; car on ne peut déterminer le véritable degré de torréfaction de ce café que par l'odeur balsamique de la fumée qui s'en exhale. Lorsqu'il fut refroidi, je le pesai, et je trouvai vingt grains de moins que si la même quantité de café n'eût pas subi d'altération dans la décoction; je fis réduire cette graine en poudre, que je jetai dans six onces d'eau, à l'effet d'en extraire la teinture suivant la méthode. Quoique cette teinture m'ait paru être plus légère que celle de la même quantité de café qui n'aurait pas été soumise à l'expérience, on aura néanmoins lieu d'être surpris que cette teinture avait conservé la même saveur agréable du café. En effet, laquelle de toutes les graines aromatiques connues pourrait soutenir une aussi longue ébullition, sans que les principes balsamiques en eussent souffert aucune altération? car on doit encore observer ici que la teinture résultante de la première décoction ne contenait, pour ainsi dire, que la partie colorante de la pellicule qui enveloppait les grains de café, et que la teinture que j'avais retirée de ces mêmes grains, après les avoir fait sécher et griller, n'était pas moins agréable que si ce café n'eût souffert aucune altération. A l'égard de la perte que cette graine a pu faire par rapport à la quantité, nous estimons que cette perte doit être attribuée à l'extraction des parties gommeuses et colorantes qui résidaient dans la pellicule extérieure du café.

Quant à sa récolte, nous croyons avoir prouvé démonstrativement aux cultivateurs de cette plante que les pluies qu'ils pourraient avoir à craindre aux approches de la saison où l'on fait ordinairement cette récolte, que ces pluies, dis-je, quoique abondantes, ne doivent pas les déterminer à cueillir leur café, avant son degré de maturité nécessaire, puisque les principes constitutifs de cette graine sont si étroitement liés ensemble, que même après une ébullition de cinq minutes dans l'eau commune, et une infusion d'un quart d'heure dans la même eau, à deux degrés au dessous de l'eau bouillante, je les ai tous trouvés dans le même état, et sans qu'ils eussent souffert d'altération. Cette expérience m'a encore servi à découvrir un phénomène qui m'a paru d'autant plus surprenant, que je n'avais pas même soupçonné que cela dût arriver ainsi. Comme la décoction que j'avais retirée du café en grain et non brûlé m'avait paru un peu mucilagineuse, je présumai que cette petite quantité de mucilage pouvait envelopper quelques particules d'acide que l'eau aurait également pu dissoudre : pour m'en assurer, j'exposai cette décoction à une température propre à exciter la fermentation naturelle, si la liqueur en avait été susceptible ; je l'observai vingt-quatre heures après, et je remarquai que sa couleur jaunâtre s'était changée en celle du plus beau vert de pré que la saison du printemps puisse nous offrir ; je conservai cette liqueur pendant huit jours, et je trouvai qu'elle n'avait éprouvé d'autre altération que celle d'avoir perdu presque la totalité de l'odeur et de la saveur du café cru dont elle était imprégnée ; car elle conserva constamment sa couleur verte et sa limpidité ; mais, lorsque j'eus ajouté quelques gouttes d'huile de vitriol dans un poisson de cette teinture, elle devint rougeâtre, ensuite bleuâtre, puis de la couleur jaunâtre, qu'elle conserva.

Je fis dissoudre du sucre dans une autre partie de cette teinture à laquelle j'ajoutai la même quantité d'esprit de vin qu'on fait entrer dans une liqueur potable : six heures après le mélange, sa couleur fut changée en celle de vert-pomme, ensuite en celle d'un jaune très clair ; et cette liqueur n'a conservé d'autre odeur ni d'autre saveur que celles de l'esprit de vin. La couleur verte de cette décoction ne peut être d'aucune utilité, pas même aux teintures, et je laisse aux physiciens à décider comment a pu s'opérer la génération de cette couleur ; mais la couleur blanche de la pellicule qui enveloppait les grains de café soumis à l'expérience, et la saveur agréable de la teinture que nous avons retirée après la torréfaction de cette graine, nous autorisent au moins à présumer que la couleur verte de cette décoction résidait dans la pellicule du café cru, puisque les principes de cette graine sont restés intacts.

De la torréfaction du café.

La méthode de griller le café, qui ne paraît simple que parce que cette manipulation nous est devenue familière, a néanmoins peut-être été ignorée pendant plusieurs siècles, et jusqu'à ce qu'il se soit trouvé un artiste assez intelligent pour donner à la manipulation de cette plante toute l'attention qu'elle mérite, et pour avoir remarqué que les principes qui constituent la graine du café se trouvaient si intimement liés ensemble, qu'on ne pouvait en obtenir la teinture qu'après que les parties intégrantes du feu auraient rompu les

liens qui les unissaient ; et nous estimons que cette découverte
a dû être plutôt la suite d'un raisonnement réfléchi que l'effet du hasard ; car toutes les fables qu'on a débitées à ce sujet,
sans en excepter même celle du berger, dont les moutons bon-
dissaient, dit-on, après avoir mangé la graine du café, se
trouvent détruites par les expériences faites avec le café
cru, puisque cette graine non grillée ne nous a jamais donné
de marque d'activité quelconque ; et il y a lieu de présumer que ce n'a été qu'après avoir tenté inutilement d'extraire
les principes de cette graine, par le moyen de son ébullition
dans l'eau, que quelques artistes se seront avisés d'y appliquer le feu plus immédiatement par le moyen de la torréfaction. Cette opération, qui est une des plus essentielles dans
la préparation du café, consiste simplement à ouvrir les pores
de cette graine, de manière à rendre ses principes actifs so-
lubles dans l'eau ; car, si on la faisait brûler, sa teinture serait
âcre, d'une amertume désagréable, parce qu'elle ne contien-
drait, pour ainsi dire, plus que les principes fixes du café ; et,
s'il n'était pas suffisamment torréfié, l'eau n'aurait pas non
plus la faculté de se charger du principe balsamique dans lequel résident la salubrité et le goût agréable de cette boisson.

Comme cette opération n'a qu'un terme donné, je ferai
en sorte de la rendre d'une manière assez sensible pour qu'on
ne puisse pas s'y tromper.

Les artistes qui sont en possession de débiter publiquement
la liqueur du café le faisaient autrefois griller dans une poêle
de fer fondu, et la plupart des particuliers qui préparent
eux-mêmes leur café sont encore dans l'usage de le faire
griller dans des poêlons de terre vernissée. Nous observons
que cette manière d'opérer est non seulement plus longue,
plus dispendieuse, mais qu'il arrive encore qu'une partie du
café qu'on soumet à l'action du feu est brûlée, tandis que
l'autre partie n'a pas encore éprouvé le degré de chaleur nécessaire pour en ouvrir les pores. Cet inconvénient, qui était

un des plus essentiels à éviter, a fait imaginer un autre ustensile qui réunit tous les avantages qu'on pouvait désirer ; cet ustensile a toujours eu la forme d'un cylindre, ou d'un tambour alongé , traversé d'une broche appelée vulgairement *broche à café.*

Quelques artistes avaient imaginé d'adapter quatre ailes à l'intérieur de ce tambour, à dessein d'agiter la graine du café, de manière que les particules du feu se distribuassent plus uniformément ; mais, comme les effets de cette nouvelle invention n'ont pas rempli l'objet qu'on s'était proposé, la broche à griller le café est demeurée dans le même état de simplicité que son auteur l'avait imaginée. Cet ustensile est assez généralement connu pour nous dispenser d'en donner une plus ample description ; nous dirons simplement qu'elle se fabrique plus communément chez les serruriers qui font les tuyaux de poêles : on en trouve de toute grandeur, et les petites dont on fait usage dans les maisons particulières sont garnies d'un fourneau de tôle propre à recevoir la quantité de charbon nécessaire pour l'opération. Cet ustensile doit d'autant mieux être préféré à tout autre , qu'il est plus commode et que le café se trouve toujours grillé plus uniformément , si l'on observe ce qui suit.

On met la graine de café dans le tambour , de manière qu'elle n'excède pas la moitié de la broche qui la traverse ; on l'expose d'abord sur un feu modéré, et on observe de tourner de temps à autre en sens contraire : lorsque le café commence à donner de la fumée, on l'agite plus fortement , en secouant le tambour à plusieurs reprises, et en proportion de l'épaisseur de la fumée ; et , lorsque la pellicule qui sert d'enveloppe à cette graine se détache avec éclat, on retire la broche du feu, et on continue d'agiter jusqu'à ce que le café ait acquis une belle couleur de marron clair tirant sur le violet : alors on verse ce café grillé dans un van, ou un vaisseau plat, qu'on expose à un air libre ; on le vanne, tant à l'effet d'en rejeter

les pellicules qui s'en sont détachées, et qui communique-
raient au café un goût de brûlé, que pour faire refroidir cette
graine plus promptement ; on la jette ensuite dans une boîte
qui n'ait aucune odeur, et on n'en fait moudre qu'au fur et à
mesure qu'on en a besoin.

VOCABULAIRE

DES TERMES TECHNIQUES.

A.

Abaisse. C'est une lame de pâte plus ou moins épaisse.

Abaisser. C'est étendre la pâte avec le rouleau pour en faire une abaisse.

Allume (faire une). C'est enflammer de petits morceaux de bois à la bouche du four.

Appliquer à la pâte. C'est prendre un peu de pâte roulée pour appliquer une abaisse sur les parois d'un moule.

Atre. C'est la surface horizontale du four.

Autel. C'est la plaque de devant du four.

B.

Bande. On nomme ainsi l'abaisse qui forme les parois des tourtes, vole-au-vent, pâtés, etc.

Bander. C'est placer la bande.

Barder. C'est appliquer des lames de lard gras.

Beurrer. On beurre un moule, un plafond, en les enduisant légèrement de beurre. On *beurre* la pâte en y étendant du beurre.

Beurre à la noisette. Écumer du beurre, et lorsqu'il a cessé de pétiller, le laisser colorer légèrement, c'est le cuire à la noisette.

Beurré. On dit le *beurré*, pour le graissage d'un moule, d'un plafond.

Bouchoir. Objet en côte avec lequel on bouche le four.

C.

Caisse. Espèce de moule en papier.

Cerner. C'est couper à une certaine distance du bord une abaisse mise en couvercle. On dit *cerner* un pâté chaud, une tourte, un vole-au-vent.

Chapelle. Voûte du four, que l'on nomme aussi dôme.

Chaud (four). C'est le four chauffé au plus haut degré de chaleur. On reconnaît que *le four est chaud* lorsqu'en frottant la voûte avec un morceau de bois il en sort des étincelles.

Chauffage. Action de chauffer le four.

Cheminée. Trou que l'on pratique sur le haut d'un pâté pour que la vapeur produite par la cuisson puisse se dégager.

Cornet à perler. Espèce de cornet dans lequel on met une préparation plus ou moins liquide pour la laisser tomber goutte à goutte (*voyez perler*).

Couchage. L'action de coucher.

Coupe-pâte. C'est une sorte d'emporte-pièce en cuivre ou en fer-blanc porté par une poignée ordinairement en bois et représentant un dessin quelconque.

Couvercle. On nomme ainsi l'abaisse qui forme le dessus des pâtés, tourtes, vole-au-vent.

Crème de beurre. En versant du beurre tiède à peine fondu sur du beurre frais, le mêlant en remuant pendant six minutes, puis en y joignant peu à peu des œufs, vous obtenez une *crème de beurre*, nécessaire à la confection des gâteaux parisiens et français.

Crête. C'est le bord supérieur de la bande d'une tourte, d'un pâté, etc.

Coucher. C'est en quelque sorte déposer. On *couche* des biscuits, des méringues sur du papier avec une cuiller.

Cuir à blanc. C'est enfourner les pâtisseries sans les *dorer.* (Voyez ce mot.)

Coller la pâte. C'est la mouiller d'un peu d'eau et l'appliquer avec les doigts.

Coller le sucre filé. L'appliquer après y avoir présenté un charbon ardent.

D.

Darne, tronçon. On dit une darne de brochet, de saumon.

Dorer. C'est enduire la surface des pâtes avec un pinceau trempé de jaune d'œuf battu.

Dresser, synonyme de disposer.

Détrempe. On nomme ainsi le procédé au moyen duquel on amalgame la farine avec un corps liquide.

Doroir. Pinceau fait avec des plumes.

Doux (four). Quatrième degré de chaleur du four : on l'obtint en laissant écouler trois heures après avoir chauffé le four au plus haut degré.

E.

Entourages secs. On nomme ainsi les morilles, champignons, fonds d'artichauts, etc.

F.

Faire la fontaine. C'est creuser avec les doigts la farine sur le tour et placer dans ce creux les ingrédiens nécessaires.

Farine folle. Farine très légère et d'une qualité supérieure.

Feuilletage. Nom d'une espèce de pâte destinée à faire des gâteaux feuilletés.

Foncer. Faire le fond des objets de pâtisserie.

Fraiser. C'est manier et rassembler la pâte. On dit *fraiser* à tant de tours.

G.

Gai (four). Deuxième degré de chaleur du four : on l'obtient en laissant écouler une heure après avoir chauffé le four au plus haut degré.

Garnir de farine. C'est remplir de cette matière la croûte d'un pâté, d'une timbale, pour la vider après la cuisson et la remplir d'un ragoût choisi.

Garniture de braise. C'est la réunion des épices, herbes, racines, graisse et bouillon nécessaires pour faire cuire une pièce de viande *à la braise.*

Glacer. C'est présenter la surface d'une pâtisserie à la flamme ou la recouvrir de blanc d'œuf battu et coloré.

H.

Hatelets. Petites brochettes servant à la construction des pièces montées.

M.

Masqué. On donne ce nom à une légère couche de sucre pilé, d'amandes hachées, semée sur la surface d'une pâtisserie, ou bien à la couche de beurre qui enduit un moule.

Masquer. Enduire ou semer ; mais ce mot est proprement synonyme de *recouvrir.*

Méringuer. C'est recouvrir largement une surface avec un mélange formé d'une partie de blanc d'œuf et de deux parties de sucre, puis le colorer au four.

Modéré (four). Troisième degré de chaleur du four : on l'obtient en laissant écouler deux heures après avoir chauffé le four au plus haut degré.

Mouilloir. Le pinceau doux pour humecter les abaisses avant de les coller.

Mouillement. On nomme ainsi le liquide que l'on emploie pour détremper la farine.

Mouler. Donner une forme quelconque à une pièce de pâtisserie en la mettant dans un moule.

Moules. Ustensiles en fer-blanc, ou en cuivre, ou en fer battu, servant à mouler les pièces de pâtisserie.

O.

Ouras. Conduits par lesquels l'air s'introduit dans le four, pour favoriser l'inflammation du combustible.

P.

Paillasse. L'âtre qui suit l'alignement des fourneaux.

Parures. On nomme ainsi les rognures de pâte.

Perdu (four). Sixième et dernier degré de chaleur du four : on l'obtient en laissant écouler cinq heures après avoir chauffé le four au plus haut degré.

Perler. C'est poser de place en place des gouttelettes de glace par l'ouverture du cornet à perler.

Pince-pâte. Petite pince en fer-blanc avec laquelle on forme des dentelures autour des pâtés froids, des croustades et d'une foule d'autres pièces.

Plafond. Ustensiles en fer-blanc ou en tôle servant à faire cuire certaines pièces.

Plaque. Ustensiles en tôle sur lesquels on pose un grand nombre de pièces de pâtisserie pour les enfourner.

Pocher. C'est jeter dans un liquide bouillant des substances molles pour les rendre fermes à la surface.

Profiler. Mouler les socles de sain-doux à l'aide de profils en bois.

Provisions sèches. On nomme ainsi les provisions de riz, vermicelle, macaroni, etc.

R.

Rassembler la pâte. Réunir toutes les parties de la pâte après l'avoir détrempée.

Rouler la pâte. C'est appuyer la paume de la main droite sur la pâte, et la tourner peu à peu sur le tour, pour en faire une boule bien unie. On *roule* toujours la pâte avant de l'abaisser.

Rouleau. Instrument avec lequel on abaisse la pâte.

Roulette. Sorte de coupe-pâte en forme de petite roue dentée.

S.

Seringuer. C'est faire sortir par l'ouverture d'une petite seringue la pâte délicate qu'elle contient.

Socle. Base d'une pièce de pâtisserie montée.

T.

Tiède (four). Cinquième degré de chaleur du four : on l'obtient en laissant écouler quatre heures après avoir chauffé le four au plus haut degré.

Tour à pâte. C'est la table sur laquelle le pâtissier pétrit ; elle est garnie d'un rebord sur trois faces : le devant, où se place l'ouvrier, n'est point bordé.

Tour (donner un). L'action d'étendre la pâte avec le rouleau et de la replier sur elle-même après l'avoir beurrée.

Tourer. C'est la même chose que précédemment. On dit *tourer* à tant de tours.

FIN DU VOCABULAIRE.

TABLE DES MATIÈRES.

—

CHAPITRE VII.

—

HORS-D'OEUVRE ET PETITES ENTRÉES DE PATISSERIE.

—

CHAPITRE VIII.

—

DES GARNITURES POUR LES ENTREMETS DE PATISSERIE.

—

CHAPITRE IX.

—

GRANDS ENTREMETS DE PATISSERIE.

CHAPITRE X.

—

DES PETITS ENTREMETS DE PATISSERIE.

—

CHAPITRE XI.

—

DES PATES D'ENTREMETS ET DES PATES A GATEAUX.

Deuxième Partie.

PATISSERIE

DE PETIT-FOUR.

CHAPITRE PREMIER.

DES BISCOTTES, CROQUETTES, CROQUIGNOLES, ETC.

CHAPITRE II.

—

DES MACARONS ET DE LEURS DÉRIVÉS.

—

CHAPITRE III.

—

DES BISCUITS.

—

CHAPITRE IV.

—

DES PETITS SOUFFLÉS ET PETITES MÉRINGUES.

CHAPITRE V.

CUISSON DU SUCRE.— CONFITURES.—CONSERVES.

PATISSERIE PITTORESQUE.

CHAPITRE PREMIER.

CHAPITRE II.

DES ENTRÉES FROIDES MONTÉES.

CHAPITRE III.

ENTREMETS MONTÉS

CHAPITRE IV.

DES PASTILLES.

CHAPITRE V.

GLACES ET SORBETS.

CHAPITRE VI.

—

LIQUEURS FRAICHES.

CHAPITRE VII.

—

DES SIROPS.

—

CHAPITRE VIII.

—

DU CHOCOLAT.

—

CHAPITRE IX.

—

REMARQUES
ET OBSERVATIONS.

REMARQUES ET OBSERVATIONS

SUR LE CAFÉ.

FIN DE LA TABLE.

IMPRIMERIE DE Mme HUZARD (née VALLAT LA CHAPELLE),
rue de l'Éperon, n° 7.